髙橋康浩著

韋昭研究

汲古書院

韋昭研究／目　次

韋昭研究

序論

序論　學說史整理と問題の所在

はじめに

相次ぐ短命皇帝の輩出により宦官・外戚の跋扈を惹起した漢は、次第に國家運營に歪みを生じ、約四百年という長い壽命を終える。續いて訪れる三國時代は、曹魏・蜀漢・孫吳の三國が同盟や離反を繰り返しながら覇權を爭った。わずか百年にも見たぬ閒のことながら、日本でも人口に膾炙していることは周知のとおりである。この三國時代を含む魏晉南北朝期は、中國史における一大變革期とされ、その內容は體制・制度・文化など多岐に渡る。儒敎一尊であった漢の崩壞により、人々はそれに代わる新たな價値觀を求め、生み、受容していった。

本書で取り上げる韋昭（二〇四～二七三年）は、かかる變革期を生きた知識人である。韋昭には主として二つの面がある。一つは代表的著作たる『國語』の注釋をはじめ、種々の文書・著述・學術的成果を殘した、言わば學者としての面であり、もう一つは、揚州・荊州を據點とする孫氏の政權を支えた孫吳人士としての面である。

これを踏まえ、本書は韋昭の著述內容を中心に、その學問的特質を探求し、また當時の孫吳政權を取り卷く文化および政治的狀況との關わりを通じて、總體としての韋昭を論ずることを目的とする。それに伴い、二つの篇に分けて前述した二面、すなわち、第一篇で學者としての韋昭を、第二篇で孫吳人士としての韋昭を考察していくものである。

本來は明確に二分できるものではないかも知れないが、本書では敢えて、より表出した面を捉えて分類した。

　この序論においては、まず第一節で韋昭の生涯を概觀し、その人となりや事蹟のあらましを理解する。第二節では、韋昭の二つの注釋書、すなわち『國語解』と『漢書音義』について述べる。韋昭が重視した『國語』における歴代注釋者および研究過程を總括した上で、合わせて『國語解』の諸研究を整理し、また『漢書音義』の諸研究を整理する。第三節では、孫呉人士としての韋昭をクローズアップし、孫呉政權との關わりの中で著された「博弈論」「呉鼓吹曲」『呉書』という三つの著述について、それぞれの諸研究を見ていく。そして最後に、本書の目的と對象・方法・構成を提示する。時代の變革期に生きた人物としての韋昭を知ると同時に、合わせて當時の知識人の在り方を探る一助としたい。

一、韋昭の生涯

　韋昭の著述や言動などに見られる思想や主張などが歴史の中にいかに位置づけられるのか。それを理解するには、韋昭がいかなる時代を生き、いかなる立場にあり、いかなる生涯を送ったかを具體的に知る必要があろう。生涯と事蹟については本書の各章でも折に觸れて言及しているため重複することもあるが、ここでまず一度概觀しておきたい。

　『三國志』の著者陳壽による韋昭評は次のようなものである（一）。

　　韋曜（昭）は學に篤く古を好み、博く羣籍を見、記述の才有り。……華覈の文賦の才、曜より過ぐること有り、而れども典誥は及ばざるなり（『三國志』巻六十五　王樓賀韋華傳の評）。

かかる評價を受ける韋昭は、字を弘嗣といい、黄巾の亂から二十年後の建安九（二〇四）年、呉郡雲陽縣に生を享けた。時の情勢は暗く、董卓によって事實上のとどめを刺された後漢は名目上の存在と成り果て、曹操が丞相となって獻帝を輔佐する形でようやく生き長らえていた。その曹操は河北の袁紹を打ち倒した後、南方への侵攻を企圖する。建安十二（二〇七）年、それは實行に移され、荊州の劉表政權を降伏させたのち、翌十三（二〇八）年には孫呉と水上で激突する。いわゆる赤壁の戰いである。三國志最大の戰爭として極めて有名なこの戰いは、周知のとおり孫權・劉備連合軍の勝利に終わった。曹操は天下統一の野望を挫かれて體勢の立て直しを餘儀なくされる一方で、いよいよ漢を滅ぼす準備へと取りかかる。

陳壽評にあるがごとく學問好きであった韋昭は、こうした混亂の中を生きながら古典籍を讀むなどして自らの研鑽に努めた。これに起因するであろう博識と文才は、後年に爲された一連の著述において大いに役立ったものと考えられる。

成長した韋昭は、故郷呉郡を支配下に置く孫呉政權に仕えた。孫呉人士としては、まず丞相府の掾からスタートし、西安縣の令となり、尚書郎を經て、太子中庶子となった（『三國志』巻六十五　韋曜傳）。當時の太子は、のちに二宮事件で廢される孫和であった。またこの中庶子時代に書かれたものが、後世、美文と評價され『文選』に收録される「博弈論」である[一一]。ちなみに、「博弈論」は韋昭の列傳の約三分の一に及ぶ文章量を占めている。

韋昭は孫和廢嫡後に黄門侍郎となり、孫權沒後、少帝孫亮期には攝政の諸葛恪によって太史令に任ぜられ、また『呉書』撰定の命を受けている（『三國志』巻五十二　薛綜傳附薛瑩傳）。なお、この撰定作業は結果として韋昭の死まで續いていく。また時を同じくして撰定を命ぜられた人物のうち、華覈は終生の友と言えるような存在となり、晩年に韋昭が投獄された際には助命を乞うている（『三國志』巻六十五　韋曜傳）。

孫亮の後に景帝孫休が卽位すると、中書郎・博士祭酒を任ぜられた。合わせて、宮中の秘書の校定にも當たることとなり、生來より好學な氣質であった韋昭は、これによって學識にさらに磨きがかかったと見られる。鼓吹曲を奏上したのもおよそこの時期であった（『宋書』卷十九　樂志一）。韋昭の高い學識は君主からも評價されていた。『三國志』卷四十八　孫休傳〔三〕に、

（孫）休　博士祭酒の韋曜・博士の盛沖と與に道藝を講論せんと欲す。曜・沖は素より皆な切直なれば、（張）布入侍して、其の陰失を發かれ、己をして專らにするを得ざらしめんことを怖れ、因りて妄りに說を飾り以て之を拒ぎ遏《とど》めんとす。休答へて曰く、「孤の涉學するや、羣書は略《ほ》ぼ徧く、見る所少なからざるなり。其れ明君闇王、姦臣賊子、古今の賢愚成敗の事、覽ざるは無し。今、曜らをば入れんとするは、但だ與に書を論講せんと欲する耳。曜らに從ひて始めて更めて學を受くるが爲ならざるなり。縱《たと》ひ復た此の如きも、亦た何をか損なふ所あらん。……」と。

とある。自らも好學であった孫休は、韋昭・盛沖とともに學問について論じ合おうとしていた。脛に傷を持つ張布は、直言する韋昭と盛沖の性格を怖れて制止したため、結局沙汰止みになったという。孫休は韋昭の學識を認めており、直言してはばからぬ性格もまた、他の孫吳人士より畏怖されていたことが分かる。

博學の皇帝孫休が亡くなると、いよいよ孫晧が即位する。この時、韋昭は高陵亭侯に封ぜられ、中書僕射に遷り、また實務を執らぬという形で侍中を任ぜられ、さらに左國史を兼任した。孫晧に寵愛されていた韋昭であったが、孫亮期以來續けてきた『吳書』撰定において孫晧と一悶着起こし、これをきっかけに寵愛が徐々に薄れていく〔四〕。こうした氣配を察したのか、韋昭は老齡および未完の著書の執筆を理由に侍中と左國史の辭任を申し出たが、孫晧は頑なに拒否した。また韋昭が病氣になると、孫晧は醫者と藥を送って看護に當たらせるなど、兩者の間に微妙な空氣が漂っていた。

兩者に決定的な龜裂が入ったのは、とある宴席のことであった。孫晧は宴會を開くと必ず夜にまで及び、しかも臣下たちに七升（約一・五リットル）の飲酒と、互いの缺點をあげつらうことを課していたという。下戸の韋昭は二升を飲むのが限界であり、また缺點をあげつらう代わりに經書の解釋などを論ずることでお茶を濁していた。（五）當初は見逃してもらえたこれらも、寵愛が衰えるや、ついに孫晧に咎められ、君主の命に逆らう者として獄中に捕らえられてしまう。

獄中で韋昭は上疏した。『三國志』卷六十五　韋曜傳には、（六）

（韋）曜　獄吏に因りて辭を上りて曰く、「……囚は昔、世間の古曆注有りて、其の紀載する所　既に虛無多く、書籍に在る者も亦た復た錯謬あるを見る。囚　尋いで傳記を案じ、異同を考合し、耳目の及ぶ所を采摭し、以て洞紀を作る。庖犧自り起ち、秦・漢に至るまで、凡そ三卷と爲し、當に黃武より起ちて以來、別に一卷を作るも、事は尙ほ未だ成らず。又た劉熙の作りし所の釋名を見るに、信《まこと》に佳き者多きも、然れども物類は衆多にして、詳かに究むを得難きが故に、時に得失有り、而して爵位の事、又た非是有り。愚　以へらく、官爵は今の急ぐ所なれば、宜しく乖誤すべからず。囚　自ら至微なるを忘れ、又た官職訓及び辯釋名各〻一卷を作り、表して之を上らんと欲せり。新たに寫し始めて畢り、會〻無狀を以て、囚を幽にして命を待つ。泯沒の日、上聞せられざらんことを恨み、謹んで死に先だつを以て狀を列ぬ。乞ふらくは祕府に上言して、外に於て取を料り、内に呈して以て聞さんことを。追つて淺蔽にして、天聽に合はざるを懼れ、怖を抱き雀息して、哀省を垂れられんことを乞ふ」と。

とあり、執筆中の書物の完成を理由に助命を乞うた。同僚からの助命嘆願もあったが、韋昭はついに許されことなく處刑される。七十年におよぶ生涯であった。

前掲の上疏には、往古の歴史を著したとされる『洞紀』、官職について記したとされる『官職訓』、劉熙『釋名』の注釋とされる『辯釋名』などの書名が散見する（傍線部）。また、列傳には見えぬものの、『詩經』の注釋として『毛詩答雜問』、『孝經』の注釋として『孝經解讃』いう書の存在が『隋書』巻三十二經籍志一より確認できる。(七) これらはいずれも散佚してしまい、一部は類書などに引用される形で窺うことはできるが、ごく僅かしか殘っていない。この他、代表作『國語解』を筆頭に、『漢書音義』や『吳書』などを著したり、書物ではないが、『文選』に收録されている「博弈論」、『宋書』に收められる「吳鼓吹曲」といった、今日では文學作品として評されるものもある。經學・歴史・制度・小學・文學など、あらゆる分野に通じていた韋昭の博識ぶりをここに理解できよう。こうして概觀すると、韋昭の生涯は文書・書物に圍まれていたと言っても過言ではあるまい。かかる著述の内容を考察することは、韋昭という人物を理解する上で必要不可缺である。では、それらについて現在までいかなる先行研究が爲されてきたのか、次節より見ていく。

二、韋昭の注釋とその諸研究

今日、中國古典研究者の中で韋昭の名を知らぬ者はおそらくいないであろう。その知名度は、俗に『國語』韋昭注とも呼ばれる彼の著書、すなわち『國語解』に基づく。『國語』を讀む上で缺かせぬ注釋であるが、まずは『國語』注釋者に觸れた上で、『國語解』に關する先行研究を整理したい。

「内傳」という通稱を持つ『春秋左氏傳』（以下『左傳』と略す）が經傳として地位を確立しているのに對して、『國語』は「春秋外傳」という位置づけであった。だが、これは卻って兩書の關係の深さを雄辯に語るものであろう。(八)

『左傳』は春秋時代の事蹟を敍述した書である。『春秋公羊傳』（以下『公羊傳』と略す）が隆盛していた前漢末に劉歆によって、また後漢でも鄭衆・賈逵ら左氏學者によって表章された。漢代は今文と古文の論爭が激しい時代であった。古文系の『左傳』は彼らの表章ののち廣く讀まれるようになり、後世、『春秋』三傳の中で最も隆盛して他の二傳を壓倒するのは周知のとおりである。

一方で、『國語』はやはり劉向・劉歆親子によって世に現れたとされる。大野峻《一九六九・一九七四》は、「『國語』は生のままの資料を記し、『左傳』は教養によって純化された文章である」と述べ、兩書がともに先秦成立のもので、『國語』は『左傳』に先行すると主張する。[九]成書の先後および時代に關しては諸説あるが、[一〇]いずれにせよ、『國語』が「生のままの資料」という大野の指摘は多くの示唆を含む。劉向・劉歆から約七百年の後、唐の文人柳宗元が『非國語』二卷を著して『國語』の內容の非合理性を批判したのは、[一一]大野の主張を裏付ける一つの證左であろう。

話を漢代に戻す。後漢に入ると、鄭衆や賈逵などの左氏學者たちは、家學として『左傳』と『國語』を兼修した。鄭衆の『國語章句』、賈逵の『國語解詁』はつとに散佚してしまい斷片的に殘るのみである。[一二]同じく後漢左氏學者の一人である服虔は、『春秋左氏傳解誼』を著し、また『國語』の注も著していたとされる。服虔の列傳、正史の藝文志・經籍志からは具體的書名を窺えぬものの、張以仁〈一九七一・一九七二・一九七三〉によって輯校されている。[一三]

三國時代に入ると、曹魏では反鄭玄的經典解釋の急先鋒たる王肅と、鄭玄學派の孫炎が出現し、[一四]また王肅の學問の流れを汲む晉の五經博士孔晁がこぞって『國語』注を著した。[一五]孫吳では反鄭玄的解釋を唱えた虞翻と、『公羊傳』『穀梁傳』にも通じていた唐固によって注釋が著されたのである。[一六]韋昭は虞翻・唐固および後漢左氏學者鄭衆・賈逵の注釋を參考にして、『國語解』を著したのである。[一七]かかる『國語』の舊注は、馬國翰の『玉函山房輯佚書』に收められているが、それをさらに整理したものが前述の張以仁である。張の輯佚は韋昭に限らず『國語』の注釋を研究する上で缺かせぬものと言える。ただし、王肅や孫炎らの注釋はほとんど殘っていない。

このように、後漢から晉にかけては『國語』の注釋が多く著された。鄭衆・賈逵・服虔・虞翻・唐固・韋昭・王肅・孫炎・孔晁という、當時を代表する著名な學者がこぞって注釋を著した事實は、『國語』が當時の顯學であったことを傍證するものであろう。後漢から晉にかけては如上の注釋の系譜があり、彼らの生きた時代からおよそ千八百年が經過した今日、完存するものは韋昭の注しかなく、『國語』を讀む際はほぼ韋昭の解釋に基づく。換言すれば、後漢から孫吳の『國語』注の集大成と言えよう。

かかる『國語』注に關しては、張以仁〈一九七八〉と李歩嘉〈二〇〇一〉の論考がある。[一八]どちらも『國語』舊注を總論したもので、前者は基礎的事項の確認、後者は音注に主眼が置かれている。『國語解』を專論したものとして、苗文利・劉聿鑫〈一九九三〉は總合的な觀點から論じ、[一九]樊善標〈一九九八〉は『左傳』との關わりから論じている。[二〇]前者は「釋語法」「明史事」「釋修辭」「釋詞語」などの項目に分けて『國語解』の特徴を言及し、後者は『國語解』に引用される『左傳』を整理したものである。論考の末尾には引用した『左傳』の一覧を附しており、樊の論考は『國語解』研究の白眉と言える。

また、邦人研究者の池田秀三〈二〇〇二〉は、同注を頻繁に繰り返すこと、人物・地名・訓詁等々の解釋に詳細な注を附していること、それらを以て初學者向けの注釋であることを韋昭注の特徴として述べ、鄭玄の經學的解釋とは對照的な史學的注釋であることを推測提示している。[二一]池田の指摘は概ね的を射ていると言えよう。ただ、論題の「覺え書」という言葉が示すように、いくつかは推論でとどまっているため檢討不足は否めない。この論考を進めた形で改めて池田秀三〈二〇〇五〉は提示した。これは氏が中國で行った講演を書き起こしたものであり、韋昭の禮に關する解釋を主對象として、韋昭の禮學解釋は概ね鄭玄に據っていることを指摘した。[二二]禮という觀點からは、すでに樊善標〈二〇〇〇〉も論じており、やはり鄭玄注との關わりを述べる。(二三) この他、近年では、兪志慧《二〇〇九》が『國語解』の内容に考察を加え、解釋の是非を論じた著書を刊行している。(二四)

『國語解』には、樊や池田が述べるように鄭玄の影響が指摘される。では、その鄭玄の解釋・學風、すなわち鄭學がいつ孫呉に入ってきたのか、あるいは孫呉人士の閒で鄭學がいかに受容されていたのか、これを合わせて把握する必要があろう。特に三國時代は、曹魏の王肅に代表される反鄭玄的な經典解釋を生む土壤があった。したがって、韋昭が鄭學を踏まえているとするならば、王肅のような反鄭玄的解釋との視座の違い、および『國語解』における鄭學の反映ぶりを多面的に考察しなければならない。いずれにせよ、『國語解』の研究は韋昭の知名度に比して存外少なく、また論著が一九九〇年以降に多く著されているという現状がある。研究がようやく熟してきた時期にあると言え、本書もまたその一端を擔うものである。

さて、韋昭が『國語解』の他にも注釋を著したことは第一節で觸れたが、ある程度の數が殘存しているものは『漢書音義』である。そもそも、『漢書』は『國語』とともに魏晉南北朝期に顯學であった。後漢の班氏一族が著して以來、つとに讀まれるようになり、同時に多くの注釋者を輩出する。顏師古の『漢書敍例』によれば、顏師古が參照したものだけでも、荀悅・服虔・應劭・伏儼・劉德・鄭氏（鄭德）・李斐・李奇・鄧展・文穎・張揖・蘇林・張晏・如淳・孟康・項昭・韋昭・晉灼・劉寶・臣瓚・郭璞・蔡謨・崔浩という二十人以上の注釋者を確認できる。(二五)『國語』のみならず『漢書』についても、韋昭は注釋者の列に加わっているのである。

韋昭の著した『漢書』注、すなわち『漢書音義』は全七卷で、『三國志』の韋昭の列傳にはその存在すら言及されていないが、『隋書』卷三十三 經籍志二に著錄されている。今日、『國語解』と違って完存しないが、顏師古が自らの『漢書』注に引用したり、また『史記』三家注や『文選』李善注にも見られるため、幸いにもある程度まとまった數の注釋が殘っている。こうした韋昭の『漢書』注を丹念に拾い集めたものが李歩嘉《一九九〇》である。李は七〇〇個以上にもおよぶ注釋を輯佚書としてまとめ、案語を附して自らの見解を述べている。[二六] 韋昭の『漢書音義』を研究する上での必讀書と言え、その成果は特筆に値する。

『漢書音義』の論考となると、もっぱら他の『漢書』注と合わせて言及されるものばかりであり、專論したものは皆無に等しい。吉川忠夫〈一九七九〉は、當時の『漢書』受容について言及しており、魏晉期は「漢書學」における一つのピークを迎えていたことが理解できる。吉川は韋昭の『漢書音義』には觸れていないが、『漢書』注に關する總合的な視角を提供する。[二七] その他、渡邉義浩〈二〇〇四〉や洲脇武志〈二〇〇七〉は、『漢書』の音義が二種類に分けられ、一つは書名であり、一つは無名の『漢書』注の總稱であることを指摘し、韋昭のそれが前者に當たるという基本的事項の確認をする。[二八] 韋昭『漢書音義』の研究は未成熟であり、今は李歩嘉の成果に負うところが大きい言えよう。

以上、研究の概略を見てきたが、『國語解』の研究が盛況になったのはもっぱら近年のことであり、一方の『漢書音義』に至っては寥々たる有様と言ってよい。いずれも考察の餘地を多く殘している。

三、孫呉政權と韋昭の著述

韋昭の仕えた孫呉政權について、その性質および特徴を論じたものは多い。例えば、大川富士夫〈一九六七・一九六九〉・田餘慶〈一九九二〉らは、孫氏軍事集團と江東豪族の連合政權と認識し、[二九] 川勝義雄《一九八二》は江南地方の後進性に立脚しつつ、開發領主制的體制であったことを述べる。[三〇] これらに對し、石井仁〈一九九五〉は、封建制および後進性という從來の研究に見られた立脚點を超え、孫呉を「偏覇」ではなく天下統一を國是とした政權とする。[三一] また、渡邉義浩〈一九九九・二〇〇〇〉は、周瑜・張昭ら「名士」に支えられて「漢室匡輔」を正統性に掲げた孫呉が、一方で「名士」との對峙を繰り返したこと、漢魏革命によって正統性が希薄化し、新たな理論構築する際に迷走したこと等を述べる。[三二] 君主と臣下の潛在的な對立および正統性の脆弱さは、孫呉が滅亡直前まで抱え續けた問題點であった。韋昭はかかる政權に身を置いて生涯を送ったのである。

本節では、韋昭が自發的に書かなかったもの、もう少し詳しく言えば、孫呉政權の側より命ぜられた著述について論ずる。具體的には、「博弈論」「呉鼓吹曲」『呉書』の三つを指す。韋昭の學識だけでなく政權の意向も包含されたこれらは、孫呉人士としての面が表出したものと言うことができる。かかる著述における諸研究の整理である。

韋昭が著述を命ぜられたものの一つは「博弈論」である。「博弈論」が著された當時、韋昭は太子中庶子として孫和に側仕えしていた。孫和は二宮事件により太子を廢されて不遇の死を迎えるが（『三國志』巻五十九　孫和傳）、「博弈論」はその二宮事件の當時に孫和の命で作られているのである。したがって、嚴密には政權側というより、支配者層に屬する者からの命令である。

「博弈論」については、高橋和巳〈一九五九〉が、孫呉士大夫の頽廢を誡めるものと述べ、また池田秀三〈二〇〇一〉は、舊來の儒教的道德觀から一歩も出ていないと述べる。[三三] 內容を一讀すれば、訓戒を垂れていることは瞭然であり、儒教の色彩を帶びていることもすぐに理解できるであろう。そもそも、訓戒のための文であることを孫和自身が明言している。では、儒教的價値觀がなぜ發露したのか。何を特に重視しているのか。そこに特徵および論點の一つが存在しよう。

今日、「博弈論」を專論したものはほぼ皆無であり、前述の兩者も本來は他の事柄を論ずる上で言及しているに過ぎない。その過少な研究の中で、王永平《二〇〇五》は最も深く論じている。「博弈論」には正統的遊娛觀と孫和と韋昭の價値觀の一致、またそれらが發露した原因を、孫和と韋昭の教養および、韋昭の出身地たる江東の文化的保守性に求めている。[三四] 確かに韋昭と同じく江東地方出身人士の代表者たる陸遜は、農業の奬勵や刑罰の輕減など、漢以來の傳統的名教たる儒教の價値觀に基づく施策を主張しており（『三國志』卷五十八　陸遜傳）、王の主張に見るべきものが多い。いずれにせよ、王の論考は僅少な研究の中で一つの視座を與えてくれるものであり、貴重と言える。「博弈論」はテーマとしては決して大きくないが、『文選』に收錄されているという性質上、文學的觀點からの考察もあり得よう。

「博弈論」と同樣、著書でなく自發的に著さなかったものの一つとして鼓吹曲がある。韋昭はこの作詞者として知られる。『宋書』樂志や郭茂倩『樂府詩集』に收められているため、今日でも目にすることが可能である。だが、三國時代の鼓吹曲に關する論考は少なく、孫吳のそれとなればやはり皆無と言ってよい。廣く鼓吹曲を論じたものとしては增田清秀〈一九六五〉があり、これは漢から晉までの鼓吹曲について綜述している。[三五] 增田は三國時代の鼓吹曲にも觸れているが、個々の檢討にまで及んでいない。

曹魏の鼓吹曲については松家裕子〈一九九八〉の論考がある。[三六] 松家は、曹魏の鼓吹曲作成者繆襲の詩を曹植に劣るものと斷じるが、これは言わば「文學」的觀點に立っての指摘であり、鼓吹曲が軍樂であるという蔡邕以來の見解を考慮すれば、政治的かつ公的ものとしての性質を持つ繆襲の鼓吹曲と、個人的な感情を發露した曹植の詩は本來比較すべき對象ではあるまい。しかし、曹魏の鼓吹曲と松家の論考は、對比として「吳鼓吹曲」の特徵を浮かび上がらせるための一つの視點となり得るものであろう。

この他、金文京《一九九三》も三國時代の鼓吹曲について述べ、「吳鼓吹曲」にも僅かながら言及している。[三七] 金は、時代順に配列され、自國の武勇を歌う組曲形式であることに三國時代の鼓吹曲の特徵を求め、繆襲・韋昭・傅玄ら一流の文人によって作られたことに鼓吹曲の重要性を指摘する。

　いずれにせよ、孫呉の鼓吹曲研究は寥々としており、邦譯すら見當たらない狀況である。本書は附篇として「呉鼓吹曲」の譯注を收めた。これは、管見の限り譯注を見つけることができなかった上、吉川幸次郎《一九六七》もまた、鼓吹曲が難解で解釋に諸說が紛々としていることを述べており[三八]、拙譯の披露によっていささかなりとも後學に資することができるのではないかと考えた次第である。同時に碩學より批判を頂戴することができれば幸甚である。訓讀に當たっては『宋書』の和刻本を、口語譯については金文京が一曲のみ既に行っているので、それらを參考にした[三九]。詳しくは本書の附篇を參照されたい。

　韋昭の著述の一つ『呉書』は、當初、韋昭以外の者が撰定の任に當たっていた。紆餘曲折を經て、韋昭が主撰定者として携わることとなる。『呉書』は全五十五卷あったが、梁代以降散佚してしまい、『隋書』經籍志に著錄された時點ですでに二十五卷にまで減っていたという[四〇]。

　この『呉書』については、陳博〈一九九五・一九九六〉が、『呉書』の特徴として、紀傳體の史であるが表・志はないこと、陳壽が『三國志』呉志（以下『呉志』と表記）を編纂する際に韋昭『呉書』を資料としたこと、『呉書』にあって『呉志』にないものは列傳を設けるほどの記錄がなかったこと等を擧げている[四一]。これは『呉書』研究の基本ともいうべきものであり、これを踏まえた上で、渡邉義浩〈一九九九・二〇〇〇〉は、孫堅と孫卲の傳について偏向が見られること、『呉書』によって正統性を補完すると同時に、「名士」の價値觀を提示するという意圖を有していたことを述べる[四二]。渡邉論文は『呉書』を專論したものではないが、多くの示唆に富む。渡邉の見解に對して滿田剛〈二〇〇四〉は疑義を呈した。『呉書』に見える偏向から孫呉の正統性主張を見出す點は渡邉と同じであるが、孫卲傳の抹消に關しては、「名士」の價値觀によるものではなく、あくまで孫呉内の派閥間争いとして見解を定める[四三]。このように、『呉書』に見える偏向がいかなる要因に基づくものかを考察することが、研究における論點の一つである。そもそも『呉書』は完存せず、『三國志』の裴松之注や類書などに斷片的に殘るのみである。そのため全體像を把握しにくいことが一つの障壁となっており、輯佚書の作成が求められよう。なお、『呉書』の輯佚に關しては、いずれ稿を改めて發表するつもりである。

ちなみに『呉書』の論考ではないものの、孫呉の正統性主張については、小林春樹〈二〇〇一〉が三國それぞれの正統理論を考察し、孫呉については瑞祥に基づく主張に偏重していることを指摘する。(四四)これを踏まえて、渡邉義浩〈二〇〇七〉は國山碑に刻まれた文より孫呉が禹の後裔を稱して金德の國であることを主張し、火德の漢より禪讓を受けた土德の魏に代わって金德の孫呉が王統を繼ぐ存在であることを謳ったとする。(四五)小林・渡邉兩論考は韋昭にほとんど觸れていないが、正統性主張の問題點に言及したこれらは、『呉書』を檢討する上で非常に有効な視點を提供するものと言えよう。

その他、廣く孫呉政權に關わるものとして、近年では出土史料研究が盛んである。とりわけ、一九九六年に湖南省長沙市の古井戸より發見された十萬點以上におよぶ史料「長沙走馬樓呉簡」は、孫呉の嘉禾六（二三七）年までの紀年があり、三國研究に新たな見地を示してくれることであろう。ただし未公開のものがあり、また本書は韋昭の著述を考察の中心に置くため、今はその存在を觸れるだけにとどめておく。

以上、先行研究の數々を擧げてみた。それぞれのテーマに諸問題があることは言うまでもないが、『國語解』に限らず、他の韋昭の著述に關する研究もまた、彼の知名度に比して少なく熟さない。さらに個々の著述についての論考はいくつかあるが、それらを總じて論じた研究者は管見の限り不明である。換言すれば、この過少な研究狀況それ自體が問題點とも言えよう。今日、韋昭の著述の多くは散佚している。前述の出土史料を含め、韋昭に關する新たな文物や論考が現れてくれることを期待しつつ、現段階までの成果を本書にまとめた。

おわりに

第一節において韋昭の生涯を概觀し、第二節において『國語』と『漢書』に關する注釋とその諸研究を整理し、第三節において孫吳人士という立場ある韋昭の著述およびその諸研究の整理を行った。冒頭で述べたことを繰り返すが、韋昭には學者として、また孫吳人士としての二面に大別できる。これを踏まえ、本書の目的は大きく分けて以下の二點の解明にある。第一に、『國語』および『漢書』という當時の顯學における韋昭の注釋内容を考察することにより、韋昭の有する思想的・歷史的な視座の解明である。第二に、孫吳政權側が主體となった著述より理解できる、韋昭の政權内における位置づけおよびその知識・教養が果たした役割の解明である。如上を論ずるに當たり、本書は第一篇に四章、第二篇に三章の計七章を設け、一部論考の理解の一助として附篇を置く。

第一篇「學者としての韋昭」では、學者として名を殘す韋昭の注釋より窺い得る視座を解明する。まず第一章では、『國語』の韋昭注と他の經書、就中、『左傳』との關わりおよび鄭玄經學の影響を論じ、『國語解』の内在的理解とともに、韋昭の思想的視座を檢討する。第二章は、賈逵・唐固注といった『國語』の先人注釋者との比較を通じて、視座の相違を考察の中心に据える。先人注に對して韋昭がいかなる判斷・處理を行ったのか、その特質を照射し、第一章にて提示する見解を補足・敷衍するものである。第三章では、韋昭の『漢書音義』を扱い、孫吳における『漢書』受容、韋昭の注釋より窺い得る視座および特徴などを、總合的な見地から提示する。そして第四章では、天人相關・災異說など神祕的思想が隆盛して當時の狀況を踏まえた上での、韋昭の思想史的な位置づけである。特に鄭玄の經學との關わりにおいて、六天說・感生帝說を主對象として論ずる。これらを以て第一篇を構成し、本書の第一の目的とする。

第二篇「孫吳人士としての韋昭」では、孫吳人士たる韋昭の面を注視する。第一章では、從來看過されていた「博弈論」中の儒教的價値觀の發露を檢討する。そして、二宮事件を含めて著述時の孫和を取り卷く政權内情勢との關わりから、儒教的理念に基づく太子孫和の立場の正統性を主張および人材希求が解明される。第二章では、鼓吹曲を扱う。これは今日「樂府」と稱される文學作品の一種として分類されるものであるが、單純な「文學」という括りではなく、孫吳政權の情勢と絡めた上で同時代の曹魏の鼓吹曲と比較することにより、「吳鼓吹曲」の特質を照射するものである。これに關連して、附篇では「吳鼓吹曲」の邦譯を載せ、研究史にささやかながらも一石を投じ、また第二章理解への一助とする。第三章では、孫吳の「正史」であり、韋昭が主撰定者として携わった『吳書』の考察である。今日では一般的に史家と認識される韋昭が、實際に歷史書を撰定するに當たり、いかなる立脚點に基づいたのか。『吳書』中に見える偏向と、そこから窺える主張についてを論ずる。かかる論點を、孫吳政權成立の經緯と存立の根據、および同政權の抱える問題點などを背景に考察していく。これが本書の目的の第二に當たる。

以上の形で本書は論じていく。韋昭が孫吳のみならず三國時代を代表する知識人の一人であることは言を俟たない。個々の論考を見れば思想的・文學的な檢討と捉えられるかも知れないが、それらを含めて總體としての韋昭を論じ、歷史の中に位置づけることめざすものである。

《注》

（一）韋曜篤學好古、博見羣籍、有記述之才。……華覈文賦之才、有過於曜、而典誥不及也（『三國志』卷六十五 王樓賀韋華傳の評）。

（二）「博弈論」は『三國志』卷六十五 韋曜傳に見えるが、のち、梁の昭明太子蕭統によって『文選』卷五十二 論二に收められた。なお、『文選』では「博奕論」につくる。

（三）休欲與博士祭酒韋曜・博士盛沖講論道藝、曜・沖素皆切直、布恐入侍、發其陰失、令己不得專、因妄飾說以拒遏之。休答曰、「孤之涉學、羣書略徧、所見不少也。其明君闇王、姦臣賊子、古今賢愚成敗之事、無不覽也。今曜等入、但欲與論講書耳。不爲從曜等始更受學也。縱復如此、亦何所損。……」（『三國志』卷四十八 孫休傳）。

（四）孫晧は父孫和の記錄を『吳書』の本紀に入れるよう韋昭に求めたが、孫和が即位しなかったことを理由に、韋昭は列傳に入れるべきことを主張して讓らなかった（『三國志』卷六十五 韋曜傳）。これは張布が怖れた韋昭の性格を示す一つの逸話と言える。

（五）當初は、酒の代わりにお茶を飲んだり、あるいは量を減らして寬恕してもらっていたが、寵愛が衰えると、これらが許されなくなり、下戶の韋昭はとても飲み切れず、常に罰を受けていたという（『三國志』卷六十五 韋曜傳）。

（六）曜因獄吏上辭曰、「……囚昔見世閒有古曆注、其所紀載既多虛無、在書籍者亦復錯謬。囚尋按傳記、考合異同、采摭耳目所及、以作洞紀、起自庖犧、至于秦・漢、凡爲三卷、當起黃武以來、別作一卷、事尙未成。又見劉熙所作釋名、信多佳者、然物類衆多、難得詳究、故時有得失、而爵位之事、又有非是。愚以官爵、今之所急、不宜乖誤。囚自忘至微、又作官職訓及辯釋名各一卷、欲表上之。新寫始畢、會以無狀、幽囚待命、泯沒之日、恨不上聞、謹以先死列狀、乞上言祕府、於外料取、呈內以聞。追懼淺蔽、不合天聽、抱怖雀息、乞垂哀省」（『三國志』卷六十五 韋曜傳）。

（七）『隋書』卷三十二 經籍志一に、「毛詩答雜問七卷、吳侍中韋昭・侍中朱育等撰」とあり、また同經籍志一に、「孝經解讚一卷 韋昭解」とある。

（八）『國語解』の敍文にて、「之を參するに五經を以てし、之を檢するに內傳を以てす（參之以五經、檢之以內傳）」と述べているように、韋昭自身が『左傳』と『國語』の關係を強く意識している。

（九）大野峻『國語』（明德出版社、一九六九年）および大野峻『國語（上）』（明治書院、一九七四年）の解題を參照。これらは『國語』という文獻の持つ特徵や研究書・參考書などを紹介しており、『國語』研究において必讀と言える。

（一〇）『左傳』研究については豐富にあり、遡れば、新城新蔵『東洋天文學史研究』（臨川書店、一九二八年）と飯島忠夫『支那曆法起源考』（岡書院、一九三〇年）の天文學的見地からの論爭がある。また、カールグレン著・小野忍譯『左傳眞僞考』（文求堂書店、一九三九年）は、『左傳』と『國語』に用いられている用語・助字を中心に檢證を試みて兩書の言語的共通性を指摘し、どちらも先秦時代のものであることを論じた。津田左右吉『左傳の思想史的研究』（岩波書店、一九五八年）は、自らの構成する思想論理から見て合致しないもの、背反するものについては後人の加筆竄入であるとして、その資料を抹殺し、清朝公羊學者の『左傳』僞作說に肯定する。こうした中で、鎌田正『左傳の成立と其の展開』（大修館書店、一九六三年）は、前掲の飯島・津田兩氏を批判し、『左傳』の成書が戰國時代の魏の史官によるものと論じた。さらに、曆法から見た研究としては、平勢隆郎『左傳の史料批判的研究』（汲古書院、一九九九年）があるも、淺野裕一『『春秋』の成立時期――平勢說の再檢討』（『中國研究集刊』第二十九號、二〇〇一年十二月）の反駁など贊否が激しい。この他、成書を專論しない研究書としては、野間文史『春秋左氏傳―その構成と基軸』（研文出版、二〇一〇年）がある。野間がかつて上梓した『春秋學 公羊傳と左氏傳』（研文出版、二〇〇一年）と合わせて、『春秋』三傳の槪略と特徵を提示する著書である。これに對し、『國語』の成書に關する專論は、吉本道雅「國語小考」（『東洋史研究』第四十八卷第三號、一九八九年）が、かかる『左傳』研究を踏まえた上で見解を示している。『國語』研究は、專ら成書年代が主要テーマとなっており、出土史料の出現により大きな轉機を迎えている。一九七三年に出土して、『左傳』や『國語』の原資料と目された馬王堆帛書『春秋事語』も、今日では、野間文史『馬王堆出土文獻譯注叢書 春秋事語』（東方書店、二〇〇七年）によって譯注が刊行されているように研究成果がめざましい。いずれにせよ、『國語』と『左傳』の研究は、相互に必要なものであると言えよう。ちなみに、成書考察以外の『國語』に關する論考は、齊語に見える制度を考察した、岡崎文夫「「參國伍鄙」の制に就て」（『東洋史論叢羽田博士頌壽記念』、羽田博士還曆記念會、一九五〇年）、石母田正「古代社會の手工業の成立　―とくに觀念形態との關連において―」（『日本古代國家論』第一部、岩波書店、一九七三年）、五井直弘「中國古代階級鬪争史試論―春秋・戰國期の城郭造營をめぐって―」（『階級鬪争の歷史と理論二　前近代における階級鬪争』、青木書店、一九七六年に所收）、拙稿「管仲の政治改革　―齊語記載の參國伍鄙の解釋を中心に―」（『大東文化大學中國學論集』第二十四號、二〇〇六年十二月）などがあり、鄭語についてを論じたものとして、大野峻「國語の諸国と鄭語の疑問點」（『東海大學文學部紀要』第十二號、一九六九年十月）がある。

（二）『非國語』序に、「左氏の國語は、其の文　深閎傑異、固より世の耽嗜する所にして已まざるなり。而れども其の説は誣淫多く、聖に槩さず。餘　世の學者の、其の文采に溺れて是非に淪み、是に中庸に由りて、以て堯舜の道に入るを得ざるを懼れ、諸を理に本づけて非國語を作る（左氏國語、其文深閎傑異、固世之所耽嗜而不巳也。而其說多誣淫、不槩於聖。餘懼世之學者、溺其文采而淪於是非、是不得由中庸、以入堯舜之道、本諸理作非國語）」とある。柳宗元は六十七條にわたって『國語』の神祕・怪異記事などを列擧し批判した。ちなみに、『非國語』については、松本肇「柳宗元の「非國語」について」（『日本中國學會報』第四十一集、一九八九年十月）という專論がある。

（三）『後漢書』列傳二十六　鄭衆傳に、「（鄭）衆　字は仲師。年十二にして、父從り左氏春秋を受け、學に精力す。三統歷に明るく、春秋難記條例を作り、易・詩に兼通して、名を世に知らる（衆字仲師。年十二、從父受左氏春秋、精力於學。明三統歷、作春秋難記條例、兼通易・詩、知名於世）」とあり、同じく列傳二十六　賈逵傳に、「賈逵　字は景伯、扶風平陵の人なり。……父の徽、劉歆從り左氏春秋を受け、國語・周官を兼習す。又た古文尚書を塗惲より受け、毛詩を謝曼卿より學び、左氏條例二十一篇を作る。逵　悉く父の業を傳へ、弱冠にして能く左氏傳及び五經の本文を誦し、大夏侯尚書を以て教授す。古學を爲むと雖も、五家穀梁の說に兼通す。……尤も左氏傳・國語に明るく、之が解詁五十一篇を爲り、永平中、上疏して之を獻ず（賈逵字景伯、扶風平陵人也。……父徽、從劉歆受左氏春秋、兼習國語・周官。又受古文尚書於塗惲、學毛詩於謝曼卿、作左氏條例二十一篇。逵悉傳父業、弱冠能誦左氏傳及五經本文、以大夏侯尚書教授。雖爲古學、兼通五家穀梁之說。……尤明左氏傳、國語、爲之解詁五十一篇、永平中、上疏獻之）」とある。鄭衆傳には『國語』に關して何も觸れていないが、宋庠の『國語補音』敍録には、「漢の大司農鄭衆、字は仲師。國語章句を作るも、其の篇數を亡ふ（漢大司農鄭衆、字仲師。作國語章句、亡其篇數）」とある。

（一三）張以仁「國語舊注輯校（一）～（六）」（『孔孟學報』第二十一期～第二十六期、一九七一年四月～一九七三年九月／『張以仁先秦史論集』、上海古籍出版社、二〇一〇年に所收）。これには服虔の『國語』注を數例輯佚している。

（一四）王肅については、『三國志』巻十三 王朗傳附王肅傳に、「初、（王）肅 賈（逵）・馬（融）の學に善く、而して鄭氏を好まず、同異を采會し、尙書・詩・論語・三禮・左氏解を爲り、及び父（王）朗の撰定する所の易傳を作り、皆な學官に列ぬ（初、肅善賈・馬之學、而不好鄭氏、采會同異、爲尙書・詩・論語・三禮・左氏解、及撰定父朗所作易傳、皆列於學官）」とあり、孫炎については、『三國志』王朗傳附孫炎傳に、「時に樂安の孫叔然、學を鄭玄の門に受け、人は東州大儒の稱せり。徵されて祕書監と爲るも、就かず。（王）肅 聖證論を集めて以て玄を譏短するも、叔然 駮して之を釋く。及び周易・春秋例、毛詩・禮記・春秋三傳・國語・爾雅諸注を作り、又た書十餘篇に注す（時樂安孫叔然、受學鄭玄之門、人稱東州大儒。徵爲祕書監、不就。肅集聖證論以譏短玄、叔然駮而釋之。及作周易・春秋例、毛詩・禮記・春秋三傳・國語・爾雅諸注、又注書十餘篇）」とある。

（一五）『禮記』樂記篇の疏に引く「聖證論」では、孔晁は王肅の側に立って孫炎・馬昭ら鄭學派と論爭を繰り廣げている。

（一六）虞翻については『三國志』巻五十七 虞翻傳に、「又た老子・論語・國語の訓注を爲り、皆な世に傳はる（又爲老子・論語・國語訓注、皆傳於世）」とあり、唐固については、『三國志』巻五十三 闞澤傳附唐固傳に、「（闞）澤の州里の先輩たる丹楊の唐固も亦た身を修め學を積み、稱せられて儒者と爲り、國語・公羊・穀梁傳の注を著す。講授すること常に數十人なり（澤州里先輩丹楊唐固亦修身積學、稱爲儒者、著國語・公羊・穀梁傳注。講授常數十人）」とある。

（一七）韋昭の『國語解』敍文には鄭衆・賈逵・虞翻・唐固の注釋を參考にしたことが述べられている。詳しくは本書第一篇第一章を參照。

（一八）張以仁「國語舊注範圍的界定及其佚失情形」（『屈萬里先生七秩榮慶論文集』、聯經出版事業公司、一九七八年／『國語左傳論集』、東昇出版公司、一九八〇年に所收）、および、李步嘉「唐前《國語》舊注考述」（『文史』第五十七輯、二〇〇一年十二月）。

(一九) 苗文利・劉聿鑫「韋昭〈國語解〉的内容、體例和特點」（『古籍整理研究論叢』第二輯、一九九三年三月）。

(二〇) 樊善標「《國語解》用《左傳》研究」（『中國文化研究所學報』新第七期、一九九八年）。

(二一) 池田秀三「『國語』韋昭注への覺え書」（『中國の禮制と禮學』、朋友出版、二〇〇一年）。

(二二) 池田秀三・金培懿「韋昭之經學――尤以禮學爲中心」（『中國文哲研究通訊』第十五卷第三期、二〇〇五年九月）。

(二三) 樊善標「韋昭《國語解》用禮書研究」（『中國文哲研究集刊』第十六號、二〇〇〇年三月）。樊善標「韋昭《詩》學探論」（『中國文化研究所學報』新第七期、一九九九年）という、『詩』を特に取り上げて論じたものもある。いずれにせよ鄭玄との關わりが觸れられている。

(二四) 兪志慧『《國語》韋昭注辨正』（中華書局、二〇〇九年）。

(二五) 顏師古『漢書敍例』は、自身が參照した注釋者の簡單な經歷を記す。なお、鄭氏については、「鄭氏は、晉灼の音義の序に其の名を知らずと云ふも、而れども臣瓚の集解は輒ち鄭德と云ふ。既に據る所無し。今、晉灼に依りて但だ鄭氏と稱する耳（鄭氏、晉灼音義序云不知其名、而臣瓚集解輒云鄭德。既無所據。今依晉灼但稱鄭氏耳）」と述べており、鄭德という名であったと考えられる。

(二六) 李步嘉『韋昭《漢書音義》輯佚』（武漢大學出版社、一九九〇年）。

(二七) 吉川忠夫「顏師古の『漢書』注」（『東方學報』第五一號、一九七九年三月／『六朝精神史研究』、同朋舍出版、一九八四年に所收）。

(二八) 渡邉義浩「『後漢書』李賢注に引く『前書音義』について」（『人文科學』第九號、二〇〇四年三月）および洲脇武志「『文選』李善注所引「漢書音義」考」（『六朝學術學會報』第八集、二〇〇七年三月）を參照。渡邉論文によれば、『後漢書』の注で韋昭の『漢書音義』を引用する場合は韋昭の名を擧げ、他の一般的な「漢書音義（前書音義）」と明確に區別していると述べる。

(二九) 大川富士夫「孫吳政權の成立をめぐって」（『立正史學』第三十一號、一九六七年四月）、および「孫吳政權と士大夫」（『立正

大學文學部論叢』第三十三號、一九六九年二月)。また、田餘慶「孫吳建國的道路」(『歷史研究』一九九二年一號、一九九二年)。

(三〇) 川勝義雄『六朝貴族制社會の研究』(岩波書店、一九八二年)の第II部第二章・三章を參照。

(三一) 石井仁「孫吳政權の成立をめぐる諸問題」(『東北大學東洋史論集』第六號、一九九五年一月)、および、「孫吳軍制の再檢討」(『中國中世史研究』續編、京都大學學術出版會、一九九五年)。

(三二) 渡邉義浩「孫吳政權の形成」(『大東文化大學漢學會誌』第三十八號、一九九九年三月)／「孫吳政權の形成と「名士」」と改題して、『三國政權の構造と「名士」』、汲古書院、二〇〇四年に所收)、および、「孫吳政權の展開」(『大東文化大學漢學會誌』第三十九號、二〇〇〇年三月／「君主權の強化と孫吳政權の崩壞」と解題して、『三國政權の構造と「名士」』、汲古書院、二〇〇四年に所收)。

(三三) 高橋和巳「陸機の傳記とその文學(上)」(『中國文學報』第十一號、一九五九年三月／『高橋和巳全集 第十五卷』、河出書房新社、一九七八年に所收)および池田秀三「『國語』韋昭注への覺え書」(『中國の禮制と禮學』、朋友出版、二〇〇一年)などがある。前者は陸機、後者は『國語解』を扱った論考であり、「博弈論」についてはどちらも一〜二文程度のごく僅かな記述しかない。

(三四) 王永平「讀《三國志・吳書・孫和傳》、韋昭《博弈論》推論孫吳中期士風的變化與僑舊士風的差異」(『孫吳政治與文化史論』、上海古籍出版社、二〇〇五年)。

(三五) 增田清秀「漢魏及び晉初における鼓吹曲の演奏」(『日本中國學會報』第十七集、一九六五年十月／『樂府の歷史的研究』、創文社、一九七五年に所收)。

(三六) 松家裕子「繆襲とその作品」(『アジア文化學科年報』第一號、一九九八年十一月)。松家は、曹植の「大魏篇」などに比べて繆襲の詩はそれに遠く及ばぬことを述べている。「文學」的觀點からすれば、松家の指摘は妥當なものと考えられるが、鼓吹曲が公的性質を持つものである以上、やはり曹植に劣るという指摘は的外れと言わざるを得ない。

(三七) 金文京『三國志演義の世界』(東方書店、一九九三年)。
(三八) 吉川幸次郎『中國詩史(上)』(筑摩書房、一九六七年)。
(三九) 注(三七)所掲金文京著書、および「日中韓三國の三國志―三つの三國志物語」(『三國志シンポジウム』第一號、二〇〇六年二月)には、「吳鼓吹曲」第四曲「烏林」の口語譯が收められており、本書第二篇第二章や附篇において大いに參考にした。
(四〇)『隋書』卷三十三　經籍志二に、「漢書音義十二卷　國子博士蕭該撰」とある。
(四一) 陳博「試論韋昭《吳書》的特點及其價值」(『歷史文獻研究』北京新六輯、一九九五年十月)および「韋昭《吳書》考」(『文獻』一九九六年第二期、一九九六年四月)。
(四二) 注(三三)所掲渡邉論文。
(四三) 滿田剛「韋昭『吳書』について」(『創価大學人文論集』第十六號、二〇〇四年三月)。
(四四) 小林春樹「三國時代の正統理論について」(『東洋研究』第一三九號、二〇〇一年一月)。小林は、孫吳の正統理論について、「瑞祥の出現という歷代王朝の手垢にまみれた初步的な正統理論」とする。また、これが孫吳政權の抱えていた弱點であったとする。
(四五) 渡邉義浩「孫吳の正統性と國山碑」(『三國志研究』第二號、二〇〇七年七月)。孫吳において瑞祥の出現回數は極めて多く、渡邉論文はそれを年表にまとめて整理している。また、孫吳が禹の後裔を自稱した背景には、曹魏より九錫を承けていたこと、曹魏が滅亡したことで孫吳こそが彼等土德の國家を繼承するにふさわしいことを理由にしている。なお、禹の後裔を自稱した時期は孫吳滅亡間近のことであり、その時點で韋昭は既に世を去っていた。これについては、本書第一篇第四章を參照。

第一篇　學者としての韋昭

第一章　『國語解』考

はじめに

『國語』を讀む上で韋昭の注の重要性を否定する者はいまい。今日では、『春秋左氏傳』（以下『左傳』と略す）における杜預注のように、『國語』における韋昭注の地位は確固として搖るがない。三國～晉代にかけてのほぼ同時期に偶然か必然か、この兩書の決定的な注釋が著されたのは興味深いことである。

從來、『國語』の研究は『左傳』のそれに比して遲れをとっていた。だが、近年では精力的な研究が行われている。就中、韋昭に關する論考はいくつか著されており、代表的著作の『國語解』（本章では「韋昭注」と稱することもある）に限らず經學・禮學・詩學・史學などについて、また韋昭の思想や學問傾向について多面的で活發な研究が徐々にではあるがなされている（本書序論）。

樊善標〈一九九八〉は『國語解』に引用されている『左傳』について事細かに分析した（一）。それによると韋昭注に見える『左傳』は具體的な史事を言及しており、後漢の經學者とは異なり史學的色彩を帶びていることを述べている。また、池田秀三〈二〇〇二〉は、韋昭の生涯も含め、著作動機・注釋内の思想的觀點等々の総合的な視野から言及している（二）。氏の主な指摘として、第一に、韋昭は賈逵から學説及び注釋の方法を繼承していること、第二に、韋昭注の主な對象者は初學者と推測していること、そして第三に、韋昭にとって『國語』注は、『左傳』と『國語』は表裏一體との理念の證明かつ實踐であること、これらを掲げている。特に三つめについては、年代注記を多用して『國語』を『左傳』に則って再編し、史實から虚僞と曖昧さを排除し可能な限り正確な出來事と時期を確定させようという「史」としての精神、と指摘する。そして、この推測が當っているならば、韋昭注は鄭玄の經學的解釋とは對極にある「史」的注釋と評價可能、と結んでいる。池田の指摘は多岐に渡り、首肯し得る點も多い。しかしながら、同論文中で「初歩的な覺え書を草する」と述べているように、問題提起の段階で止まっている箇所もある。そのため、より踏み込んだ考證が求められよう(三)。

かかる先行研究を踏まえた上で、本章は、韋昭の『國語解』を取り擧げ、孫吳における『國語』の位置づけと鄭學流入の考察、韋昭による『國語』表章と『左傳』との體系化、そこに見える鄭學の影響を論じるものである。

一、注釋の系譜

韋昭に對する陳壽の評は、「韋曜は學に篤く古を好み、博く羣籍を見、記述の才有り」(『三國志』卷六十五 韋曜傳)というものであった(四)。七十年の生涯の中で『國語解』の他に、『洞紀』『官職訓』『辯釋名』『毛詩答雜問』『孝經解讚』『漢書音義』『吳書』を著しており、陳壽の評價は妥當と言ってよいであろう(五)。代表的著作の『國語解』がいつ書かれたのか明確に斷定できる資料はない。虞翻(一六四〜二三三年)・唐固(?〜二二五年)の注釋を踏まえていることから、おそらく若年期の作ではないだろう。晩年に投獄された時、友人の華覈は嘆願書を奉じたが、その文中では『吳書』が未完であると述べられていることから、『吳書』より早く完成していたことは確かである（六）。本節はまず『國語解』の敍文を見て、韋昭の抱いていた『國語』観と注釋を著した意圖をあらう。いささか長いものの、今ここで煩を厭わず全文を引用したい（七）。

昔 孔子舊史に發憤し、法を素王に垂る。①左丘明 聖言に因りて以て意を攄《の》べ、王義に託して以て藻を流す。其の淵原深大にして、沉懿雅麗、命世の才あり、博物の善作なる者と謂ふ可きなり。其の明識高遠にして、雅思未だ盡きず、②故に復た前世の穆王より以來、下は魯悼・智伯の誅に訖るまで、邦國の成敗、嘉言善語、陰陽律呂、天時人事の逆順の數を采錄し、以て國語を爲る。③其の文は經を主とせざるが故に、號して外傳と曰ふ。天地を包羅し、禍福を探測し、幽微を發起し、善惡を章表する所以の者にして、昭然として甚だ明らけく、④實に經藝と幷陳し、特に諸子の倫に非ざるなり。秦の亂に遭ひ、幽かにして復た光き、賈生・史遷頗る綜述せり。劉光祿の漢成に於て世ゝ始めて考校を更め、疑謬を是正す。章帝に至り、⑤鄭大司農 之が爲に注を訓す。疑を解き滯を釋し、昭晰として觀る可きも、細碎に至りては、闕略する所有り。⑥侍中賈君 敷きて之を衍し、其の發明する所、大義略ぼ擧がり、已に憭爲り。然れども文に於ては閒ま時に遺忘有り。建安黃武の閒、⑦故の侍御史 會稽の虞君、尙書僕射 丹陽の唐君は皆な英才碩儒にして、洽聞の士なり。見る所を采摭し、賈に因りて主と爲して之を損益す。其の辭義を觀るに、信に善なる者多し。然れども理もて釋く所、猶ほ異同有り。昭 末學の淺闇寡聞を以て、數君の成訓を階にし、事義の是非を思ふに、愚心頗る覺ふる所有り。今、諸家幷行し、是非相ひ貿れば、聰明疏達、機を識るの士は、去就する所を知ると雖も、然るに淺聞初學は猶ほ或いは未だ過を袪くこと能はず。⑧切に自ら料らずして、復た之が解を爲り、只だ賈君の精實に因り、虞・唐の信善を採り、亦た覺ふる所を以て、增潤補綴す。⑨之を參するに五經を以てし、之を檢するに內傳を以てし、世本を以て其の流を考へ、爾雅を以て其の訓を齊しくし、非要を去り、事實を存し、凡そ發正する所、三百七事なり。又た諸家紛錯し、載述を煩と爲し、是を以て時に見る所有り、頗る事情に近づけ、裁に補益すること有るを庶幾するも、猶ほ人の多言を恐れ、未だ其の故を詳かにせず、世の覽る者の必ず之を察せんことを欲す（韋昭『國語解』敍）。

敍文の内容を整理してみよう。まず、①韋昭は『國語』＝左丘明著作說に則っており、②『國語』が周の穆王より魯の悼公に至るまで遍く著述した書であることを稱贊する。言を盡くした贊辭は、韋昭が『國語』を如何に高く評價しているかの表れと言ってよい。『國語』＝左丘明著作說は漢の司馬遷以來の傳統とも言えるが、（八）實際に『左傳』と『國語』の兩書が同一人物によって著されたかは不明であり、また左丘明という人物にもよく分からない點が多い。だが、重要なのは韋昭自身が兩書を同一人物によるものと捉えている點である。

次に、③『國語』は經文を主體としないため「(春秋) 外傳」とも呼ばれたが、④他の經藝と並稱されるものであり、諸子の書などではないということである。（九）實際に經に匹敵するほどの地位および内容を備えていたかは贊否の分かれるところであろうが、少なくとも韋昭はそれだけの價値を有するものと捉えていた。

續いて、參考にした先人四者の解說である。⑤まず鄭衆の注釋は疑問點や難解な部分を解說し明晰であったが細部に不十分な點があったこと、⑥賈逵が鄭衆注を敷衍して注を著したことで、いくらかの遺忘こそあったもののほぼ大意が通るようになったこと、⑦虞翻と唐固が賈逵注を參考に修正を加え、まだ若干の異同があるものの、概ね善い出來であったことである。この當時は『國語』に注釋を著した者が多く、韋昭はそのうちの鄭・賈・虞・唐の四人の名を擧げ、時には贊同を、時には批難を示している。（一〇）

最後に、⑧先人の良い部分を踏襲した上で不足箇所を補い注釋を附し、⑨その際に五經や内傳（『左傳』）『爾雅』『世本』を用いたのである。（一一）韋昭注は四人の成果の上に立っていた。また、ここで注目すべきは「内傳」という言葉である。敍文内では『國語』『左傳』という表現を一切用いず、「外傳」「内傳」と述べている。これは兩書が對になることを強く意識していたものと解釋可能である。以上のとおり、『國語解』の敍には韋昭の『國語』觀と著述動機が顯著に表れていた。

ここで歴代注釋者たちを整理しておく。後漢から晉にかけては『國語』が盛んに學ばれた。注釋を著した人物は、鄭衆・賈逵（以上後漢）・虞翻・唐固・韋昭（以上三國孫呉）・王肅・孫炎（以上三國曹魏）・孔晁（西晉）と、實に八人にも及ぶ。（一二）このうち、韋昭は後漢の鄭・賈と孫呉の虞・唐の注を參照する。鄭衆は言わずと知れた後漢の左氏學者である。父の鄭興もまた著名な學者であり、若い頃に父より『左氏春秋』を受けたという。鄭司農または先鄭と呼ばれた鄭衆は、『左傳』の他に『周禮』『易』『詩』にも通じていた。賈逵もまた經書に博く通じ、『左傳』の表章を行った著名な古文學派の學者であった。『左傳解詁』と『國語解詁』はその成果である。鄭・賈の二人は後漢を代表する古文學派という點で共通している。後漢時代、『左傳』家はほぼ間違いなく『國語』を兼習していた。言わば、兩書の一體感が特に強かった頃である。（一三）

これに對し、三國時代の虞翻は『國語』以外に『老子』『論語』『公羊傳』の注を著した。この他、家學の『孟氏易』に通じており、易注はその代表的著作である。唐固は先人四者の中で正史中の記録が最も少ないものの、『公羊傳』『穀梁傳』に通じた學者であったことが分かっている。『國語解』には唐固注と賈逵注がほぼ同數引用されていることから、韋昭は唐固の説を比較的重視しつつ參考にしていたようである。（一四）

韋昭の仕えた孫呉において『國語』はどういう位置づけにあったのだろうか。『國語』を修學した虞翻は『公羊傳』や『孟氏易』などの今文系の學問を主に修めていた。唐固は『公羊傳』『穀梁傳』を修め、數十人の弟子を相手に講學し、陸遜・張溫・駱統らは唐固に拜禮を盡くしていたというから、孫呉内でも一目置かれた存在であったようである。（一五）虞翻も唐固も『國語』は修學したが、『左傳』は修學していなかった。修學と言うと語弊があるかも知れないが、少なくとも記録にはない。反對に、孫吳において『左傳』を修めた人物たちは、次のような學術指向を示していた[一六]。

①士燮　字は威彥、蒼梧廣信の人なり。……燮　少くして京師に游學し、潁川の劉子奇に事へ、左氏春秋を治む（『三國志』巻四十九　士燮傳）。

②張昭　字は子布、彭城の人なり。少くして學を好み、隸書を善くす。白侯子安に從ひて左氏春秋を受け、博く衆書を覽、琅邪の趙昱・東海王朗と倶に名を發して友善なり。……　乃ち春秋左氏傳解及び論語注を著す（『三國志』巻五十二　張昭傳）。

③（諸葛）瑾　少くして京師に游び、毛詩・尙書・左氏春秋を治む（『三國志』巻五十二　諸葛瑾傳注引『吳書』）。

④（張）紘　太學に入り、博士の韓宗に事へ、京氏易・歐陽尙書を治め、又た外黃に於て濮陽の闓受に從ひ韓詩及び禮記・左氏春秋を治む（『三國志』巻五十三　張紘傳注引『吳書』）。

⑤（徵）崇　字は子和、易・春秋左氏傳を治め、兼ねて內術を善くす（『三國志』巻五十三　程秉傳注引『吳錄』）。

鄭衆ら漢代の左氏學者が『國語』を兼習していたのに對し、孫吳の『左傳』修學者はほとんど『國語』を兼習していなかった。少なくとも彼らの傳を見る限り一切の記述も痕跡も窺えない。しかし、君主孫權は、『三國志』巻五十四　呂蒙傳注引『江表傳』[一七]に、

江表傳に曰く、……孤　少き時に詩・書・禮記・左傳・國語を歷し、惟だ易を讀まず。事を統べるに至りてより以來、三史・諸家の兵書を省るに、自ら以爲へらく、大いに益する所有りと。卿二人の如きは、意性朗悟なれば、學べば必ず之を得ん。寧んぞ當に爲さざるべけんや。宜しく急ぎ孫子・六韜・左傳・國語及び三史を讀むべし。

とあるように、自身が易以外の經書や『左傳』と『國語』を讀んだことを披瀝し、呂蒙と蔣欽にも薦めている。孫吳士大夫層は『國語』と『左傳』をほとんど兼習しなくなっていた。すなわち、この學術的傾向の變質が意味するとこ

ろは、『左傳』からの乖離であり、『國語』の地位の變化を意味する。一對であり經と同等であるという韋昭の價値觀とはどうも逆の狀況であった。孫吳における『國語』の位置づけは斯樣なものであり、敍文に見える『國語』觀はこのような狀況下で打ち出されたのである。

二、韋昭注の傾向

韋昭注の特徵を端的に表すならば、確かに注（二一）所揭池田論文が述べるとおり、「史學的傾向が強い」ということであろう。その傾向を發見すること自體は決して難しいことではない。施した注釋は、訓詁・地名・人名・人物系譜・他說引用・他書引用・紀年附記等々、多種に及び、その事實は韋昭が史家としての資質を有していたことを想起させる。(一八) 長文短文を問わずこれらを數えると、注釋を附した箇所は五千を越える。次ページの表①「韋昭注の數」は各篇における注釋の數と國ごとの平均數である。

卷頭の周語が平均四〇〇以上であることに對し、魯語以降は二〇〇〜三〇〇弱、卷末の越語は上下篇を足しても二四〇餘りである。個々に見れば晉語四が全篇中最多だが、晉語の平均は約二四四であり、比較的少なめと言える。韋昭注も他の一般的な注釋書と同樣、卷頭が多く卷末が少ない傾向にあると言えるだろう。その他、吳語は一篇のみ且つ卷末近くにありながら注釋數は多めであることを特徵にあげてもよい。(一九)

次に、韋昭注に見える書物の引用を見る。「之を參するに五經を以てし、之を檢するに內傳を以てし、世本を以て其の流を考へ、爾雅を以て其の訓を齊しくす」という敍文に從えば、あまねく經書類が引用されていることになるが、その具對數はどのようなものであったのか。39ページの表②「韋昭注に見える引用書」を檢討しよう。(二〇)

表①—韋昭注の数

合計	平均	注釋數	篇	國名
1337	445.7	456	周語上	周
		393	周語中	
		488	周語下	
582	291.0	293	魯語上	魯
		289	魯語下	
238	238.0	238	齊語	齊
2195	243.9	298	晉語一	晉
		271	晉語二	
		175	晉語三	
		494	晉語四	
		129	晉語五	
		157	晉語六	
		149	晉語七	
		325	晉語八	
		197	晉語九	
160	160.0	160	鄭語	鄭
565	282.5	294	楚語上	楚
		271	楚語下	
343	343.0	343	吳語	吳
241	120.5	73	越語上	越
		168	越語下	
5661				合計

表②に見える數の多さは、韋昭が儒教經典によって『國語』を解釋しようとしたことを證明する。すなわち、「經を以て經を解く」という注釋姿勢に則っているのである。換言すれば、韋昭の目には『國語』がはっきり經として映っていた。經として意識していた『國語』觀の裏付けをここにも見ることができる。引用書の中では『左傳』の數が約一〇〇例に及び、やはり突出している。韋昭は『左傳』注を著さなかったものの、かなり精通していたことが窺えよう。

表② 韋昭注に見える引用書

	周語上	周語中	周語下	魯語上	魯語下	齊語	晉語一	晉語二	晉語三	晉語四	晉語五	晉語六	晉語七	晉語八	晉語九	鄭語	楚語上	楚語下	吳語	越語上	越語下	合計
周易	1		4							3						2	1	1				12
尚書	3		6	1		2										1	4	1	2			20
詩經	10	4	1	2	7	3		1		7	1						1	4			1	42
周禮	9	4	1	2	5	5	1			2	3		1	1	1	1		3	4		1	44
儀禮		3			1																	4
禮記	5	3	5	8	3					1					1		1	3	2		1	33
春秋			1	1								1						1				4
左傳	3	3	4	5	7		4	4	2	14	3	7	5	8	6	3	9	4	10	1		102
公羊		1								1												2
論語	1		3		1	1				1	1					1						9
孝經	1																					1
爾雅				1		1				1											1	4
世本		1																	1			2
國語	1	7	2	3	1	1	1										1	1	3		2	23
他	1									1	1					4	1					8

加賀榮治《一九六四》によれば、この當時、綦母闓・宋忠・司馬徽らを中心メンバーとし、『左傳』を中核に置いて、平明簡易な經學解釋を旨とする學派「荊州學」が生まれていたという。難解複雜な鄭玄とは對極にあり、理念より實踐を求めた。反鄭玄の急先鋒であり、『國語』の注釋を著した曹魏の王肅も、若年期に宋忠に師事していたことがある。(二二)『國語解』引『左傳』の數の多さという觀點からすれば、韋昭が「荊州學」の影響を受けていたと見ることも可能である。一方で、『國語解』には『左傳』に次いで『周禮』『詩經』の引用が多く、さらに後漢の著名な左氏學者である賈逵の説を多く引用し、その説に贊同を示していることが多い（本書第一篇第二章）。されば、漢代左氏學派を繼承しているようにも見える。(二三)果たしてどうであろうか。

結論を先に言えば、確かに韋昭は『左傳』に精通し、重視しているものの、古文學派でなければ荊州學派でもあるまい。敢えてどちらかと答えるならば古文學派に傾いているとは言えるであろうが、兩派とは一線を畫していた。その解を導いた根據は、『左傳』を除いた他の經書である。中でも『周禮』『詩經』そして『禮記』の引用が多い。これらの書から連想される人物と言えば、あの大學者鄭玄である。實は韋昭は先人四者の他に鄭玄の説を引用している。特に名を擧げている例は次のとおりである。

【周語下】鄭後司農云、「廣、當爲光」（『詩經』周頌　昊天有成命篇の鄭箋）

【周語下】鄭後司農説周禮云、「錢始蓋一品也。周景王鑄大錢而有二品、後數變易、不識本制。至漢、唯五銖久行。至王莽時、錢乃有十品、今存於民、多者有貨布、大泉、貨泉。大泉徑寸二分、重十二銖、文曰、大泉五十」（『周禮』天官冢宰　外府の鄭注）。

【魯語下】鄭後司農云、「九夏皆篇名、頌之類也。載在樂章、樂崩亦從而亡、是以頌不能具也」（『周禮』春官宗伯　鍾師の鄭注）。

【魯語下】鄭後司農云、「和、當爲私」（『詩經』小雅 皇皇者華篇の鄭箋）。

【晉語四】鄭後司農說、「以爲韎、茅蒐染也。韎、聲也」（『詩經』小雅 瞻彼洛矣篇の鄭箋）。

【晉語八】鄭後司農以爲、「詐請亡、要君以利也」（『禮記』檀弓下篇の鄭注）。

【鄭語】鄭後司農云、「十萬曰億、萬億曰兆、從古數也」（『周易』震卦の鄭注）。[二三]

鄭玄は『國語』の注を著さなかった。[二四] したがって、これらは『國語』の内容に關する直接的な言及ではなく、三禮注や鄭箋などであり、韋昭が『國語』を解釋する上での參考として附したものである。鄭注の引用は、孫吳に鄭學が流入し、韋昭がその成果を目にしていたことの證據であろう。『國語』注の先達でもない鄭玄の說を、時に名を擧げてまで引用していた事實に、鄭玄および鄭學を強く意識した韋昭の姿を窺うことができるのである。

三、鄭學の流入

鄭玄が中國史上に名だたる經學の大家であることは言を俟たない。一二七年に生まれてから二〇〇年に沒するまで無數の著述を記した。韋昭の生沒年は二〇四～二七三年であるから、二人の生涯は單純に比較して約七十年の開きがある。しかし、韋昭が孫吳に仕えた頃には既に鄭學は各地へ流布していたようである。これは當時としては驚異的なことであろう。この頃に存在していた別の學派として、益州における讖緯の學、すなわち「蜀學」を例に擧げてみるとその特異性がわかるであろう。蜀學は後漢の楊春卿より興り、董扶や任安といった益州人士らに經承され、蜀の傳統的學問として有り續けた。この蜀學のように廣範圍には流布せず、數十年單位で一箇所に留まるものがおそらく當時の學問の標準だったのではなかろうか。(二五) 漢~晉代における學問・學説の傳播は現代と比較にならぬほど遲かったはずだが、こと鄭學に關しては數千人に及ぶ門弟たちによって驚異的な速度で廣まっていったようである。

孫吳に鄭學が流布しはじめたのはいつ頃であろうか。その答えはおよそ一九五~二〇〇年頃、孫策期から孫權期初期と見る。根據として考え得るのは、孫吳政權における青州（現在の山東省周邊）出身者たる北來人士の存在である。彼らの中には孔融の評價を受けた者も多い。北海太守孔融は鄭玄を極めて高く評價した北海グループの中心人物であった。(二六) すなわち、鄭玄や孔融の知遇・評價を受けた人士が孫吳に入ってきたのである。

かつて孫策は劉繇（一五六~一九七年）を破って麾下の人材を糾合した。劉繇は、

劉繇、字は正禮、東萊牟平の人なり。齊の孝王の少子 牟平侯に封ぜられ、子孫 焉に家せり。繇の伯父の寵は、漢の太尉爲り。繇の兄の岱、字は公山、侍中・兗州刺史を歷位す。繇の年十九、從父の韙 賊の劫質する所と爲り、繇 篡ひ取りて以て歸り、是れ由り名顯はる。（『三國志』卷四十九 劉繇傳）(二七)

とあるように、劉繇は青州東萊出身で漢室の遠縁に當り、なおかつ親族もまた高位にある上に、自身は若年より顯名であった。つまり、當地で影響力の大きな一族の出身である。彼のもとに青州出身者が多くいたことは想像に難くない。その劉繇が揚州刺史として赴任中に孫策と戰って敗れた。この時孫吳に糾合された人材によって鄭學がもたらされたのであろう。青州東萊出身で孔融に評價を受けた太史慈などは、この時に孫吳政權へ參與するようになった。この他、孫策期に仕えた青州出身者としては、平原の劉惇（『三國志』卷六十三 劉惇傳）がいた。孫權期では、北海出身者として滕胄・滕胤父子（卷六十四 滕胤傳）、是儀（卷六十二 是儀傳）、孫卲（卷四十七 吳主傳注引『吳錄』）、東萊出身で劉繇の子である劉基（卷四十九 劉繇傳）が擧げられる。特に孫卲は孔融から「郎廟の才」と評され、孫吳政權の初代丞相に就いた人物である。(二八) 彼らが鄭學流入の契機となったのであろう。

この他、青州出身ではないが、一九六年に孫呉に仕えた揚州會稽出身の虞翻もまた孔融に評價を受けている。のちに虞翻は孫權への上奏文中にて鄭玄の解釋に異を唱えているが、それ自體、鄭學の内容を理解していなければ當然できないことである。(二九) また、同じく青州出身ではないが程秉という人物もいた。『三國志』卷五十三 程秉傳には、(三〇)

程秉 字は德樞、汝南南頓の人なり。逮りて鄭玄に事へ、後に亂を交州に避け、劉熙と與に大儀を考論し、遂に博く五經に通ず。

とあるように、五經に通じた鄭玄の弟子であった。程秉が初從した正確な年代は不明だが、二〇〇年頃とされる。鄭學の流入はともかく、少なくとも流布に關與していたことはまちがいあるまい。あるいは、鄭學が流布していた孫呉に自身の居場所を求めたのかも知れない。

以上の如く、鄭玄と孔融に縁ある人士の存在が複數確認できる。渡邉義浩〈一九九九〉は、孫策期から孫權期初期は、從來の君主の武名に基づく武力集團から「名士」を積極的に受け入れて共存を圖るために方針轉換した時期であることを指摘する。(三一) とすれば、そうした「名士」たちの孫呉政權參與が鄭學の流入・流布の契機となったと見ることもできよう。

今日、我々は鄭玄の學術的成果を目にすることが可能であり、質も量も見事という他はない。孫呉では特に薛綜と徐整が鄭學を尊崇していたという。(三二) しかし、皆が鄭玄の解釋に首肯したわけではなく、孫呉の他學派を完全に驅逐したわけでもない。例えば、前述したように虞翻は鄭玄の解釋を非難している。

韋昭は鄭學をどう扱っていたのであろうか。注(三)所掲池田論文によると、韋昭は『詩經』については毛傳と鄭箋に全面依據していること、禮學に關しては鄭玄の説をほぼ踏襲しているが、不用意に説を引用する部分もあり、韋昭の鄭玄禮學の理解は不十分であったとしている。(三三) また、池田は、韋昭による六天説の引用を提示する。(三四)

昭謂へらく、此の上の四者は、天を祭りて以て食を配すを謂ふなり。昊天を圓丘に祭るを禘と曰ひ、五帝を明堂に祭るを祖、宗と曰ひ、上帝を南郊に祭るを郊と曰ふ。有虞氏は黃帝より出で、顓頊の後なるが故に、黃帝を禘して顓頊を祖とし、舜 禪を堯に受けくるが故に、堯を郊す。禮祭法に、有虞氏 嚳を郊して堯を宗とす、と。此と異なる者は、舜 在りし時なれば則ち堯を宗とし、舜 崩じて子孫舜を宗とするが故に、堯を郊するなり。（『國語』魯語上9の韋昭注）

複雜極まりない論理體系を持つ六天説を提唱した學者は鄭玄のみであり、鄭學の大きな特徴の一つである。韋昭はたびたび「上帝、天也」と延べており(三五)、上帝＝天、すなわち宗教的人格神とみなしていると思しき解釋も見られる。詳しいことは本書第一篇第四章で論ずるため、ここではかかる韋昭注が見られるという事實を取り敢えず言及しておくだけに止める。

前掲池田論文の述べるように、韋昭の禮學知識不足による不用意な説の採用も可能性としては否定できないが、いずれにせよ、韋昭は鄭玄の禮説を引き、『國語』の解釋の參考として提示した。その事實は、鄭玄の影響力を改めて示す資料である。しかし、鄭學の影響はそれだけではない。それは『左傳』と『國語』の間にあった。

四、外傳と內傳

鄭學の特徴を端的に言うならば、儒教經典の體系化とそれによる今古文の融合であろう。鄭玄は『周禮』を中心に据え、『儀禮』『禮記』のいわゆる三禮に注釋を施した。それによって三禮を結びつけ、體系づけ、今古文の融合を圖ったことは今日の鄭玄研究の定説である。さらに池田秀三〈二〇〇六〉によれば、「鄭玄は三禮注に大量の『春秋傳』

『左傳』と『公羊傳』を引用しており、それによって三禮の體系の中に『春秋傳』を取り込もうと企圖した」という。[三六]鄭玄は三禮だけでなく經典全體の體系化を目指していたと考えてよい。かかる鄭學の特徴は、韋昭注にどう反映されていたのであろうか。

韋昭注における『左傳』引用の多さは改めて言うまでもない。表②「韋昭注に見える引用書」にある約一〇〇例は、「傳（曰）〜」または「内傳（曰）〜」という形のいわば直接的な引用である。これだけでも他書より壓倒的に多いのであるが、注（一）所掲樊論文・注（二）所掲池田論文が言及しているように、『左傳』引用はそれだけに留まらない。所々で魯の紀年を用い、「在魯〇公××年」という形で『左傳』と對應させ、また『左傳』の内容を要約している。[三七]斯様な、言わば『左傳』閒接引用例は次のようになっている。これらは多數あり、枚擧に暇がないのでそれぞれ一例ずつ示す。[三八]

【魯紀年の併記例】（周の）簡王十一年は、魯の成十七年なり。（周語下1）

【左傳閒接引用例】王を周に納れて子帶を殺すは、魯の僖二十五年に在り。（周語上14）

【左傳要約引用例】魯の成十七年十二月、長魚矯 狄に奔る。閏月、欒・中行 胥童を殺す。十八年正月、厲公弑さる。（晉語六11）

斯様に直接・閒接を問わず『左傳』を注内に盛り込んだのは意味があった。それを行った理由は、第一節で檢討した韋昭の『國語』觀に内包されている。

韋昭は『國語』が左丘明の著作であると信じ、兩書が外傳と内傳であることを強調していた。また、『國語解』において、敍文はもちろん注自體にも、韋昭は『左傳』や『左氏傳』、あるいは『春秋左氏傳』等々の表現を一度たりとも用いていないのである。引用する際の九割方は單に「（内）傳（曰）〜」と記すか、あるいは「〇公××年」といった『春秋經』の紀年の如く魯の十二公と年月を記し、その他は「内傳」と表記しているのである。(三九)これもまた、外・内傳の一體性を強く意識していたからこその表現であろうことは疑いない。さらに、「實に經藝と幷陳し、特に諸子の倫に非ざるなり」という敍文の一節は、『國語』が最高位の「經」と同等のものであるという韋昭の強い主張である。韋昭が敢えてこう記したのは、當時の『國語』が經ほど高く位置づけられていなかったことを間接的に物語るものであろう。そのような状況を看過できなかった韋昭は、『左傳』と一對にさせることと、經と同等の確固たる位置づけをすること、この二點の達成を目指して自身の強固な信念に基づく『國語』觀を提示し、『國語解』を著したのである。

その方法として、孫吳に流布していた鄭學を、中でも三禮の體系化を參考にしたのであろう。鄭玄の三禮注と同じように、韋昭は『國語』を經の中に組み込ませ、體系の一つとして位置づける作業を圖ったのである。そのために最も適した書が、同じ左丘明の著作とされる『左傳』であったことは自明である。數多の『左傳』引用によって兩書をがっちりと絡み合わせ、『左傳』の力を借りて『國語』表章を試みたのである。

折しも、當時の『左傳』は『國語』と體裁が類似していた。『左傳』と『春秋經』を比附させたのは、「臣に左傳癖有り」と自稱した杜預（二二二～二八四年）であった。『左傳』注は杜預の最晩年に完成されたものとされる。(四〇)すなわち、韋昭の頃は經と傳がそれぞれ別行していた。杜預注完成後と比較して著者・内容・體裁のいずれもが外傳・内傳と呼び合うにふさわしく、距離が非常に近い狀態であった。『國語解』における『左傳』引用と魯の紀年の比附によって兩書は強固に結びつきあう。その他、『易』『書』『詩』『禮』の經もあまねく注内に盛り込む所に、鄭玄の行った體系化と同質のものを確かに窺うことができよう。

付け加えるならば、韋昭は注釋で自らの見解を述べる際、先人注を提示した後に、「昭謂」という形で自説を開陳することがある。このような體裁を、高橋均〈二〇一〇〉は、「異説を並擧する注釋。多義性を許容するもの」と分類した上で、『周禮』の鄭玄注・『國語』韋昭注・『史記』裴駰集解・皇侃『論語義疏』を同類に配列する。(四一) 時系列的に見れば、『周禮』鄭玄注の次に同體裁を以て注釋を示したのは韋昭であり、表面的なものではあるが、韋昭が鄭玄の注を大いに參考にした表れと見られる。

鄭玄の禮説、就中、鄭玄獨自の六天説を注内に盛り込んだことは、結果的にではあるが鄭玄の行った體系化への『國語』組み込みを意味しよう。『左傳』と魯年紀の比附、他經の引用、鄭學の手法、この三つを組み合わせて、『國語』を名實ともに『春秋』の外傳とし、「實に經藝と幷陳」されるよう表章に努めたのである。後世、特に正史の目錄では、四部分類ができた後も『國語』は經部春秋類に屬していた。(四二) これには韋昭の表章に因るところ大きかったのではなかろうか。

おわりに

韋昭の『國語』に對する執着は至る所で確認できる。かかる『國語』觀を抱いていた背景には、『左傳』と『國語』の乖離の進行という狀況があった。紱文は韋昭の焦燥感が如實に表れていたと言えよう。先人の成果の上に成り立っていた韋昭注だが、最も影響を受けていたのは賈逵でも唐固でもなく、鄭玄であった。鄭學の影響が多大であった孫吳において、韋昭は、『國語解』に『左傳』を直接・間接問わず大量引用することで兩書を結びつけた。そうすることで『國語』と『左傳』、すなわち外傳と内傳が名實ともに一對の書となる。同時に、『左傳』の權威によって『國語』の地位を引き上げることができる。さらに、他經を注に引用することで、經としての『國語』という位置づけをより強固なものとした。そこには、三禮注にあまねく經書を引用して體系化を圖った鄭玄の影響を看取することができる。鄭玄による『周禮』『儀禮』『禮記』の融合と、韋昭による『左傳』『國語』の融合。ここにそれぞれ兩者が本領を發揮した形跡を見ることができる。ちなみに、韋昭注には史學的色彩が強いというが、それは單に自己の得意分野だったからというだけでなく、鄭玄の禮學知識への對抗心があったのかも知れない。しかしながら、そこにこそ韋昭注の特徴を見るのである。

《注》

(一) 樊善標「《國語解》用《左傳》研究」(『中國文化研究所學報』新第七期、一九九八年)。

(二) 池田秀三「『國語』韋昭注への覺え書」(『中國の禮制と禮學』、朋友出版、二〇〇一年所收)。

(三) 韋昭注に史學的傾向が見られることは樊善標前掲論文が既に指摘しており、おおむね妥當な見解と言ってよい。また、樊善標「韋昭《國語解》用禮書研究」(『中國文哲研究集刊』第十六號、二〇〇〇年三月) および池田秀三著・金培懿譯「韋昭之經學——尤以禮學爲中心」(『中國文哲研究通訊』第十五卷第三期、二〇〇五年九月) は、韋昭の禮學という觀點からも言及しており、どちらも鄭玄の影響があるという點で共通している。この他、韋昭注を總合的に扱った論考には、苗文利・劉聿鑫「韋昭〈國語解〉的内容、體例和特點」(『古籍整理研究論叢』第二輯、一九九三年) や、李步嘉「唐前《國語》舊注考述」(『文史』第五十七輯、二〇〇一年十二月) などがあり、また、ある特定のものについて詳述したものとして、例えば韋昭注の地理解釋について考察したものに、山田崇仁「韋昭『國語解』の地理史料に關して」(『東亜文史論叢』二〇〇九年二號、二〇〇九年) などがある。

(四) 『三國志』では韋昭を韋曜につくる。裴松之注によると、司馬昭の諱を避けて「曜」に改めたとある。

（五）『三國志』卷六十五 韋曜傳には『洞紀』『官職訓』『辯釋名』の名のみ確認できる。『毛詩答雜問』は『隋書』經籍志の注に、『孝經解讚』は同じく『隋書』經籍志に、『漢書音義』は『新唐書』藝文志にそれぞれ名が見える。なお、『漢書音義』については、李歩嘉『韋昭《漢書音義》輯佚』（武漢大學出版社、一九九〇年）があり、それを特に參照した論考が本書第一篇第三章にある。

（六）『國語解』の成書年代についての論攷は、樊善標「韋昭『《國語解》成書年代初探」（『大陸雜誌』第九十二卷第四期、一九九六年四月）および「韋昭《國語解》成書年代再探」（『大陸雜誌』第九十三卷第四期、一九九七年四月）がある。それによると、二四二年〜二四九年、すなわち韋昭が三十九歳から四十六歳の間に書かれたものと結論づけている。

（七）昔孔子發憤於舊史、垂法於素王。①左丘明因聖言以攄意、托王義以流藻。其淵原深大、沉懿雅麗、可謂命世之才、博物善作者也。其明識高速、雅思未盡、②故復錄前世穆王以來、下訖魯悼・智伯之誅、邦國成敗、嘉言善語、陰陽律呂、天時人事逆順之數、以爲國語。③其文不主於經、故號曰外傳。所以包羅天地、探測禍福、發起幽微、章表善惡者、昭然甚明、④實與經藝幷陳、非特諸子之倫也。遭秦之亂、幽而復光、賈生・史遷頗綜述焉。及劉光祿於漢成世始更考校、是正疑謬。至於章帝、⑤鄭大司農爲之訓注、解疑釋滯、昭晰可觀。至於細碎、有所闕略。⑥侍中賈君敷而衍之、其所發明、大義略擧、爲已驚矣、然於文閒時有遺忘。建安・黃武之閒、⑦故侍御史會稽虞君、尙書僕射丹陽唐君皆英才碩儒、洽聞之士也。摭所見、因賈爲主而損益之。觀其辭義、信多善者、然所理釋、猶有異同。昭以末學、淺合寡聞、階數君之成訓、思事義之是非、愚心頗有所覺。今諸家並行、是非相貿、雖聰明疏達識機之士知所去就、然淺聞初學猶或未能祛過。⑧切不自料、復爲之解、因賈君之精實、采虞・唐之信善、亦以所覺、增潤補綴。⑨參之以五經、檢之以內傳、以世本考其流、以雨雅其訓、去非要、存事實、凡所發正三百七事。又諸家紛錯、載藝術品爲煩、是以時有所見、庶同頗近事情、裁有補益、猶恐人之多言、未詳其故、欲世覺者必察之也。

（八）『史記』卷十四 十二諸侯年表第二には、「魯の君子左丘明、弟子の人人の端を異にし、各〻其の意を安んじ、其の眞を失はんことを懼るるが故に、孔子の史記に因りて具さに其の語を論じ、左氏春秋を成す（魯君子左丘明、懼弟子人人異端、各安其意、失其眞、故因孔子史記、具論其語、成左氏春秋）」とあり、同卷一百三十 太史公自序には、「左丘 明を失ひて、厥れ國語有り

（左丘失明、厥有國語）」とある。

（九）『漢書』藝文志の經部には『春秋外傳國語』二十一巻とあり、經部に屬していることが確認できる。しかし、司馬遷の『史記』も經部に屬していたように、四部分類がまだなかったこの當時、經部に屬する＝經と同等に扱われていたと斷定することはできない。あるいは實際に漢代では經として扱われていたのかも知れないが、韋昭の時代にまで降ると地位變動があったものと推測される。

（一〇）『四庫全書総目提要』史部雜史類には、「（韋）昭の自序有り、鄭衆・賈逵・虞翻・唐固の注を兼采す。今、引く所の鄭説・虞説を考ふるに、寥寥として數條、惟だ賈・唐二家、援據駁正して多と爲す（有昭自序、兼采鄭衆・賈逵・虞翻・唐固之注。今考所引鄭説・虞説、寥寥數條、惟賈・唐二家、援據駁正爲多）」とあり、鄭衆と虞翻の引用が少なめで、賈逵と唐固の引用が多いことを述べている。

或説	唐固	虞翻	賈逵	鄭衆	
1	1		3		周語上
1	7		3	2	周語中
2	4	1	9	1	周語下
1	7		6		魯語上
6	5	3	4	1	魯語下
4	5	1	6		齊語
1	3	2	3		晉語一
	2	2	2		晉語二
3	3		2		晉語三
3	9	5	11		晉語四
1	2				晉語五
	1	1	1		晉語六
3	2		1		晉語七
	2	1	1		晉語八
1					晉語九
	4	3	6		鄭語
1	4	1	2	1	楚語上
1	1				楚語下
5	8	2	5	1	呉語
1	1				越語上
2	3		2		越語下
37	74	22	67	6	合計

	唐固	虞翻	賈逵	鄭衆
得	1	1	7	
近		1	3	
然	1		1	1
失	2			
誤	4	1	1	
非	8	1	1	
似非			2	

具體的には、鄭衆六條、虞翻二十一條、賈逵六十七條、唐固七十四條である。計上方法は、例えば「賈・唐二君云～」の場合はこの二人をに一つずつ、「三君云～」の場合は、賈逵・虞翻・唐固に一つずつ計上した。また、その先人注に對して韋昭が附している短評と數は、上表のとおりである。賈逵と唐固の引用數はほぼ同じながら、韋昭の評はおよそ正反對と言える結果である。賈逵への贊同の多さから、參照した先人注の中では賈逵説を最も優れたものと捉えていたようである。

(一一)『爾雅』と『世本』の書名を擧げている箇所はそれぞれ四例と二例のみである。なお、韋昭注引『世本』に關しては、コンピュータと統計學を驅使した山田崇仁「『世本』と『國語』韋昭注引系譜資料について― N-gram 統計解析法―」(『立命館史學』第二十二號、二〇〇一年)という研究がある。

(一二)張以仁「國語舊注範圍的界定及其佚失情形」(『屈萬里先生七秩榮慶論文集』、聯經出版事業公司、一九七八年／『國語左傳論集』、東昇出版公司、一九八〇年に所收)によると、服虔もまた『國語』の注を著したと述べる。後漢から晉にかけては『國語』および『漢書』が顯學であった(本書第一篇第四章)。

(一三)『後漢書』卷三十六 鄭衆傳に、「(鄭)衆 字は仲師。年十二にして、父從り左氏春秋を受け、學に精力す。三統歴に明るく、春秋難記條例を作り、易・詩に兼通して、名を世に知らる(衆字仲師。年十二、從父受左氏春秋、精力於學。明三統歷、作春秋難記條例、兼通易・詩、知名於世)」とあり、同じく卷三十六 賈逵傳に、「賈逵 字は景伯、扶風平陵の人なり。……父の徽、劉歆に從ひて左氏春秋を受け、國語・周官を兼習す。又た古文尚書を塗惲より受け、毛詩を謝曼卿より學び、左氏條例二十一篇を作る。逵 悉く父の業を傳へ、弱冠にして能く左氏傳及び五經の本文を誦し、大夏侯尚書を以て教授す。古學を爲むと雖も、五家穀梁の說に兼通す。……尤も左氏傳・國語に明るく、之が解詁五十一篇を爲り、永平中、上疏して之を獻ず（賈逵字景伯、扶風平陵人也。……父徽、從劉歆受左氏春秋、兼習國語・周官。又受古文尚書於塗惲、學毛詩於謝曼卿、作左氏條例二十一篇。逵悉傳父業、弱冠能誦左氏傳及五經本文、以大夏侯尚書敎授。雖爲古學、兼通五家穀梁之說。……尤明左氏傳、國語、爲之解詁五十一篇、永平中、上疏獻之）」とある。鄭衆傳には『國語』に關して何も觸れていないが、宋庠の『國語補音』敍錄には、「漢の大司農鄭衆、字は仲師。國語章句を作るも、其の篇數を亡ふ（漢大司農鄭衆、字仲師。作國語章句、亡其篇數）」とある。

（一四）『三國志』卷五十七　虞翻傳に、「罪を處されて放たると雖も、而れども學を講じて倦まず、門徒は常に數百人あり。又た老子・論語・國語の訓注を爲り、皆な世に傳はる（雖處罪放、而講學不倦、門徒常數百人。又爲老子・論語・國語訓注、皆傳於世）」とあり、唐固については、『三國志』卷五十三　闞澤傳附唐固傳に、「（闞）澤の州里の先輩たる丹楊の唐固も亦た身を修めて學を積み、儒者爲るを稱せらる。國語・公羊・穀梁傳の注を著し、講授すること常に數十人（澤州里先輩丹楊唐固亦修身積學、稱爲儒者。著國語・公羊・穀梁傳注、講授常數十人）」とある。また、虞翻の易學については、小澤文四郎「虞翻の易學」（『漢代易學の研究』、明德出版社、一九七〇年に所收）を參照。韋昭注における唐固注の引用數に關しては注（九）を參照のこと。

（一五）『三國志』卷五十三　闞澤傳附唐固傳に、「（孫）權　吳王と爲るや、（唐）固を拜して議郎とし、自ら陸遜・張溫・駱統ら皆な之を拜す。黃武四年、尚書僕射と爲り、卒す（權爲吳王、拜固議郎、自陸遜・張溫・駱統等皆拜之。黃武四年、爲尚書僕射、卒）」とある。ちなみに、同傳注引『吳錄』に、「固　字は子正、卒せし時七十餘なり（固字子正、卒時七十餘矣）」とあり、黃武四（二二五）年から逆算すると、唐固の生年は遲くとも一五六年になる。從って虞翻より年長となるが、韋昭は敍文や注内で必ず虞翻→唐固という順序で擧げているため、虞翻の方が早く注釋を著したものと推測する。

（一六）それぞれの原文は次のようにある。

①士燮字威彥、蒼梧廣信人也。……燮少游學京師、事潁川劉子奇、治左氏春秋（『三國志』卷四十九　士燮傳）。

②張昭字子布、彭城人也。少好學、善隸書。從白侯子安受左氏春秋、博覽衆書、與琅邪趙昱・東海王朗俱發名友善。……在里

宅無事、乃著春秋左氏傳解及論語注（『三國志』巻五十二 張昭傳）。
③（諸葛）瑾少游京師、治毛詩・尙書・左氏春秋（『三國志』巻五十二 諸葛瑾傳注引『呉書』）。
④（張）紘入太學、事博士韓宗、治京氏易・歐陽尙書、又於外黄從濮陽闓受韓詩及禮記・左氏春秋（『三國志』巻五十三 張紘傳注引『呉録』）。
⑤（徴）崇字子和、治易・春秋左氏傳、兼善内術（『三國志』巻五十三 程秉傳注引『呉録』）。
なお、渡邉義浩「孫呉政權の形成」（『大東文化大學漢學會誌』第三十八號、一九九九年三月／「孫呉政權の形成と「名士」」と改題して、『三國政權の構造と「名士」』、汲古書院、二〇〇四年に所收）の附表「孫呉政權の人的構成」によれば、士燮・張昭・諸葛瑾・張紘・徴崇らは、いずれも儒教を學び、それを價値觀の根底に据えていた「名士」と認識する。また、渡邉説を踏まえつつ、『三國志』巻四十七 呉主傳注引『呉書』を見ると、「珩字仲山、呉郡人、少綜經藝、尤善春秋内傳・外傳」とあり、「名士」沈珩のみ兩書を學んだことが確認できる。いずれにせよ、兼修者は稀少であった。
(一七)『三國志』巻五十四 呂蒙傳注引『江表傳』に、「(孫)權曰く、……孤少き時に詩・書・禮記・左傳・國語を歷し、惟だ易のみ讀まず。事を統べるに至りてより以來、三史・諸家の兵書を省み、自ら以て大いに益する所有りと爲す。卿二人の如きは、意性朗悟なれば、學べば必ず之を得ん。寧んぞ當に爲さざるべけん乎。宜しく急ぎ孫子・六韜・左傳・國語及び三史を讀むべし（權曰、……孤少時歷詩・書・禮記・左傳・國語、惟不讀易。至統事以來、省三史、諸家兵書、自以爲大有所益。如卿二人、意性朗悟、學必得之、寧當不爲乎。宜急讀孫子・六韜・左傳・國語及三史）」とあるように、確かに『左傳』と『國語』を讀んでいる。しかし、孫權・呂蒙・蔣欽らの左國に關する逸話や著作を殘したという記録が他にないことから、讀みはしたが修學というレベルまでは至らなかったのであろう。
(一八) 韋昭注の史學的傾向に關しては、注（二）所掲池田論文〈二〇〇一〉を參照。
(一九) 注（二）所掲池田論文は、「(韋昭注は) 周語あたりは異常なほど詳密で、呉語や越語になるとやや少なめではあるが、基本的に全編を通して詳密な注という印象は搖るがない。」と述べている。

（二〇）基本的には書名・篇名表記のあるものを數えたが、「禮」と表記してあるものは、『周禮』『儀禮』『禮記』の中で合致するものにそれぞれ加えた。また、表中の『國語』とは、他篇を引用しているものである。

（二一）加賀榮治『中國古典解釋史　魏晉篇』（勁草書房、一九六四年）は、荊州において綦母闓・宋忠・司馬徽らによる『左傳』解釋を中心とした「荊州學」があったことを述べ、王肅も若い頃に宋忠の元で學んでいたことを指摘する。鄭玄の經典解釋が天上的神祕的方法においてしようとしたものであるとし、それに相反する形の學派であった。

（二二）賈逵說の引用の多さは注（二〇）を參照。韋昭が賈逵說に首肯した部分は確かに先人四者の中で多い。しかし、『三國志』卷六十五　韋曜傳に、「時に所在承指、數〻瑞應を言ふ。（孫）晧以て曜に問ふも、曜答へて曰く、此れ人家の筐篋中の物なる耳と（時所在承指、數言瑞應。晧以問曜、曜答曰、此人家筐篋中物耳）」とあり、瑞應をにべもなく斬り捨てていることから、『左傳』にある讖緯を以て漢の正當性を提唱した賈逵とは對極にあると言える。

（二三）『周易』震卦の鄭注には、「十萬曰億」とだけある。殘りの部分を韋昭がどこから引用してきたのかは不明。

（二四）鄭玄の著述については、《山東省志・諸子名家志》編纂委員会『鄭玄志』（山東人民出版社、二〇〇〇年）に詳しい。鄭玄は『國語』注を著さなかったが、經書の注に『國語』をたびたび引用している。

（二五）蜀學に關しては、吉川忠夫「蜀における讖緯の學の傳統」（安居香山編『讖緯思想の綜合的研究』、國書刊行会、一九八四年）を參照。

（二六）『後漢書』列傳二十五　鄭玄傳に、「靈帝の末、黨禁解かれ、大將軍の何進　聞きて之を辟す。州郡は進の權戚なるを以て、敢て意に違はず、遂に迫りて（鄭）玄を脅し、已むを得ずして之に詣る。進　爲に几杖を設け、禮待すること甚だ優なり。玄は朝服を受けず、而して幅巾を以て見ゆ。一たび宿りて逃げ去る。時に年六十、弟子たる河內の趙商ら遠方より至る者數千。後將軍の袁隗　表して侍中と爲すも、父の喪を以て行かず。國相の孔融　深く玄を敬ひ、履を屣《つっか》けて門に造《いた》る（靈帝末、黨禁解、大將軍何進聞而辟之。州郡以進權戚、不敢違意、遂迫脅玄、不得已而詣之。進爲設几杖、禮待甚優。玄不受朝服、而以幅巾見。一宿逃去。時年六十、弟子河內趙商等自遠方至者數千。後將軍袁隗表爲侍中、以父喪不行。國相孔融深敬於玄、屣履造門）」

とあり、孔融の鄭玄に對する敬意を看取できる。

(二七) 劉繇 字正禮、東萊牟平人也。齊孝王少子封牟平侯、子孫家焉。繇伯父寵、爲漢太尉。繇兄岱、字公山、歷位侍中、兗州刺史。繇年十九、從父韙爲賊所劫質、繇篡取以歸、由是顯名（『三國志』卷四十九 劉繇傳）。

(二八) 彼らの初従年代については、注（二六）所掲渡邉論文が詳細な附表を示している。なお、孫邵は宰相の地位にまでなった人物でありながら『三國志』には專傳がない。これについて、虞喜『志林』は、『吳書』を著した韋昭が孫邵と對立していた張溫の一派に屬していたためであると述べている。すなわち、『吳書』編纂時の韋昭の曲筆を指摘している。詳しくは、本書第二篇第三章を參照。

(二九) 長いために全文を引用することは避けるが、『三國志』卷五十七 虞翻傳注引『翻別傳』には、「乃ち北海の鄭玄・南陽の宋忠の若きは、各〻注を立つると雖も、忠は小しく玄に差《たが》ひて皆な未だ其の門を得ず、以て世に示すに難し（若乃北海鄭玄、南陽宋忠、雖各立注、忠小差玄而皆未得其門、難以示世）」や「又た（鄭）玄の注する所の五經、義に違ふこと尤も甚だしき者は百六十七事、正さざる可からず。學校に行はれ、將來に傳へらるること、臣竊かに之を恥づ（又玄所注五經、違義尤甚者百六十七事、不可不正。行乎學校、傳乎將來、臣竊恥之）」等々、虞翻が鄭玄と宋忠の經注を非難していることが書かれている。ちなみに、虞翻の生沒年は韋昭とおよそ四十年の開きがあり、先輩の虞翻が鄭注を熟知していたということは、やはり孫吳において鄭學が早く流入・流布していたことを物語る。

(三〇) 程秉 字德樞、汝南南頓人也。逮事鄭玄、後避亂交州、與劉熙考論大義、遂博通五經（『三國志』卷五十三 程秉傳）。

(三一) 注（二六）所掲渡邉論文を參照。

(三二) 注（二四）所掲著書は、孫吳で鄭學を崇信した人物として薛綜と徐整を擧げている。薛綜は、「薛綜 字敬文、沛郡竹邑人也。少依族人避地交州、從劉熙學」（『三國志』卷五十三 薛綜傳）とあるように、鄭玄に師事した劉熙の弟子であった。すなわち、鄭玄から見て孫弟子に當たる。徐整は『毛詩譜』三卷を著した。陸德明『經典釋文』序錄に、「鄭玄詩譜二卷。徐整暢、大叔裘隱」とある。

(三三) 注(三二)所掲池田論文を參照。鄭注に對しては、周語下の注引『周禮』鄭注に、「鄭君云ふ、錢は始め一品、景王に至りて二品有り、と。之を省るも熟せざるなり」とあるのが確認できるように、韋昭は鄭玄の説に全て贊同を示したわけではないが、名を擧げて引用しているものの中で明確な否定を示したのはこの一條のみである。

(三四) 昭謂、此上四者、謂祭天以配食也。祭昊天於圓丘曰禘、祭五帝於明堂曰祖・宗、祭上帝於南郊曰郊。有虞氏出自黃帝・顓頊之後、故禘黃帝而祖顓頊、舜受禪於堯、故郊堯。禮祭法、「有虞氏郊嚳而宗堯」。與此異者、舜在時則宗堯、舜崩而子孫宗舜、故郊堯也(『國語』魯語上9の韋昭注)。

(三五) 周語上、魯語上、晉語四、晉語八、吳語に見える。

(三六) 池田秀三「鄭學の特質」(渡邉義浩編『兩漢における易と三禮』、汲古書院、二〇〇六年に所收)。

(三七) 注(一)所掲樊論文および注(三二)所掲池田論文を參照。

(三八)『國語』の各篇にどの例がいくつあるかは次の表を參照。

要約	間接	魯紀年	
	2	8	周語上
	9	6	周語中
	2	6	周語下
	3		魯語上
4	4		魯語下
1	7		齊語
	1	2	晉語一
3	4	7	晉語二
1	3	1	晉語三
6	5	8	晉語四
3	7		晉語五
3	5	2	晉語六
3	7	3	晉語七
7	7	1	晉語八
4	7		晉語九
1			鄭語
7	13		楚語上
1	4		楚語下
7	6	1	吳語
1	3		越語上
2	1	7	越語下
54	100	52	合計

本文に引いた原文は以下のとおりである。
【魯紀年併記例】（周）簡王十一年、魯成十七年也（周語下1）
【直接引用例】納王於周而殺子帶、在魯僖二十五年（周語上14）
【間接引用例】魯成十七年十二月、長魚矯奔狄。閏月、欒・中行殺胥童。十八年正月、厲公弑（晉語六11）。
なお、『國語』の説話が『左傳』の何年に對應するかについては、大野峻『國語』（明德出版社、一九六九年）を參照。韋昭注に見える『左傳』引用がいずれに對應するかは、注（一）所掲樊論文を參照。

（三九）韋昭注中に「内傳」と表記されているの箇所は、周語中に一例、齊語に一例、晉語一に一例、晉語三に一例、晉語四に二例確認できる。引用數における割合では少ないが、逆に『左傳』等の表記を一例すらしなかった所に韋昭の外傳内傳に對するこだわりを垣間見ることができよう。

（四〇）注（二）所掲加賀書を參照。

（四一）高橋均「注釋に見える「按（案）」という語について」（『中國文化』第六八號、二〇一〇年六月）。

（四二）『國語』は、『隋書』經籍志、『舊唐書』藝文志、『新唐書』藝文志、『宋史』藝文志では經部春秋類に屬している。しかし、清代の『四庫全書総目提要』の頃になると、史部雜史類に屬している。

第二章　『國語』舊注考　―賈逵・唐固注との比較―

はじめに

韋昭の『國語解』（以下、韋昭注と稱す）は、敍文で述べられているように鄭衆・賈逵・虞翻・唐固ら四者の注釋を參考にしたものであり、後漢から三國孫呉にかけての『國語』注の集大成といえる。その先人の解釋を、韋昭は時に贊否を加えて取捨した。すなわち、韋昭注中に彼等の思想や學問傾向が埋まっていることを意味しよう。

『四庫全書總目提要』史部雜史類には、[一]

　前に昭の自序有り、鄭衆・賈逵・虞翻・唐固の注を兼采す。今考ふるに、引きし所の鄭説・虞説は、寥寥として數條なり。惟だ賈・唐二家は、援據駁正して多しと爲す。

とあり、鄭衆・虞翻の引用が少なく、賈逵・唐固が多いことを述べている。具體的には、鄭衆六條、虞翻二十一條、賈逵六十七條、唐固七十四條で、引用數の不均等はつとに指摘されていた。[二] 換言すれば、賈逵と唐固の注は、贊否に關わらず韋昭にとって見るべきものが多かったということになる。

この先人四者の注釋は完全に殘されてはいないものの、韋昭注で度々引用され、また、清朝の學者の輯佚本にも收められており、[三] さらには、張以仁〈一九七一・一九七二・一九七三〉によって輯校もされている。[四] これら『國語』の舊注に關しては、張以仁《一九八〇》、および李步嘉〈二〇〇二〉の論考がある(五)。張以仁のそれは、基礎的事項の確認ともいうべきものであり、李步嘉は唐代以前の、すなわち後漢から三國時代に現れた九人の『國語』注釋者について綜述しているものである。對稱が廣範圍に及んでいるという點で評價できるが、主に音注について紙幅を割いており、また、各人の注釋自體への言及は少ないため、より詳細な検討が求められる。

かかる狀況を踏まえた上で、先人四者の中から特に韋昭が多く引用した賈逵と唐固に注目し、兩注釋との比較を通じて、韋昭注の特徴を照射するものである。なお、既に本書第一篇第一章で、韋昭注における先人注への態度について、概ね賈逵注を尊重する傾向にあることをいささか言及しており(六)、本章はそれをさらに深く検討するものである。

一、賈逵と唐固について

韋昭に先んじて『國語』の注釋を著した賈逵と唐固はいかなる人物であったのか。まずは兩者について整理してみる。

賈逵（三〇～一〇一年）、字は景伯、平陵の人である。前漢の大儒賈誼を祖に持ち、父の賈徽は劉歆より『左氏春秋』を受け、『國語』『周官』に通じ、塗惲より『古文尚書』を、謝曼卿より『毛詩』を學び、『左氏條例』二十一篇を作った古文學者であったという。學者の家系に生を受けた賈逵は、古文學の大家たる父の業を悉く傳え、弱冠にして『左氏傳』や五經の本文を諳んじ、大夏侯尚書を以て教授し、穀梁五家の説にも通じていたというから、まことに「通儒」と呼ぶべき人物である。だが、最も明るかったのは『左傳』と『國語』で、『春秋左氏傳解詁』三十篇と『國語解詁』二十一篇を永平中に獻上し、明帝に重んぜられた（『後漢書』列傳二十六　賈逵傳）(七)。

賈逵の生きた後漢は今古文對立の時代であった。兩派の爭いは前漢より續いていたが、後漢はさらに激しさを增した。『左傳』は劉歆の努力によって平帝の頃に一度學官に立てられたものの、のちに廢せられてしまう。その後、『左傳』が再び立てられることはなかったが、左氏學者たちの表章によって事實上の勝者となり、以降は最も隆盛して他の二傳を壓倒することとなる。(八)

後漢前期の『左傳』表章は主に鄭衆や賈逵によってなされた。鄭衆は十二歳にして父鄭興より『左傳』を受け、「三統曆」『周官』にも通じ、また、韋昭注にも引用される『國語章句』を著した古文學者である。(九)鄭衆と賈逵はともに『左傳』と『國語』を兼修していた。兩家にとってこれらは家學とも言え、後漢左氏學者にとって兩書が一對であったことを強く意識させる。斯樣な人物たちの注釋を韋昭は參照したのである。

『後漢書』に專傳を有する賈逵に對し、唐固は『後漢書』や『三國志』に專傳を持たず、資料の記述もわずかだが、それを賴りに整理してみよう。

唐固、字は子正、丹陽の人である。『三國志』卷五十三　闞澤傳附唐固傳に、(一〇)

(闞)澤の州里の先輩たりし丹楊の唐固も亦た身を修め學を積み、稱して儒者と爲す。國語・公羊・穀梁傳の注を著はし、講授すること常に數十人なり。(孫)權　吳王と爲りて、固を議郎に拜し、自ら陸遜・張溫・駱統ら皆な之を拜す。黃武四年、尙書僕射と爲りて、卒す。

とあり、闞澤と同鄉の出身で、『國語』や『公羊傳』『穀梁傳』に通じた人物であった。また、韋昭注の敍文でも碩學の士として虞翻とともに稱えられていることから、(一一)唐固は孫吳の學者として重きを爲していたようである。就中、傳に見えるように、吳の有力氏族の出で、自らも儒教を修めていた陸遜や張溫が唐固に鄭重な禮を執っていたという點からは、その人となりや學識の高さを想起できる。

『三國志』巻五十三 闞澤傳附唐固傳注引『吳録』には、「固 字は子正、卒する時 年七十餘なり」とあり、沒年とされる黄武四（二二五）年から逆算すると誕生はおよそ一五〇年頃となる。後漢後期に生を受けた唐固は公・穀二傳を修めていたことから今文系に屬する人物と見られるが、『左傳』と相關關係にある『國語』にまで注釋を附しており、言うなれば廣く『春秋』に通じた學者であった。彼の注には韋昭にとって輕視すべからざるものであったのであろう。

古文系の賈逵と今文系の唐固、いわば相反する學問傾向を有していた兩者の注を、韋昭はほぼ同數引用した。それらを韋昭はどのように捉え、如何なる評價・案語・解釋を附したのであろうか。上述した賈逵と唐固の學問傾向を踏まえつつ、次節より注釋の比較に移る。なお、韋昭注には先人注のみ引用していて自身の見解が一切記されていないものもあるが、それは敢えて除外した（一二）。

二、注釋の比較

本節では注釋を次の七種に分別した。

①兩注に對して肯定・否定を問わず寸評を附しているもの
②兩注を肯定、或いは補足・敷衍しているもの
③兩注を否定、或いは別解を提示しているもの
④賈逵注を肯定、或いは補足・敷衍しているもの
⑤賈逵注を否定、或いは別解を提示しているもの

⑥唐固注を肯定、或いは補足・敷衍しているもの
⑦唐固注を否定、或いは別解を提示しているもの

まず①にて、韋昭が「得」「近」「誤」「失」等、肯定・否定を問わず寸評を附している注を集めた。これらは韋昭自身の明確な判斷が下されている箇所であり、評價箇所には傍線を引いた。以下、兩注に對する贊否が②③、賈逵注に對する贊否が④⑤、唐固注に對する贊否が⑥⑦という分類になっている。ちなみに、表では同一注釋内に鄭衆・虞翻・或說の引用があった場合もそれぞれ擧げている。ただし、それらは參考までに竝べているだけで、比較の對象はあくまで賈逵・唐固の注釋である。

また、周語・魯語等の篇の後ろにある數字は、上海古籍出版社の『國語』に附されている各節の番號であり、それに對應している。[一三]

①兩注に對して肯定・否定を問わず寸評を附しているもの

1	周語上1——侯・衞賓服。 【賈逵】侯、侯圻也。衞、衞圻也。言自侯圻至衞圻、其間凡五圻、圻五百里、五五二千五百里、中國之界也。謂之賓服、常以服貢賓見於王也。五圻者、侯圻之外曰甸圻、甸圻之外曰男圻、男圻之外曰采圻、采圻之外曰衞圻。『周書』康誥曰、「侯、甸、男、采、衞」是也。 【韋昭】凡此服數、諸家之說皆紛錯不同、唯賈君近之。
2	周語中1（45頁）——周文公之詩曰、「兄弟鬩于牆、外禦其侮」。 【賈逵】（韋昭は具體的な注釋を引用せず）

【鄭・唐】(二君) 以爲棠棣穆公所作。

【韋昭】文公之詩者、周公旦之所作棠棣之詩是也、所以閔管、蔡而親兄弟。此二句、其四章也。禦、禁也、言雖相與佷於牆室之內、猶能外禦異族侮害己者。其後周衰、厲王無道、骨肉恩闕、親親禮廢、宴兄弟之樂絕、故邵穆公思周德之不類、而合其宗族於成周、復循棠棣之歌以親之。鄭・唐二君以爲棠棣穆公所作、失之。穆公、邵康公之後穆公虎也、去周公歷九王矣。唯賈君得之。穆公、邵康王之後穆公虎也、去周公歷九王矣。

3

周語中7——九年、楚子入陳。

【唐固】遂取陳以爲縣。

【韋昭】楚莊王入陳討夏氏殺君之罪也。既滅陳而復封之、故曰入也。唐尙書云「～」、誤也。

4

周語下2——故名之曰、「黑臀」、於今再矣。

【賈逵】於今、單襄公時也。晉厲公卽黑臀之孫也、黑臀之後二世爲君、與黑臀滿三世矣。

【唐固】時晉景公在位、成公生景公、故言再。

【韋昭】魯成十七年、單襄公與晉厲公會於柯陵、後三年而單襄公卒。其歲厲公弑、則襄公將死時、非景公明矣。賈君得之。

5

周語下4——其詩曰、「昊天有成命、二后受之、成王不敢康。……」

【賈逵】(韋昭は具體的な注釋を引用せず)

【韋昭】昊天、天大號也。二后、文・武也。康、安也。言昊天有所成之命、文・武則能受之。謂修己自勤、以成其王功、非謂周成王身也。賈・鄭・唐說皆然。

6	周語下5――景王二十一年、將鑄大錢。 【唐固】大錢重十二銖、文曰、「大泉五十」。 【韋昭】鄭後司農說『周禮』云、「錢始蓋一品也。周景王鑄大錢而有二品、後數變易、不識本制。至漢、唯五銖久行。至王莽時、錢乃有十品、今存於民、多者有貨布、大泉、貨泉。大泉徑寸二分、重十二銖、文曰『大泉五十』」。則唐君所謂大泉者、乃莽時泉、非景王所鑄明矣。又景王至赧王十三世而周亡、後有戰國、秦、漢、幣物易改、轉不相因、先師所不能紀。或云大錢文曰「寶貨」、皆非事實。又單穆公云、「古者有母平子、子權母而行。」則二品之來、古而然矣。鄭君云「錢始一品、至景王而有二品」、省之不熟也。
7	周語下6――二十三年、王將鑄無射、而爲之大林。 【賈逵】無射、鍾名、律中無射也。大林、無射之覆也。作無射、爲大林以覆之、其律中林鍾也。 【或說】(或說云、)鑄無射、而以林鍾之數益之。 【韋昭】景王二十三年、魯昭二十年也。賈侍中云「〜」。或說云「〜」。昭謂、下言「細抑大陵」、又曰「聽聲越遠」、如此則賈言無射有覆、近之矣。唐尚書從賈也。
8	魯語上5――大懼、乏周公・太公之命祀、職責業事之不共而獲戾。 【賈・唐】周公爲太宰、太公爲太師、皆掌命諸侯之國所當祀也。 【韋昭】傳曰、「衞成公祀夏后相、甯武子曰、『不可以閒成王、周公之命祀』」。職貢如此、賈、唐得之矣。
9	魯語上11――侍者曰、「若有殃焉在。抑刑戮也、其夭札也」。 【唐固】未名曰夭。

【韋昭】不終曰夭、疫死曰札。唐云「〜」失之矣。

10

魯語上13——水虞於是乎講罛罶、取名魚、登川禽、而嘗之寢廟、行諸國、助宣氣也。

【唐固】孟春。

【韋昭】水虞、漁師也、掌川澤之禁令。講、習也。罛、漁網。罶笱也。名魚、大魚也。川禽、鼈蜃之屬。諸、之也。是時陽氣起、魚陟負冰、故令國人取之、所以助宣氣也。月令、「季冬始漁、乃嘗魚、先薦寢廟」。唐云「〜」、誤矣。

11

魯語下21——季康子欲以田賦、使冉有訪諸仲尼。

【賈逵】田、一井也。周制、十六井賦戎馬一匹、牛三頭。一井之田、而欲出十六井之賦也。

【韋昭】田賦、以田出賦也。賈侍中云「〜」。昭謂、此數甚多、似非也。下雖云「收田一井」、凡數從夫井起、故云井耳。

12

齊語6——反胙于絳。

【賈逵】反、復也。胙、位也。絳、晉國都也。晉獻公卒、奚齊、卓子死、國絕無嗣、晉侯失其胙位。桓公以諸侯討晉、至高梁、使隰朋帥師立公子夷吾、復之於絳、是爲惠公。事在魯僖九年。

【或說】(説云、)胙、賜也。謂天子致祭胙、賞以大輅、龍旂。桓公於絳辭之、天子復使宰孔致之。

【韋昭】人君卽位、謂之踐胙。此言桓公城周、尊事天子、又討晉亂、復其胙位、善之也。案『內傳』、宰孔於葵丘致胙肉、賜命、無辭讓反覆之文。賈君得之、唐從賈也。

13

齊語7——掌服大輅、龍旗九旒、渠門赤旆。

【賈逵】大輅、諸侯朝服之車、謂金輅、鉤樊纓九就。龍旗九旒也。渠門、亦旗名。赤旆、大旗也。

	【唐固】大輅、玉輅也。 【韋昭】唐尚書云「～」、非也。賈侍中云「～」。龍旗、畫交龍於縿也、正幅爲縿、旁屬爲旒。鉤、婁頷之鉤。樊、馬大帶、纓當胷、削革爲之、皆以五采罽飾之。九就、就、成也。渠門、兩旗所建、以爲軍門、若今牙門也。言下拜順於禮也。
14	晉語一2――吾聞以亂得聚者、非謀不卒時、非人不免難、非禮不終年、非義不盡齒……。 【賈逵】(賈・虞云、) 十年而數終。 【唐固】不能終其年、與下「不盡齒」同。 【韋昭】非有禮法、不能終十年、齊懿公商人是也。賈・虞云「～」、唐云「～」、非也。
15	晉語二1――令賈華刺夷吾、夷吾逃于梁。 【唐固】晉滅以爲邑。 【韋昭】賈華、晉大夫。梁、嬴姓之國、伯爵也。唐尚書云「～」非也。是時、梁尚存、至魯僖十九年、秦取之。
16	晉語三2――惠公卽位、出共世子而改葬之、臭達於外。 【唐固】(唐) 以賈君爲申生妃。 【韋昭】共世子、申生也。獻公時、申生葬不如禮、故改葬之。惠公烝於獻公夫人賈君、故申生臭達於外、不欲爲無禮者所葬。唐以賈君爲申生妃、非也。『傳』曰、「獻公娶於賈、無子」。
17	晉語四9――凡黃帝之子、二十五宗。 【唐固】繼別爲小宗。

No.	本文
	【韋昭】唐尚書云「〜」、非也。繼別爲大宗、別子之庶孫乃爲小宗耳。
18	晉語四9――昔、少典娶于有蟜氏、生黃帝・炎帝。 【賈逵】少典、黃帝・炎帝之先。有蟜、諸侯也。炎帝、神農也。 【虞・唐】少典、黃帝・炎帝之父。 【韋昭】神農、三皇也、在黃帝前。黃帝滅炎帝、滅其子孫耳、明非神農可知也。言生者、謂二帝本所生出也。 『内傳』、「高陽、高辛各有才子八人。」謂其裔子耳。賈君得之。
19	晉語四15――元年春、公及夫人嬴氏至自王城。 【賈逵】是月閏、以三月爲四月、故曰春而不言其月、明四月爲春分之月也。嬴氏、秦穆公女文嬴也。 【或説】夫人、辰嬴。 【韋昭】文公元年、魯僖二十四年。賈侍中云「〜」。或云「〜」。『傳』曰、「辰嬴賤、班在九人、非夫人也」。 賈得之也。
20	晉語四21――子犯卒、蒲城伯請佐。 【賈逵】蒲城伯、先且居也。 【韋昭】或云、「蒲城伯、狐毛也」。賈侍中云「〜」。昭謂、上章、狐毛已卒、使先且居代之。賈得之矣。
21	晉語五4――戰以錞于、丁寧、儆其民也。 【唐固】錞于、鐲也。 【韋昭】錞于、形如碓頭、與鼓相和。丁寧者、謂鉦也。儆、戒也。唐尚書云「〜」非也。鐲與錞于各異物。
22	晉語七2――邲之役、呂錡佐智莊子於上軍。

【唐固】荀首時將上軍。
【韋昭】上、當爲下字之誤也。呂錡、廚武子也。智莊子、荀首也、時爲下軍大夫。事在魯宣十二年。唐尚書云「～」、誤也。

23

晉語七 8——鄭伯嘉來納女・工・妾三十人、女樂二八。
【賈逵】妾、女樂也。
【韋昭】嘉、鄭僖公子簡公也。女、美女也。工、樂師也。傳曰、「賂晉侯以師悝、師觸、師蠲」是也。妾、給使者。女・工・妾、凡三十人。女樂、今伎女也。八人爲佾、備八音也。或云、「女工、有巧伎者也。」與傳相違、失之矣。賈侍中云「～」。下別有女樂二八、則賈君所云、似非也。

24

鄭語 2——秦景・襄於是乎取周土、……。
【賈・唐】(三君皆云、)秦景公、宣王季年伐西戎、破之、遂有其地。
【韋昭】「景」當爲「莊」。莊公、秦仲之子、襄公之父。取周土、謂莊公有功於周、周賜之土。及平王東遷、襄公佐之、故得西周豐、鎬之地、始命爲諸侯。三君皆云「～」。昭謂、幽王爲西戎所殺、故史伯云「申・繒、西戎方彊」。至平王時、秦襄公征伐之、故『詩』敍云襄公「備其兵甲、以討西戎。西戎方彊、而征伐不休」是也。又景公乃襄公十世之孫、而云宣王時破之、遂取其地、誤矣。

25

楚語上 8——武丁於是作書曰、……。
【賈・唐】書、說命也。
【韋昭】作書、解卿士也。賈・唐云「～」。昭曰、非也。其時未得傳說。

26

吳語 7——昧明、王乃秉枹、親就鳴鐘鼓、丁寧、錞于振鐸。

	【唐固】鐸于、鐲。 【韋昭】丁寧、謂鉦也。唐尚書云「〜」、非也。鐸于與鐲各異物、軍行鳴之、與鼓相應。
27	越語上1——越人飾美女八人納之太宰嚭。 【唐固】平王殺之。 【韋昭】上言「請大夫女於大夫」、故因此而納美女於太宰嚭、以求免也。嚭、呉正卿、故楚大夫伯州黎之子。魯昭元年、州黎爲楚靈王所殺、嚭奔呉。唐尚書云「〜」、非也。

②兩注を肯定、或いは補足・敷衍しているもの

1	周語中7——而帥其卿佐以淫於夏氏、不亦嬻姓矣乎。 【賈・唐】姓、命也。 【或說】(一曰、)夏氏、姫姓、鄭女亦姫姓、故謂之嬻姓。 【韋昭】卿佐、孔、儀也。賈、唐二君云「〜」。一曰「〜」。昭謂、夏徵舒之父御叔、即陳公子夏之子、靈公之從祖父、嬀姓也、而靈公淫其妻、是爲媟嬻其姓也。
2	周語下4——二后受之、讓於德也。 【賈・唐】二后所以受天命者、能讓有德也。 【韋昭】推功曰讓。『書』曰、「允恭克讓」。賈・唐二君云「〜」。謂詢於八虞、訪於辛・尹之類。
3	魯語上10——嘗・禘・蒸・享之所致君胙者、有數矣。 【賈・唐】臣祭致肉於君、謂之致胙。

【韋昭】秋祭曰嘗、夏祭曰禘、冬祭曰蒸、春祭曰享。享、獻物也。賈・唐二君云「〜」。昭謂、此私祭而致肉、非所宜以爲辭也。致君胙者、謂君祭祀賜胙、臣下掌致之也。有數、有世數也。

4

周語下7——由是第之、二曰太蔟、所以金奏贊陽出滯也。

【賈・唐】太蔟正聲爲商、故爲金奏、所以佐陽發、出滯伏也。

【韋昭】贊、佐也。賈・唐云「〜」。明堂月令、正月、「蟄蟲始震」。

5

魯語上2——曹劌諫曰、「不可。夫禮所以正民也。是故先王制諸侯、使五年四王、一相朝。……」

【賈逵】王、謂王事天子也。歲聘以志業、閒朝以講禮、五年之閒四聘於王、而一相朝。相朝者、將朝天子先相朝也。

【唐固】先王、謂堯也。五載一巡守、諸侯四朝。

【韋昭】賈侍中云「〜」、唐尙書云「〜」。以堯典相參、義亦似之。然此欲以禮正君、宜用周制。『周禮』、「中國凡五服、遠者五歲而朝」。『禮記』曰、「諸侯之於天子也、比年一小聘、三年一大聘」。五年一朝謂此也。晉文霸時亦取於此也。

6

魯語上10——夏父弗忌爲宗、蒸將躋僖公。

【賈逵】蒸、進也。謂夏父弗忌進言於公、將升僖公於閔公上也。

【唐固】蒸、祭也。

【韋昭】躋、升也。賈侍中云「〜」。唐尙書云「〜」。昭謂、此魯文公二年喪畢祫祭先君於太廟、升羣廟之主、序昭穆之時也。『經』曰、「八月丁卯、大事于太廟、躋僖公」是也。僖、閔之兄、繼閔而立。凡祭祀、秋曰嘗、冬曰蒸。此八月而言蒸、用蒸禮也。凡四時之祭、蒸爲備。『傳』曰、「大事者、祫祭也。毀

	廟之主陳於太祖、未毀廟之主皆升合食于太祖。躋僖公、逆祀也。逆祀者、先禰而後祖也」。
7	魯語下15――男女之饗、不及宗臣。 【賈逵】男女之饗、謂宴相饗食之禮不及宗臣也。 【韋昭】上章所云「徹俎不宴」是也。
8	晉語一4――伯氏不出、奚齊在廟。 【賈・唐】伯氏、申生也。 【或說】(一云、) 伯氏、狐突也。 【韋昭】昭謂、是時狐突未杜門、故以伯氏爲申生。伯氏、猶言長子也。
9	晉語四19――文公誅觀狀以伐鄭、反其陴。 【賈逵】鄭復効曹觀公骿脅之狀、故伐之。 【唐固】誅曹觀狀之罪、還而伐鄭。 【韋昭】昭省『內』『外傳』、鄭無觀狀之事、而叔詹云、「天禍鄭國、使淫觀狀」、謂淫放於曹、不禮公子、與觀狀之罪同耳。反、撥也。陴、城上女垣。
10	鄭語1――合十數以訓百體。 【賈・唐】十數、自王以下位有十等、王臣公、公臣大夫、大夫臣士、士臣皁、皁臣輿、輿臣隷、隷臣僚、僚臣僕、僕臣臺。百體、百官各有體屬也、合此十數之位、以訓導百官之體。 【韋昭】此所謂近取諸身、遠取諸物。賈・唐云「～」。
11	鄭語1――出千品、具萬方、計億事、材兆物、收經入、行姟極。

	【賈逵】（賈、虞說、）皆以萬萬爲億。 【鄭玄】十萬曰億、萬億曰兆、從古數也。 【韋昭】計、算也。材、裁也。賈・虞說云「〜」。鄭後司農云「〜」。經、常也。姟、備也。數極於姟也、萬萬兆曰姟。自十等至千品萬方、轉相生、故有億事兆物、王收其常入、擧九姟之數。
12	吳語7――乃皆進、自剄於客前以酬客。 【賈・唐】剄、到也。酬、報也。將報客、使死士自剄、以示其威行、軍士用命也。 【韋昭】魯定十四年、吳伐越、越王使罪人自剄以誤吳。故夫差傚之。

③兩注を否定、或いは別解を提示しているもの

1	周語上8――宣王欲得國子之能導訓諸侯者、樊穆仲曰、……。 【賈逵】國子、諸侯之嗣子。 【或說】國子、諸侯之子、欲使訓導諸侯之子。 【唐固】國子、謂諸侯能治國、子養百姓者。 【韋昭】國子、同姓諸姫也。凡王子弟、謂之國子。導訓諸侯、謂爲州伯者也。
2	晉語一9――夫爲人子者、懼不孝、不懼不得。 【賈・唐】不得、不得君心也。 【韋昭】不得立也。『內傳』、「太子曰、『吾其廢乎』。里克曰、『子懼不孝、無懼不得立』」。
3	晉語二1――里克曰、「弑君以爲廉、長廉以驕心、因驕以制人家、吾不敢」。

【賈逵】廉、猶利也。以太子故、弑君以自利。
【唐固】爲太子殺奚齊、不有其國、以爲廉也。
【虞翻】廉、直也。讀若鬬廉之廉。
【韋昭】賈侍中云「〜」、唐尚書云「〜」。昭謂、是時太子未廢、獻公在位、而以君爲奚齊、非也。君、獻公也。虞御史云「〜」此說近之。

4

晉語四16——公請隧、弗許。
【賈・唐】(三君云、) 隧、王之葬禮。
【韋昭】昭謂、隧、六隧之地、事見周語。

5

晉語四21——辭曰、「夫三德者、偃之出也。……」
【賈・唐】三德、欒枝、先軫、胥臣、皆狐偃所擧。
【虞翻】三德、謂勸文公納襄王以示民義、伐原以示民信、大蒐以示民禮。故以三德紀民。
【韋昭】偃、狐偃。賈・唐云「〜」、虞云「〜」。昭謂、欒枝等皆趙衰所進、非狐偃。三德紀民之語在下、虞得之。

6

晉語六4——鄢之戰、郤至以韎韋之跗注、三逐楚平王卒。
【賈・唐】(三君云、) 一染曰韎。
【韋昭】鄭後司農說、「以爲韎、茅蒐染也。韎、聲也。」昭謂、茅蒐、今絳草也、急疾呼茅蒐成韎也。凡染一入爲縓。跗注、兵服、自要以下注於跗。

7

晉語八5——孫林甫曰、「旅人、所以事子也、唯事是待」。問於張老。

【賈・唐】(三君云、) 張老、中軍司馬也。
【韋昭】昭謂、魯襄三年、悼公以張老爲司馬。至襄十六年、平公卽位、以其子張君臣代之、此時爲上軍將。

8
晉語八5――及爲成師、居太傅、端刑法、緝訓典、國無姦民、後之人可則、是以受隨・范。
【唐固】爲成公軍師、兼太傅官。
【韋昭】此「成」當爲「景」字誤耳。魯宣九年、晉成公卒、至十六年、晉景公請于王、以黻冕命士會將中軍、且爲太傅。

9
鄭語1――建九紀以立純德。
【賈・唐】九紀、九功也。
【韋昭】建、立也。純、純一不駁也。九紀、九藏也、正藏五、又有胃、膀胱、腸、膽也。紀、所以經紀性命、立純德也。『周禮』曰、「九藏之動」。

10
鄭語1――武王之子、應・韓不在、其在晉乎。
【賈・唐】(三君云、) 不在、時已亡也。
【韋昭】若已亡、無宜說也。近宣王時、命韓侯爲侯伯、其後爲晉所滅、以爲邑、以賜桓叔之子萬、是爲韓萬、則其亡非平王時也。應則在焉、上史伯云「南有應、鄧」是也。不在、言不在應、韓、當在晉。

11
楚語下7――於是乎作懿戒以自儆也。
【賈・唐】(三君云、) 懿、戒書也。
【韋昭】懿、『詩』大雅抑之篇也。「懿」讀之曰「抑」、『毛詩』序曰、「抑、衞武公刺厲王、亦以自儆也」。

12
吳語9――王乃命於國曰、「國人欲告者來告。……」

【賈・唐】（三君云、）告不任兵事也。 【韋昭】昭謂、告者、謂有善計策、及職事所當陳白者也。「不任兵事」、則下所謂「眩瞀之疾」、筋力不足以勝甲兵者是也。

13
越語下3――忠臣解骨。 【賈・唐】解骨、子胥伏屬鏤也。 【韋昭】是時子胥未死。解骨、謂忠良之臣見其如此、皆骨體解倦、不復念忠。

14
越語下7――吳王帥其賢良、與其重祿、以上姑蘇。 【或說】賢、賢妃。良、良貨。 【賈逵】重祿、大臣也。 【唐固】重祿、寶璧也。 【韋昭】姑蘇、宮之臺也、在吳閶門外、近湖。或云「～」。唐尚書云「～」。昭謂、賢良、親近之士、猶越言君子、齊言士。吳語曰、「越王以其私卒君子六千人爲中軍」。賈侍中云「～」。

④賈逵注を肯定、或いは補足・敷衍しているもの

1
周語下3――昔共工棄此道也、 【賈逵】共工、諸侯。炎帝之後。姜姓也。顓頊氏衰、共工氏侵陵諸侯、與高辛氏爭而王也。 【或說】共工、堯時諸侯、爲高辛所滅。 【韋昭】言爲高辛所滅、安得爲堯諸侯。又堯時共工、與此異也。

2

周語下6——夫目之察度也、不過歩武尺寸之閒。

【賈逵】以半歩爲武。

【韋昭】六尺爲歩。賈君「～」。

3

周語下6——聲以和樂、律以平聲。

【賈逵】律、黄鍾爲宮、林鍾爲徵、大蔟爲商、南呂爲羽、姑洗爲角、所以平五聲也。

【韋昭】聲、五聲也、以成八音而調樂也。賈侍中云「～」。

4

魯語上9——故有虞氏禘黄帝而祖顓頊、郊堯而宗舜。

【賈逵】有虞氏、舜後、在夏、殷爲二王後、故有郊・禘・宗・祖之禮也。

【韋昭】此上四者、謂祭天以配食也。祭昊天於圓丘曰禘、祭五帝於明堂曰祖、宗、祭上帝於南郊曰郊。有虞氏出自黄帝、顓頊之後、故禘黄帝而祖顓頊、舜受禪於堯、故郊堯。禮祭法、「有虞氏郊嚳而宗堯」。與此異者、舜在時則宗堯、舜崩而子孫宗舜、故郊堯也。

5

齊語6——反其侵地棠・潛、使海於有蔽、渠弭於有渚、環山於有牢。

【賈逵】海、海濱也。有蔽、言可依蔽也。渠弭、裨海也。水中可居者曰渚。

【韋昭】昭謂、有此乃可以爲主人、軍必依險阻者也。

6

晉語四11——内有震雷、故曰利貞。

【賈逵】震以動之、利也。侯以正國、貞也。利、義之和也。貞、事之幹也。

【韋昭】屯内有震。賈侍中云「～」。

7

晉語四12——十月、惠公卒。十二月、秦伯納公子。

	【賈逵】閏餘十八、閏在十二月後、魯史閏爲正月、晉以九月爲十月而置閏也。秦伯以十二月始納公子、公子以二十四年正月入晉桑泉。 【韋昭】『内傳』、「魯僖二十三年九月、晉惠公卒」。而此云十月。賈侍中以爲「～」。
8	鄭語1――公說、乃東寄帑與賄、虢・鄶受之、十邑皆有寄地。 【賈逵】寄地、寄止。 【韋昭】十邑、謂虢・鄶・鄔・蔽・補・舟・依・柔・歷・華也。後桓公之子武公、竟取十邑之地而居之、今河南新鄭是也。賈侍中云「～」。
9	吳語8――王總其百執事、以奉其社稷之祭。 【賈逵】王、往也。百執事、百官。 【韋昭】王、闔廬也。賈君以爲、告天子、不宜稱王、故云往也。下言夫概稱王、不避天子、故知上王爲闔廬。

⑤賈逵注を否定、或いは別解を提示しているもの

1	周語上6――宣公卽位、不籍千畝、虢文公諫曰……。 【賈逵】文公、文王母弟虢仲之後、爲王卿士。 【韋昭】虢叔之後、西虢也。及宣王都鎬、在畿內也。
2	周語上14――中能應外、忠也。施三服義、仁也。 【賈逵】三、謂忠・信・仁也。 【韋昭】昭謂、施三、謂三讓也。服義、義、宜也。服得其宜、謂端委也。

3

周語中1——鄭伯南也、王而卑之、是不尊貴也。

【賈逵】南者、在南服之侯伯也。

【或說】南、南面君也。

【鄭衆】南謂子男。鄭、今新鄭。新鄭之於王城在畿内、畿内之諸侯雖爵有侯伯、周之舊法皆食子男之地。

【韋昭】『内傳』、子產爭貢曰、「爵卑而貢重者、甸服也。鄭伯男也、而使從公侯之貢、懼弗給也」。以此言之、鄭在男服、明矣。周公雖制土、中設九服、至康王而西都鄗京、其後衰微、土地損減、車服改易、故鄭在男服。禮、畿外之侯、伯也。世謂其見待重於采地之君、故曰是不尊貴也。

4

周語下3——天所崇之子孫、或在畎畝、由欲亂民也。

【賈逵】一耦之發、廣尺深尺爲畎、百步爲畝。

【韋昭】崇、高也。賈侍中云「〜」。昭謂、下曰畎、高曰畝。畝、壟也。『書』曰、「異畝同穎」。

5

齊語1——四里爲連、連爲之長。十連爲鄉、鄉有良人焉。

【賈逵】良人、鄉士也。

【韋昭】良人、鄉大夫也。

6

齊語6——有革車八百乘。

【賈逵】一國之賦八百乘也。乘七十五人、凡甲士六萬人。

【或說】八當爲六。

【韋昭】賈侍中云「〜」。此周制耳、齊法以五十人爲小戎、車八百乘當有四萬人。又上管仲制齊爲三軍、軍萬人、下又曰「君有是士三萬人、以方行於天下」也、而車數多者、其副貳陪從之車也。或云「〜」。

7
晉語四9——司空季子曰、「同姓爲兄弟。黃帝之子二十五人、其同姓者二人已而。……」。 【賈逵】兄弟、婚姻之稱也。 【韋昭】季子、晉大夫胥臣臼季、後爲司空。賈侍中云「～」。昭謂、同父而生、德姓同者、乃爲兄弟。言惠公・重耳其德不同、則子圉道路之人、可以妻其妻。

⑥唐固注を肯定、或いは補足・敷衍しているもの

1	2	3
魯語上3——莊公丹桓宮之楹、而刻其桷。 【唐固】桷、榱頭也。 【韋昭】桓宮、桓公廟也。楹、柱也。唐云「～」。昭謂、桷一名榱、今北土云亦然。『爾雅』曰、「桷謂之榱」。莊公娶于齊、曰哀姜、哀姜將至、當見於廟、故丹柱刻榱以夸之也。	魯語下9——水之怪曰龍、罔象、土之怪曰羵羊。 【唐固】羵羊、雌雄不成者也。 【韋昭】龍、神獸也。非常見、故曰怪。或曰、「罔象、食人。一名沐腫」。唐云「～」。	魯語下14——宗不具不繹。 【賈逵】宗、宗臣、主祭祀之禮也。不具、謂宗臣不具在、則敬姜不與繹也。 【唐固】祭之明日也。 【韋昭】繹、又祭也。唐尚書云「～」。昭謂、天子・諸侯曰繹、以祭之明日。卿大夫曰賓尸、與祭同日。此言繹者、通言也。賈侍中云「～」。

4	晉語五2――朞年、乃有賈季之難、陽子死之。 【唐固】晉蒐于夷、舍二軍。 【韋昭】賈季、晉大夫、狐偃之子射姑也。食邑於賈、字季佗。唐尚書云「～」。昭謂、初、晉作五軍。魯文五年、晉四卿卒。至六年、晉蒐于夷、舍二軍、復成國之制。狐射姑將中軍、趙盾佐之。陽子至自溫改蒐于董、使趙盾將中軍、射姑佐之、射姑怨陽子之易其班、使狐鞫居殺陽處父而奔狄。
5	楚語下1――命火正黎司地以屬民。 【唐固】「火」、當爲「北」。 【韋昭】北、陰位也。周禮、則司徒掌土地民人者也。
6	吳語8――簦笠相望於艾陵。 【唐固】簦、夫須也。 【韋昭】簦笠、備雨器。相望、言不避暑雨。艾陵之戰在上。『傳』曰、「五月克博、至於嬴」。
7	吳語9――王背檐而立、大夫向檐。 【或說】檐、屋外邊壇也。 【唐固】屋梠也。 【韋昭】檐、謂之樀。樀、門戶掩陽也。
8	越語下1――德虐之行、因以爲常。 【唐固】言無德行虐習以爲常。 【韋昭】德、有所懷柔及爵賞也。虐、有所斬伐及黜奪也。以爲常、以爲常法也。

⑦唐固注を否定、或いは別解を提示しているもの

1	2	3	4	5
魯語下15――宗室之謀、不過宗人。 【唐固】（虞、唐云、）不過宗人、不與他姓議親親也。 【韋昭】此宗人則上宗臣也。亦用同姓、若漢宗正用諸劉矣。凡時男女之饗、不及宗臣、至於謀宗室之事、則不過宗臣。故敬姜欲室文伯而饗其宗老、賦詩以成之也。	魯語下20――今吾子之教官僚曰、『陷而後恭』 【唐固】同官曰僚。 【韋昭】此景伯之屬、下僚耳、非同官之僚也。同僚、謂位同者也。『詩』云、「我雖異事、及爾同僚」。	齊語1――九妃、六嬪。 【唐固】九妃、三國之女、以姪娣從也。 【韋昭】正適稱妃、言「九」者、尊之如一、明其淫侈非禮制也。姪娣之屬皆稱妾。嬪、婦官也。	齊語1――桓公曰、「定民之居若何」。管子對曰、「制國以爲二十一鄉。……」 【唐固】四民之所居也。 【韋昭】國、國都城郭之域也、唯士・工・商而已、農不在也。	齊語1――士鄉十五。 【唐固】士與農共十五鄉。 【韋昭】此士、軍士也。十五鄉合三萬人、是爲三軍。農、野處而不暱、不在都邑之數、則下所云伍鄙是也。

6	晉語四21——狐毛卒、使趙衰代之。 【唐固】（虞・唐云、）代將新軍。 【韋昭】昭謂、代將上軍。
7	晉語四25——乃大蒐于被廬、作三軍。 【唐固】去新軍之上・下。 【韋昭】此章述文公之初、未有新軍。
8	晉語七6——韓獻子老、使公族穆子受事於朝。 【唐固】獻子致仕、而用其子爲公族大夫。 【韋昭】穆子、厥之長子無忌也。唐尙書云「〜」。昭謂、初、悼公元年使無忌爲公族大夫、後七年、獻子告老、欲使爲卿、有廢疾、讓其弟起、公聽之、更使掌公族大夫、在魯襄七年。
9	楚語上4——蔡聲子將如晉。 【唐固】楚滅蔡、蔡聲子爲楚大夫。 【韋昭】蔡聲子、蔡公孫歸生子家也。唐尙書云「〜」。昭謂、蔡時尙存、聲子通使於晉・楚耳。在魯襄二十六年。
10	楚語上4——謂欒書曰、「楚師可料也、在中軍王族而已。……」 【唐固】族、親族、同姓也。 【韋昭】族、部屬也。『傳』曰、「欒、范以其族夾公行」。時二子將中軍、中軍非二子之親也。
11	吳語7——行頭皆官師、擁鐸拱稽、建肥胡、奉文犀之渠。十行一嬖大夫。

【賈逵】（三君皆云、）官師、大夫也。

【唐固】（三君皆云、）官師、大夫也。（唐尚書云、）穳、棨戟也。

【韋昭】三君皆云「～」。昭謂、下言「十行一嬖大夫」、此一行宜爲士。『周禮』、「百人爲卒、卒長皆上士」。擁、猶抱也。拱、執也。抱鐸者、亦恐有聲也。唐尚書云「～」。鄭司農以爲、「穳、計兵名籍也」。『周禮』、「聽師田以簡穳」。


以上の比較結果をまずは整理しよう。先に②～⑦までの結果を列記すると、次のようになる。

②兩注の肯定・補足・敷衍……一二例
③兩注の否定・別解の提示……一四例
④賈逵注の肯定・補足・敷衍……九例
⑤賈逵注の否定・別解の提示……七例
⑥唐固注の肯定・補足・敷衍……八例
⑦唐固注の否定・別解の提示……一一例

②～⑦の結果を見る限りは肯定・否定にほとんど差がないと言ってよい。そして①だが、賈逵注に肯定的評價を附しているものは一〇例、否定的評價を附しているものは五例であった。對する唐固注については肯定的評價が四例（その内の二例は賈逵説に從っているを述べている）、否定的評價は一七例に及んだ。すなわち、韋昭は賈逵注へは概ね肯定的評價を、唐固注へは概ね否定的評價を下している傾向にある。兩者が同解釋を提示しているものを除外して①分類と合算すると、賈逵注への肯定的注釋は一九例、否定的注釋は一二例、唐固注への肯定的注釋は一二例、否定的注釋は二六例に及ぶ。これを換言すれば、『左傳』に通じた賈逵の解釋の方が、『公羊傳』『穀梁傳』に通

じた唐固の解釋よりも繼承すべきものが多かったということである。『左傳』と『國語』の強固なる融合を圖った韋昭にとって、左氏學者賈逵の注釋にこそ參考すべき點が多いのはある意味當然とも言える。

かかる結果は、『左傳』の決定的注釋を著した杜預とある意味對照的である。鎌田正《一九六三》によると、杜預は『左傳』解釋において、叶うものがあれば時に『穀梁』『公羊』の義を採用したとする。[一四] 韋昭注にも二傳を引用している箇所はあるが、『左傳』引用の量に比べればまことに微々たるものである。[一五] 杜預が『左傳』解釋において三傳を踏まえていたのに對し、韋昭はあくまで內・外傳としての關わりを重視した。左氏學者賈逵の說に「是」「得」などの肯定的評價が多く見られ、公羊・穀梁學者唐固の說に「非」「失」などの否定的評價が多く見られるのもまた、このような韋昭の姿勢によるものと言えよう。

三、比較結果より見る韋昭注の特徴

前節の比較結果の中からいくつかを提示して韋昭注の特徴を擧げてみたい。まずは、次の魯語上の事例から見てみよう。

（一）魯語上9——故に有虞氏は黃帝を禘して顓頊を祖し、堯を郊して舜を宗す（表④—4）。

【賈逵】有虞氏は、舜の後なり。夏・殷在りて二王の後と爲すが故に、郊・禘・宗・祖の禮有るなり。

【韋昭】此の上の四者は、祭天して以て配食するを謂ふなり。昊天を圓丘に祭るを禘と曰ひ、五帝を明堂に祭るを祖・宗と曰ひ、上帝を南郊に祭るを郊と曰ふ。有虞氏は黃帝より出で、顓頊の後なるが故に、黃帝を禘して顓頊を祖し、舜は禪を堯より受くが故に堯を郊す。『禮』祭法に、「有虞氏は嚳を郊して堯を宗す」と。此と異なる者は、舜時に在れば則ち堯を宗し、舜崩じて子孫は舜を宗すが故に、堯を郊すなり。

魯語の本文中に見える「禘」「祖」「郊」「宗」について、韋昭はまず賈逵注を提示する。それを踏まえて自身が述べたのは、鄭玄の六天說であった。『禮記』祭法篇の鄭玄注（一六）に、

> 禘・郊・祖・宗は、祭祀して以て配食するを謂ふなり。此の禘とは、昊天を圜丘に祭るを謂ふなり。上帝を南郊に祭るを郊と曰ひ、五帝・五神を明堂に祭るを祖・宗と曰ふ。祖・宗は通じて言ふ爾。下に禘・郊・祖・宗有り。孝經に曰く、「文王を明堂に宗祀して以て上帝を配す」と。明堂月令に、「春に曰く、其の帝は大昊、其の神は句芒。夏に曰く、其の帝は炎帝、其の神は祝融。中央に曰く、其の帝は黃帝、其の神は后土。秋に曰く、其の帝は少昊、其の神は蓐收。冬に曰く、其の帝は顓頊、其の神は玄冥」と。有虞氏より以上は德を尙び、禘・郊・祖・宗、配するに有德なる者を用てする而已。夏自り已下、稍く其の姓氏を用ひて之に代ふ。先後の次、有虞氏・夏后氏は、宜しく顓頊を郊すべし。殷人は宜しく契を郊すべし。郊は一帝を祭り、而して明堂は五帝を祭る。小德は配寡く、大德は配衆し。亦た禮の殺なり。

とある。鄭玄は、圓丘（圜丘）と郊を別のものとし、唯一天神であるとされる昊天上帝を昊天と上帝とに分け、唯一天神の外に五天帝ありとして六天說を立てた（加賀榮治《一九六四》（一七））。これは鄭學の特徴の一つに擧げられるものであり、賈逵注を引用した上で鄭玄の六天說に則って補足している事實は、韋昭による鄭學の繼承を物語る。ただし、韋昭は鄭學に盲從したわけではなく、周語下には鄭學を否定している事例を表①—6より確認できる。いずれにせよ、六天說を含む鄭學の採用は韋昭注の特徴の一つと見てよい（一八）。より詳しいことは本書第一篇第四章で論ずるが、差し當たってここでは鄭玄の影響があったことを指摘しておく。

韋昭と鄭學について補足するならば、前揭の比較表にはないが、次の例が參考になろう（一九）。

（二）魯語下2——是の故に、天子は大采して日に朝し、三公九卿と地德を祖識す。
【虞翻】大采は袞織なり。祖は習なり。識は知なり。地德は生を廣くする所以なり。

【韋昭】禮に、「天子は春分を以て日に朝し、尊有るを示すなり」。虞說に曰く、「～」と。昭謂へらく、『禮』玉藻に、「天子は玄冕して以て日に朝す」「冕服の下」と。則ち大采は袞織に非ざるなり。……。


韋昭は虞翻注を引いた上で、『禮記』玉藻篇を提示する。「冕服之下」は『禮記』の經文ではなく鄭玄注であり[一〇]、それを根據にして虞翻說を否定しているのである。虞翻は韋昭と同じ孫吳人士であり、かつ『國語』の注釋を著した。また、王肅以前に反鄭玄的解釋を打ち出した人物としても知られる[一一]。虞翻と韋昭のかかる對比は、鄭學の繼承を韋昭注の特徵として一層際立たせるものであろう。

韋昭注の特徵は鄭學についてだけではない。それを次の例より看取できる。

（三）晉語一4——猛足乃ち太子に言ひて曰く、「伯氏出でず、奚齊　廟に在り、子盍ぞ圖らざる乎」と（表②—8）。
【賈・唐】伯氏は申生なり。

【或說】伯氏は狐突なり。

【韋昭】是の時、狐突未だ門を杜さざるが故に、伯氏を以て申生と爲す。伯氏は猶ほ長子を言ふがごときなり。

（四）晉語四21——子犯卒し、蒲城の伯　佐を請ふ（表①—20）。
【或說】（或云、）蒲城の伯は、狐毛なり。

【賈逵】蒲城の伯は、先且居なり。

【韋昭】上章、狐毛已に卒し、先且居をして之に代はらしむ。賈　之を得たり。


まず（三）の例は、晉語一の「伯氏」が何者かについて解釋している。賈逵・唐固はともに晉の太子「申生」と捉え、或説は申生の傅であった「狐突」と捉える。韋昭は先人注を擧げて、當時狐突がまだ「杜門（門を閉じて交際を絶つこと）」していないことを指摘し、續いて賈逵・唐固と同解釋を打ち出し、最後に「伯氏」を長子のことであると述べている。この韋昭注よりわかることは、第一に、當時の狐突の狀況に觸れた上で或説を否定し、賈逵・唐固説を肯定した。つまり、時間的觀點に立って解釋を打ち出している。第二に、「伯氏」という言葉の意味を提示する。要するに、韋昭は賈逵・唐固注をただ肯定したのではなく、史的見地より補足しているのである。

（四）の例は、晉語四の「蒲城伯」についてである。或説の「孤毛」と賈逵注の「先且居」、この兩説を擧げている。それらを承けつつ韋昭は「狐毛」が既に死んでいることを補足説明し、賈逵注を肯定した。これもまた史的觀點に立って、先人注への贊否および補足・敷衍を行っている。

（三）（四）の事例はいわずもがな、前掲（二）の事例も禮服という歴史上の制度についての解釋である。すなわち、これら史的な解釋を施している點に韋昭注の特徴の一つを見出せよう。

それに關連した以下のような例もある。

（五）晉語四9――昔、少典 有蟜氏より娶りて、黄帝・炎帝を生む（表①―18）。

【賈逵】少典は黄帝・炎帝の先なり。有蟜は諸侯なり。炎帝は神農なり。

【虞・唐】少典は黄帝・炎帝の父なり。

【韋昭】神農は三皇なれば、黄帝の前に在り。黄帝 炎帝を滅ぼして、其の子孫を滅ぼす耳なれば、明らけし神農に非ざること知る可きなり。「生」と言ふは、二帝 本《も》と生出する所を謂ふなり。『内傳』に、「高陽・高辛は各々才子八人有り」と。其の裔《えい》子を謂ふ耳。賈君 之を得たり。

（六）魯語上5――大いに懼るらくは、周公・太公の命祀を乏しくして、職責業事の共せずして戻《つみ》を獲んことを（表

郵便はがき

料金受取人払郵便

麹町支店承認

7928

差出有効期間
平成25年11月
30日まで
（切手不要）

1028790

102

東京都千代田区
飯田橋二—五—四

汲古書院 行

通信欄

購入者カード

このたびは本書をお買い求め下さりありがとうございました。今後の出版の資料と、刊行ご案内のためおそれ入りますが、下記ご記入の上、折り返しお送り下さるようお願いいたします。

書　名
ご芳名
ご住所 TEL　　　　　〒
ご勤務先
ご購入方法　①　直接　②　　　書店経由
本書についてのご意見をお寄せ下さい
今後どんなものをご希望ですか

①―8）。

【賈・唐】周公を太宰と爲し、太公を太師と爲し、皆な諸侯の國に命じて當に祀るべき所を掌るなり。

【韋昭】『傳』に曰く、「衞成公 夏后の相を祀るに、甯武子曰く、『以て成王・周公の命祀を閒《をか》す可からず』」と。

職貢此の如し。賈・唐 之を得たり。

では、（五）の事例から見てみよう。晉語四について、賈逵は少典を「黄帝・炎帝の先」として捉え、唐固は「父」と捉える。韋昭注に見える『内傳』とは言うまでもなく『左傳』のことであり、文公十八年の「昔、高陽氏有才子八人」「高辛氏有才子八人」を要約引用している（二二）。韋昭は賈逵・唐固の注を承け、『左傳』を根據にして補足説明し、賈逵説を肯定したのである。

同様に、（六）に擧げた例もまた、賈逵・唐固注を引用した上で、『左傳』僖公三十一年を根據にして「職責」を説明し、兩注に肯定的評價を與えているのである（二三）。

『左傳』を根據にして補足・敷衍するのは前掲の肯定的事例だけとは限らない。

（七）晉語三2――惠公卽位し、共世子を出して之を改葬し、臭は外に達す（表①―16）。

【唐固】（唐は）賈君を以て申生の妃と爲す。

【韋昭】共世子は申生なり。獻公の時、申生の葬に禮の如くせざるが故に之を改葬す。惠公 獻公夫人賈君を烝するが故に、申生の臭は外に達し、禮無き者の葬る所と爲すを欲せず。唐 賈君を以て申生の妃と爲すは、非なり。『傳』に曰く、「獻公 賈より娶るも、子無し」と。

これは晉の惠公が兄申生の改葬を行った話である。晉語に見えない「賈君」なる女性について、唐固は本文中にある「共世子」こと申生と絡めて、その「妃」と捉える。これに對し、韋昭はそれまでの經緯に觸れ、唐固説を「非也」

と斷じる。否定の根據として擧げているのが『傳』、すなわち『左傳』莊公二十八年であった。[二四] なお、（五）は上古の帝王の系譜について、（六）は「職責」という歷史上の制度について、（七）は「賈君」という女性についてを韋昭は言及しており、ここにも前述したような史的解釋を窺い得る。

このように、韋昭は『左傳』を利用して、『國語』の本文解釋、および先人注の補足・敷衍・別解の提示を行った。韋昭注における『左傳』引用の多さは樊善標〈一九九八〉によって既に言及されており、[二五] さらに、注（六）所掲髙橋論文でも、兩書を内・外傳として強く意識していたことを言及した。[二六] （五）～（七）の例による比較結果を見てもまた兩書の一體化を看取し得る。もちろん、（三）（四）のように『左傳』を擧げていない例もあったり、（二）のように他の經書を根據にしている例もある。いずれにせよ、賈逵ら先人注を補足・否定する際に『左傳』を、しかも時に「内傳」と呼稱して用いている例があった。この事實は韋昭が兩書の一體化を強く意識していたことを示すものであった。鄭學の繼承、史的解釋の傾向、内・外傳の一體化、以上の三點が韋昭注の顯著な特徵と改めていうことができよう。

おわりに

本章で擧げた比較結果により、多くのことが浮かび上がった。まず、韋昭注の引く賈逵・唐固注はほぼ同數ながらも、贊否については賈逵に肯定的評價が多く、反對に唐固には「非」「誤」等々否定的な評價が多い傾向にあったことが改めて理解できた。

また、韋昭は鄭玄の學説を概ね肯定し取り入れていた。『國語』本文の意味をできるだけ分かりやすく、且つ正確な意味を表出しようと心掛けている韋昭注は、必然的に史的觀點からのものが多くなり、先人注への贊否を問わずかかる觀點から補足・敷衍して解釋を施したものが散見することとなった。それらを時に『左傳』を根據として內・外傳の一體化をより圖ったのである。こうした特徵により、「經」たるにふさわしい存在として持ち上げた『國語』に對し、單なる經學的解釋ではなく、史的解釋が融合されたのである。今日、『國語』の注釋は韋昭注一尊の狀況にあるが、韋昭によって生み出されたこれらの視點と解釋が、先人注および同時代の注釋者よりも秀でていたことを意味する。魏晉期は四部分類でいうところの「史」の概念が生じた頃でもあった。[二七] 從來の經學解釋の特徵である「訓詁」を色濃く引きずりつつも、韋昭の『國語解』にはその萌芽が見られるのである。

《注》

（一）前有昭自序、兼采鄭衆・賈逵・虞翻・唐固之注。今考、所引鄭說・虞說、寥寥數條。惟賈・唐二家、援據駁正爲多（『四庫全書總目提要』史部雜史類）。なお、韋昭が『國語』の各篇からいくつ先人注を引用していたかについては、本書第一篇第一章の注釋に表を附しているので、合わせて參照されたい。

（二）池田秀三「『國語』韋昭注への覺え書」（『中國古代の禮制と禮學』、朋友書店、二〇〇一年）

（三）馬國翰『玉函山房輯佚書』や黃奭『漢學堂叢書』などに輯佚されている。

（四）張以仁「國語舊注輯校」（一）～（六）（『孔孟學報』第二十一期～第二十六期、一九七一年四月～一九七二年九月／『張以仁先秦史論集』、上海古籍出版社、二〇一〇年に所收）を參照した。

（五）張以仁『國語左傳論集』（東昇出版公司、一九八〇年）、および李步嘉「唐前《國語》舊注考述」（『文史』第五十七輯、二〇

〇一年十二月）

（六）本書第一篇第一章の注（三）を參照。

（七）『後漢書』列傳二十六 賈逵傳には、「尤も左氏傳・國語に明るく、之が解詁五十一篇を爲る（尤明左氏傳・國語、爲之解詁五十一篇）」とあるだけで、兩書の合計篇數しかわからないが、李賢注が、「左氏三十篇、國語二十一篇也」と記す。したがって、この李賢注の解釋に從う。

（八）影山誠一『中國經學史綱』（大東文化大學東洋研究所、一九七〇年）

（九）鄭衆が父鄭興より『左傳』を受けたこと、および「三統歷」『周官』に通じていたことは、『後漢書』列傳二十六 鄭興傳附鄭衆傳に見える。しかし、鄭衆の『國語章句』については同傳中に一切言及されておらず、宋の宋庠『國語補音』にその名が見える。

（一〇）（闞）澤州里先輩丹楊唐固亦修身積學、稱爲儒者。著國語・公羊・穀梁傳注、講授常數十人。（孫）權爲吳王、拜固議郎、自陸遜・張溫・駱統等皆拜之。黃武四年爲尙書僕射、卒（『三國志』卷五十三 闞澤傳）。

（一一）故侍御史會稽虞君・尙書僕射丹陽唐君、皆英才碩儒、洽聞之士也（『國語解敍』）。

（一二）一例として、晉語の例を擧げてみる。

晉語三2――國人誦之曰、「貞之無報也。孰是人斯、而有是臭也。……」

賈・唐云、「貞、正也。謂惠公欲以正禮改葬世子而不獲吉報也。孰、誰也。斯、斯世子也。誰使是人有是臭者、言惠公使之也」。或云、「貞、謂申生也、與下相違、似非也」。

この例のように、先人注を引用するだけで韋昭自身の見解を全く述べていない事例もある。引用注と同解釋の立場を取るものか、或いはそれら解釋を參考までに提示したものと推測されるが、本章では敢えて檢討の對象外とした。

（一三）『國語』（上海古籍出版社、一九九八年）の分節を參考にして、それに對應した說話の數字を附してある。ちなみに、上海古籍本は、『國語』の邦譯書たる大野峻『國語（上）』（明治書院、一九七四年）、『國語（下）』（明治書院、一九七八年）の分節といささか異なっている。

(一四) 鎌田正『左傳の成立と其の展開』（大修館書店、一九六三年）によると、杜預は『左傳』本來の義例を以て經文の解明に努力したが、それを以てしても解明し得ないものは、公・穀二傳の義例を用いて左氏本來の義例說の闕を補ったとする。今日、韋昭は『國語』注の、杜預は『左傳』注の最高權威と言える存在であるが、兩者の姿勢にかかる相違が見られるのは興味深い事實である。

(一五)『左傳』引用が一〇二例に對し、『公羊傳』は僅か三例、『穀梁傳』に至っては皆無である。『國語解』における經書の引用數については、本書第一篇第一章を參照。

(一六) 禘・郊・祖・宗、謂祭祀以配食也。此禘謂祭昊天於圜丘也。祭上帝於南郊曰郊、祭五帝五神於明堂曰祖・宗。祖・宗通言爾。下有禘・郊・祖・宗。孝經曰、宗祀文王於明堂以配上帝。明堂月令、春曰、其帝大昊其神句芒。夏曰、其帝炎帝其神祝融。中央曰、其帝黃帝其神后土。秋曰、其帝少昊其神蓐收。冬曰、其帝顓頊其神玄冥。有虞氏以上尚德、禘・郊・祖・宗、配用有德者而已。自夏已下、稍用其姓氏代之。先後之次、有虞氏・夏后氏、宜郊顓頊。殷人宜郊契。郊祭一帝、而明堂祭五帝。小德配寡、大德配衆、亦禮之殺也（『禮記』祭法鄭玄注）。

(一七) 加賀榮治『中國古典解釋史　魏晉篇』（勁草書房、一九六四年）

(一八) 六天說以外に鄭學の特徵として擧げられるのは、『禮記』大傳篇の鄭注と『詩經』大雅・生民篇の鄭箋に見える感生帝說であるが、韋昭は撰定に携わった『吳書』において、孫堅の誕生に感生帝說を用いている。このことからも韋昭が鄭學を參考にしている事實を窺い得る。

(一九) 魯語下2——是故天子大采朝日、與三公九卿祖識地德。

禮、「天子以春分朝日、示有尊也」。虞說曰、「大采、袞織也。祖、習也。識、知也。地德所以廣生」。昭謂、『禮』玉藻、「天子玄冕以朝日」「冕服之下」、則大采非袞織也。……。

(二〇)『禮記』玉藻篇には、「〔天子〕玄端而朝日於東門之外、聽朔於南門之外、閏月則闔門左扉。立于其中」とあり、その鄭注には、

「端當爲冕、字之誤也。玄衣而冕、冕服之下。朝日、春分之時也。……」とある。韋昭が引いた玉藻篇の經文は鄭玄の注を踏まえて要約引用したものである。

（二一）『三國志』卷五十七　虞翻傳注引翻別傳に、「翻又奏曰、經之大者、莫過於易。自漢初以來、海内英才、其讀易者、解之率少。至孝靈之際、潁川荀諝號爲知易、臣得其注、有愈俗儒、至所說西南得朋、東北喪朋、顚倒反逆、了不可知。孔子歎易曰、知變化之道者、其知神之所爲乎。以美大衍四象之作、而上爲章首、尤可怪笑。又南郡太守馬融、名有俊才、其所解釋、復不及諝。孔子曰可與共學、未可與適道、豈不其然。若乃北海鄭玄、南陽宋忠、雖各立注、忠小差玄而皆未得其門、難以示世」とある。裴松之注はさらに翻別傳を引用して「……又玄所注五經、違義尤甚者百六十七事、不可不正。行乎學校、傳乎將來、臣竊恥之」と續ける。鄭玄の五經解釋について、その義の甚だしく違うものを百六十七事を擧げて正したという。ちなみに、同虞別傳によれば、虞翻は馬融の注釋の誤りを指摘しつつも、鄭玄のそれよりは勝っていると述べる。このように、虞翻は反鄭玄的經典解釋の傾向を有していたことが分かる。

（二二）昔、高陽氏有才子八人、蒼舒・隤敳・檮戭・大臨・尨降・庭堅・仲容・叔達。齊聖廣淵、明允篤誠、天下之民謂之八愷。高辛氏有才子八人、伯奮・仲堪・叔獻・季仲・伯虎・仲熊・叔豹・季貍、忠肅共懿、宣慈惠和、天下之民謂之八元（『左傳』文公十八年）。

（二三）衞成公夢康叔曰、相奪予享。公命祀相。甯武子不可、曰、鬼神非其族類、不歆其祀。杞・鄫何事。相之不享於此久矣、非衞之罪也。不可以閒成王・周公之命祀。請改祀命（『左傳』僖公三十一年）。

（二四）注（二一）所揭張以仁輯校は、「則唐注之意、謂改葬申生臭達於外者、蓋由惠公淫其妻賈君也。因竝錄韋解、以明此注之原委」と述べる。

（二五）樊善標「《國語解》用《左傳》研究」（『中國文化研究所學報』新第七期、一九九八年）

（二六）本書第一篇第一章では、韋昭注とその敍文に『春秋左氏傳』『左傳』『左氏春秋』といった表現を用いず、必ず『傳』『內傳』という形で引用していることを指摘する。

（二七）渡邉義浩「「史」の自立——魏晉期における別傳の盛行を中心として——」（『史學雜誌』第一一二編第四號、二〇〇三年四月／「「史」の自立」と改題して、『三國政權の構造と「名士」』、汲古書院、二〇〇四年に所收）を參照。

第三章　『漢書音義』と孫呉の「漢書學」

はじめに

後漢から唐にかけて多くの人に讀まれた文獻があった。一つは『國語』であり、一つは『漢書』である。[一] これらは數多くの注釋者を輩出し、その成果を今に傳える。今日、前者は韋昭の注が、後者は顏師古の注がそれぞれ流布していることは周知のとおりである。

顏師古の『漢書敍例』には、彼が參照した『漢書』注釋者の名と簡素な經歷が記されており、荀悅・服虔・應劭・伏儼・劉德・鄭氏（鄭德）・李斐・李奇・鄧展・文穎・張揖・蘇林・張晏・如淳・孟康・項昭・韋昭・晉灼・劉寶・臣瓚・郭璞・蔡謨・崔浩という二十人以上の多彩な顏ぶれを確認できる。まさに『漢書』盛況の時代と言えよう。[二] とりわけ、韋昭は『國語』と『漢書』の兩方に注釋を附しており、學識の深さを窺える。同時に、完存しないとはいえ、韋昭注は今日まで傳わる唯一の孫呉の『漢書』解釋でもあり、その價値は貴重と言えよう。

韋昭が著した『漢書』の注釋は『漢書音義』といい、『漢書』顏師古注・『文選』李善注・『史記』三家注などに引用されている。[三] また「漢書音義（前書音義）」という文言は『文選』李善注や『史記』三家注、あるいは『後漢書』の注にもたびたび見えるが、渡邉義浩〈二〇〇四〉や洲脇武志〈二〇〇七〉が述べるように、『漢書』の音義は二種類に分けられ、一つは書名であり、一つは無名の『漢書』注の總稱である。(四) 韋昭の注は、『隋書』卷三十三 經籍志二に「漢書音義七卷 韋昭撰」と著錄されるように歷とした書名であり、前者に當たる。

本章は、現存する韋昭『漢書音義』の內容を考察することにより、注釋の特徵および孫吳における「漢書學」の解明を目的とする。なお、韋昭『漢書音義』は李步嘉《一九九〇》の輯佚書があり、特にこれを參考にした。(五)

一、三國時代における『漢書』受容

韋昭が生きた當時、『漢書』はいかに受容されていたのであろうか。そして、主著者である班固はいかなる評價を受けていたのであろうか。『漢書』が完成してから顏師古注の登場に至るまでの『漢書』受容については、すでに吉川忠夫〈一九七九〉の詳細な論考がある。(六) 本節はそれを參考にしつつ、對象を三國時代に限定して、『漢書』および班固の位置づけを整理したい。

陳壽『三國志』および同裴松之注を繙けば、『漢書』は成立してより廣く讀まれていたことが分かる。前述したように數多くの注釋者を輩出したこともその表れと言ってよく、魏晉期には『漢書』の學は一つのピークを迎えていたという。韋昭の仕えた孫吳における『漢書』に關わる逸話を擧げてみると、まず『三國志』卷五十四 呂蒙傳注引『江表傳』に次のようにある。(七)

(孫)權 曰く、「孤 豈に卿に經を治めて博士と爲らんことを欲する邪。但だ當に涉獵して往事を見しむべき耳。卿は多務ありと言ふも孤に孰若《いづれ》ぞや。孤 少き時、詩・書・禮記・左傳・國語を歷し、惟だ易のみ讀まず。事を統べるに至りてより以來《このかた》、三史・諸家の兵書を省み、自ら以て大いに益する所有りと爲す。卿二人の如きは、意

> 性朗悟にして、學べば必ず之を得たり。寧んぞ當に爲さざるべけん乎。宜しく急ぎ孫子・六韜・左傳・國語及び三史を讀むべし。孔子言へらく、『終日食はず、終夜寢ねず、以て思ふも益無し、學ぶに如かざるなり』と。光武 兵馬の務めに當りて、手は卷を釋《す》てず。孟德も亦た自ら老いてすら學を好むと謂ふ。卿 何ぞ獨り自ら勉勖せざる邪」と。

これは孫權が呂蒙と蔣欽に學問の重要性を諭したものである。孫權自身は『易』以外の儒教經典および『國語』や兵法書、三史（『史記』『漢書』『東觀漢記』）を讀み、これらが實用に多々益するものとして、呂蒙や蔣欽にも奬めている。

『漢書』を奬勵している例はこれだけではない。『三國志』卷五十九 孫登傳に、[八]

> 孫登 字は子高、（孫）權の長子なり。魏の黃初二年、權 呉王と爲るや、登を拜して東中郎將とし、萬戶侯に封ずるも、登 辭して疾もて受けず。是の歲、登を立てて太子と爲し、選して師傅を置き、秀士を銓簡し、以て賓友と爲す。是に於て諸葛恪・張休・顧譚・陳表等 選を以て入り、詩書を侍講し、出でては騎射に從ふ。權 登の漢書を讀みて、近代の事を習知せしめんことを欲し、張昭の師法有るを以てするも、之を煩勞せんことを重《はば》かり、乃ち休をして昭に從ひて受讀せしめ、還りて以て登に授く。

とあり、孫權は太子孫登に『漢書』を讀ませようとしていた。だが、孫呉人士の重鎭たる張昭の手を患わせることを憚り、結局張昭の子で「太子四友」の一人である張休に講義させた。孫登は三十三歲の若さで父より先に亡くなったため卽位することはできなかったが、いずれにせよ、前述の例も含め、孫呉では君主たる孫權が積極的に『漢書』を奬めているのである。

孫呉に限定しなければ、この他にも三國時代の人物と『漢書』にまつわる記錄・逸話はいくつも見られる。曹魏では夏侯淵が子に『漢書』を讀ませようとした記録があり（『三國志』巻九 夏侯淵傳）、蜀漢では劉備が臨終に當たって子の劉禪に『漢書』『禮記』『六韜』『商君書』などを讀むよう遺言し（『三國志』巻三十二 先主傳注引『諸葛亮集』）、文盲の王平は部下に讀ませながら學び（『三國志』巻四十三 王平傳）、また孫呉でも留贊が兵書とともに愛讀していたという（『三國志』巻六十四 孫峻傳注引『呉書』）。注（六）所掲吉川論文は、これら及び先の孫權の事例を以て、『漢書』が權力者・爲政者の帝王學の書として、また刑政・軍事に通じる書として受容されていたと述べる。（九）首肯し得る見解である。

吉川論文に付け加えるならば、次に擧げる事例もまた孫呉の『漢書』受容を示すものであろう。韋昭の僚友華覈が東觀令に昇進し、右國史を兼任することとなった際、辭退を申し出た。それに對する孫晧の返答である。『三國志』巻六十五 華覈傳に、（一〇）

> 後に東觀令に遷り、右國史を領す。（華）覈 上疏して辭讓するも、（孫）晧 答へて曰く、「表を得たり。以へらく東觀は儒林の府にして、文藝を講校するに當りて、疑難を處定す。漢の時 皆な名學碩儒もて乃ち其の職を任じ、英賢を更選せんことを乞ふ。之を聞くならく、卿の墳典に研精し、博覽多聞なるを以ふに、禮樂を悦しみ詩書に敦き者と謂ふ可きなり。當に翰を飛ばし藻を騁せ、時事を光贊し、以て楊（雄）・班（固）・張（衡）・蔡（邕）の疇《たぐひ》を越ゆるべし。怪しむらくは乃《なんぢ》の謙光にして、厚《はなは》だ自ら菲薄たらんとするを。宜しく勉めて職する所を脩め、以て先賢に邁《まさ》り、復た紛紛たること勿るべし」と。

とある。孫晧は華覈の博識ぶりを知っており、漢の名だたる碩儒を越える能力を發揮して記録を殘すよう命じ、辭退を許さなかった。ここで傍線部に注目したい。班固は言わずもがな、楊雄・張衡・蔡邕たちもまた「史」に關わりを持つ人物である。（一一）華覈は韋昭とともに『呉書』撰定を任ぜられていた（『三國志』巻五十三 薛綜傳附薛瑩傳）。したがって、楊雄や班固たちは「史」に携わる者たちの目標、あるいは超克すべき人物として認識されているのである。また、かかる孫皓の發言は、歴史敍述における班固の文辭を知っていたが故のものであろう。班固と双璧を爲すもう一人の漢の史家司馬遷を擧げていない點にも、孫呉における班固と『漢書』の地位の高さを看取できる。（一二）敬愛する祖父孫權、そして伯父孫登がそうであったように、孫皓もまた『漢書』を讀んでいたと見てよい。まさに孫呉帝室の必讀書であった。（一三）

かかる『漢書』受容と班固評價を有する孫呉にあって、韋昭自身は『漢書』をいかに捉えていたのであろうか。殘念ながらそれを明確に知る記録はない。だが、韋昭の漢への思い入れは、例えば『文選』に収録される代表的著作「博弈論」から窺える。「博弈論」は文中に多くの人物を列擧しているが、漢に屬する者として張良・陳平・董仲舒・卜式・黃霸・呉漢らが登場し、同論の中で孫呉人士の目標および理想として掲げられているのである。韋昭にとって漢は一つの鑑であった。（一四）

『漢書音義』の成書年代について史料は沈黙する。『三國志』巻六十五 韋曜傳では、『漢書音義』という書物の存在はおろか、韋昭が『漢書』の注釋を著したことすら一言とて觸れていない。樊善標〈一九九六・一九九七〉は、『國語解』よりも遲れて完成したと推測し、のちに自説を再検討して、『漢書音義』の成書が二五二年前後であるとの見解を示す。（一五）前引したように、孫權は自ら『漢書』を讀み、子や臣下たちに奬勵するほどであった。孫權期の末年に『呉書』撰定を任ぜられた丁孚と項峻が史才無しとされ、少帝（孫亮）即位後ほどなくして、改めて韋昭たちが任ぜられたという事實を勘案すれば（『三國志』巻五十三 薛綜傳附薛瑩傳）（一六）、樊善標の述べるが如く、孫權崩御の太原二（二五二）年四月前後にはすでに完成し、孫權自身が目にしていた可能性も充分に考え得る。では、韋昭の『漢書音義』はどのような特徴を有しているのか。次節でその内容を見ていく。

二、注釋の特徴

『漢書音義』がいかに佚文とはいえ、紙幅の都合上すべてを擧げることはできない。そこで、『漢書』巻一上 高帝紀上の冒頭部分を例とし、注釋の附されていない箇所を節略しつつ、韋昭の解釋の具體的内容を見てみたい(一七)。

高祖は沛の豐邑中陽里の人なり。姓は劉氏。母の媼〔一〕、嘗て大澤の陂に息ひ、夢みて神と遇ふ。是の時、雷電ありて晦冥し、父の太公 往視すれば、則ち交龍を上に見る。已にして娠《みごも》ること有り、遂に高祖を産む。……壯ずるに及び、吏を試みて、泗上の亭長と爲り、廷中の吏をば狎侮せざる所無し。酒及び色を好み、常に王媼・武負に從ひて酒を貰《おぎの》る〔二〕。……高祖 常《かつ》て咸陽に繇し〔三〕、縱に秦の皇帝を觀、喟然として大息して曰く、「嗟乎、大丈夫 當に此の如くあるべし」と。單父の人の呂公〔四〕、沛令に善く、仇を辟け、之に從ひて客し、因りて焉に家す。……高祖 亭長と爲るや、素より諸吏を易《あなど》れば、乃ち紿《いつは》りて謁を爲して曰く〔五〕、「賀錢萬なり」と。實に一錢をも持たず。謁入するや、呂公 大いに驚き、起ちて之を門に迎ふ。……呂公の女は卽ち呂后なり。孝惠帝・魯元公主を生む〔六〕。高祖 嘗て告歸して田に之く〔七〕。呂后 兩子と與に田中に居り、一老父の過《よぎ》りて飲を請ふこと有り、呂后 因りて之を餔す。……高祖 亭長と爲るや、乃ち竹皮を以て冠と爲し、求盜をして薛に之きて治めしめ〔八〕、時時に之を冠し、貴きに及ぶも常に冠す。所謂《いはゆる》「劉氏冠」なり。……(『漢書』巻一上高帝紀上)。

○韋昭『漢書音義』(括弧は出典(一八))

〔一〕媼は、婦人の長老の稱なり(『史記』高祖本紀の『索隱』)。

［二］貰は、賒《おぎの》るなり（『史記』高祖本紀の『集解』）。

［三］秦の都する所にして、武帝 名を更めて渭城とす（『史記』高祖本紀の『索隱』）。

［四］單父は縣名、山陽に屬す（『史記』高祖本紀の『索隱』）。

［五］紿は、詐るなり（『史記』高祖本紀の『索隱』）。

［六］元は、謚なり（『漢書』顔師古注・『史記』高祖本紀の『索隱』）。

［七］告は、歸を請ひ假を乞ふなり。音は「告語」の「告」なり。故に戰國策に、「商君 告歸す」と曰ひ、延篤以爲へらく、「告歸は、今の歸寧なり」と（『史記』高祖本紀の『索隱』）。

［八］竹皮は竹筠なり。今、南夷は竹の幼き時に取り、績《つむ》ぎて以て帳と爲す。（『漢書』顔師古注）

高帝紀はまず劉邦の出身地を述べ、それから母を「媼」と記す。これについて『漢書音義』の［一］は「媼」の説明であり、固有名詞ではなく年配女性を指す一般名詞と解する。續く本文は、劉邦の出生を神祕性で扮飾した感生帝説を記す。感生帝説は韋昭『呉書』の孫堅出生時にも見られる偏向であるが、ここに韋昭の注はない(一九)。そして、［二］と［五］は、本文の讀解をしやすくするための字義の説明である。

［三］は「咸陽」、［四］は「單父」という地名を解説する。注（五）所掲李歩嘉輯佚書に基づけば、韋昭は高帝紀上にて四十五箇所に注釋を附している。その内、［三］［四］を含めて地理・地名に關するものは實に二十四箇所にのぼる。地理解釋は『國語解』でも頻繁に見られたものであり、兩書の共通の特徴と言ってよい(二〇)。こうした地理の把握は、第一節で言及した「軍事に通じる書としての『漢書』」の價値を高めるものと言えよう。

續いて、［六］は、「魯元公主」の「元」字を説明する。韋昭は謚と捉えるが、顔師古は「韋説 之を失せり（韋説失之）」という否定の評價を下している(二一)。［七］には音注が見られ、『戰國策』および同書の注釋者延篤の注を引用して説明する。高帝紀の音注はこれを含めて三箇所、對象を本紀全體に擴げても四箇所のみであり、前述の地理的解釋が頻出するのに對して、音注は極めて少ない傾向にある。（二二）最後に［八］は、「竹皮」という名詞を説明する。合わせて南夷の文化を言及するところに、韋昭の博識を窺うことができる。

この他、いくつか特徴的な注釋を擧げてみたい。韋昭と言えば、今日我々は『國語』の注釋、すなわち『國語解』を以てその名を記憶することであろう。韋昭の『漢書音義』中には『國語解』と同解釋を提示している箇所がある。『漢書』巻四　文帝紀に、（二三）

（二年）春正月丁亥、詔して曰く、「夫れ農は、天下の本なり。其れ藉田を開き、朕 親ら率耕し、以て宗廟に粢盛を給はん。……」と。

とあり、この本文の「藉田」について、顔師古校注本は、（二四）

應劭曰く、「古者、天子は藉田を耕すこと千畝、天下の爲に先んず。藉なる者は、帝王の典藉の常なり」と。韋昭曰く、「藉は借なり。民の力を借りて以て之を治め、以て宗廟に奉じ、且つ以て天下を勸率し、農に務めしむるなり」と。臣瓚曰く、「景帝 詔して曰く、『朕 親ら耕し、后は親ら桑し、天下の爲に先んず』と。本《も》と躬《みづか》親らするを以て義と爲し、假借を以て稱と爲すを得ざるなり。藉は蹈藉を謂ふなり」と。師古曰く、「瓚の説 是なり。國語に曰く、『宣王卽位するも、千畝を藉せず、虢の文公 諫む』と。斯れ則ち藉は假借に非ざること明らかなり」と。

と注釋を附している。諸説紛々としているが、韋昭は「藉」を「借」と解し、藉田には民の力を借りるという意味があると述べる。これとほぼ同解釋を『國語解』にも提示しており、まさに顔師古が引用した箇所（『國語』周語下）について、韋昭は、（二五）

藉は借なり。民の力を借りて以て之を爲む。天子の田籍は千畝、諸侯は百畝なり。厲王の流より、藉田の禮は廢され、宣王卽位するも、復た古に遵はざるなり。

と注釋を附している。「藉」を「借」と解するのは、清朝考證學者である董增齡の『國語正義』が指摘するように、『周禮』天官冢宰 甸師の鄭玄注「藉の言たる借なり（藉之言借也）」を踏まえる[二六]。顏師古は贊同しなかったものの、韋昭は鄭玄注に基づき『國語』と『漢書』の「藉田」に同じ解釋を示したのである。

また、鄭玄注との關わりとして、次の例も擧げることができる。『漢書』卷二十三 刑法志[二七]に、

夏に亂政有りて禹刑を作り、商に亂政有りて湯刑を作り、周に亂政有りて九刑を作る。

とあり、『春秋左氏傳』昭公傳六年と同一の文を引きつつ、古の三代それぞれに、政治が亂れたため「刑」が作られたことを述べる。周代の「九刑」について顏師古校注本[二八]は、

韋昭曰く、「正刑の五、及び流・贖・鞭・扑を謂ふなり」と。

として、自身の見解を示さず、韋昭注のみ引用して說明する。これは『周禮』秋官司寇 司刑の賈公彥疏[二九]に、

鄭（玄） 堯典に注して云ふ、「正刑の五、之に流宥・鞭・扑・贖刑を加ふ。此れ之をば九刑と謂ふ者なり」と。

とあるように、韋昭が『尚書』堯典の鄭玄注の文言を踏まえて『漢書音義』に記したことが分かる[三〇]。

以上のとおり、韋昭注は比率の差こそあれど、概ね音注と義注によって構成される。文義を的確に指摘し、解說する樣は、漢から唐にかけて流行した訓詁學にほぼ忠實であると言えよう。時に『國語解』や鄭玄注と同解釋を示しつつ[三一]、『漢書』に登場する事物・固有名詞・制度・文言等々を丁寧に讀み解いてゆく。換言すれば、思想的なものをほとんど表に出さない注とも言える。まさに『漢書音義』という書名が示すとおりの內容である。孫呉人士韋昭によって、孫呉帝室必讀書たる『漢書』に附された注釋は、かかる特徵を有するものであった。

三、『漢書』の師法と孫呉の治世

前引の『三國志』孫登傳によれば、張昭が子の張休に『漢書』の「師法」を授け、それを以て孫登に教えたという。これはあたかも『春秋』三傳や『詩』の三家の如く、學派のようなものを形成して『漢書』が讀み繼がれてきたことを窺わせる。韋昭の『漢書音義』には張氏の『漢書』解釋が含まれていたであろうことを、主に人的關係より推測し得る。

張昭は古參の孫呉人士の一人であり、臨終の孫策が、内政については張昭に問えと遺言したほど高い能力を認められ、士大夫層の頂點に君臨していた。ある時、張昭は張溫という人物を認め、自ら手を取ってその將來を囑望したことがあった（『三國志』卷五十七 張溫傳）。ここに張昭—張溫という關係を見ることができる。そして、『三國志』卷四十七 呉主傳注引『志林』[三二]に、

> 呉の創基、(孫)邵 首相と爲るも、史に其の傳無く、竊かに常に之を怪しむ。嘗て劉聲叔に問ふ。聲叔は、博物の君子なり。云はく、「其の名位を推さば、自ら應に傳を立つべし。項竣・丁孚の時 已に注記有るも、『此れ張惠恕と能からず』と云へり。後に韋氏 史を作るや、蓋し惠恕の黨なるが故に、書せられず」と。

とあるように、韋昭は張惠恕、すなわち張溫の派閥に屬していた。ここに張溫—韋昭という關係を理解できる。

張休より『漢書』の教えを受けた孫登は赤烏四（二四一）年に夭逝し、翌年、弟の孫和が立太子された。孫權がこの新太子に『漢書』を奬めていたであろうことは想像に難くない。孫登がそうであったように、次期君主のための帝王學の一環として、「近代の事を習知せしめんとして」いたと見てよい。孫和の立太子時、韋昭は太子中庶子として

そのブレインを務めていた（『三國志』巻五十九 孫和傳・巻六十五 韋曜傳）[三三]。立太子後に程なくして起こる弟孫霸との後繼者爭い、すなわち二宮事件において、張休は太子派の立場にあった[三四]。これらから分かるとおり、韋昭は常に張昭父子と遠からぬ關係にあったのである。

今日、張氏の『漢書』解釋の具體的内容を知る術はない。しかし、孫登に講義した際、『三國志』巻五十二 張昭傳附張休傳注引『呉書』によれば、「（張）休の進授するや、文義を指摘し、事物を分別し、並びに章條有り（休進授、指摘文義、分別事物、並有章條）」というものであった。文章の意味を的確に指摘し、事物の區別をきちんとつけて筋道が通っていたとされ、これは『漢書』に登場する文言や事物を丹念に解釋するという、第二節で示した韋昭注の特徴と合致する。また、こうした張休の特徴が、韋昭を中心に編纂された『呉書』にのみ記されているという點は、韋昭が張氏の解釋を目にし、あるいは學んでいたことを傍證するものではなかろうか[三五]。

韋昭の『漢書音義』は書名に違わず音注や義注が多く、漢から唐にかけて隆盛した訓詁の好例ともいうべきものであった。おそらく、このような注釋であったからこそ、「尤も詁訓に精《くは》し」と『舊唐書』の列傳に記録された顔師古の目に適ったのであろう[三六]。さらには、顔師古が説を引用した孫呉の『漢書』注釋者が韋昭ただ一人であったことも、『漢書音義』の價値の高さを示すものと言える。

しかし、韋昭の『漢書音義』がすべて訓詁で構成されているわけではない。特に思想的なものを込めたと見られる注釋が文帝紀に窺える。

前漢の文帝十五（前一六六）年に黃龍が出現したという。『漢書』巻四 文帝紀は、「十五年春、黃龍 成紀に見《あら》はる（十五年春、黃龍見於成紀）」と綴る。顔師古は、「成紀は、隴西縣なり（成紀、隴西縣）」という地名の解釋を提示するに過ぎない。これについて、『史記』孝文本紀の『正義』は韋昭の注を載せる。それによると[三七]、聽を聽き正を知れば、則ち黄龍見はる。文帝 孝弟・力田を尊び、又た祕祝・肉刑を除くが故に、黄龍 之が爲に見はる。

とある。文帝が孝悌に努める者や農業に勵む者を尊び、また祕祝という祭祀の官と肉刑を廢止したことが黄龍出現の理由と解釋する。（三八）これは孫吳にとって無關係なものではない。なぜなら、黄龍は孫權が帝位に即くきっかけとなった瑞祥だからである。

黄武八（二二九）年、黄龍出現の報告を機に孫權は帝位に即き、「黄龍」と改元した（『三國志』卷四十七 吳主傳）。したがって孫吳にとっては特別な意味を持つ瑞祥であり、韋昭が孫休期（二五八～二六四年在位）に鼓吹曲を完成させた際にも、黄龍を筆頭に多くの瑞祥を詞中に込めている（本書第二篇第二章）。（三九）『漢書』によると前漢における黄龍の出現は、文帝期に一回、宣帝期に二回、成帝期に一回を數えるが、韋昭は文帝期の初回にのみ理由を記している。ただし『漢書音義』は佚書なので、他の出現時にも理由を述べていた可能性は完全には否定できないが、いずれにせよ、訓詁を中心とする韋昭の『漢書音義』にあって、思想的な注釋を記している點は特異と言ってよい。韋昭は說く。黄龍はこのような政治を行うことで出現するのだということを。（四〇）その黄龍こそ、孫吳の帝位の正統性を支えるものであった。韋昭にとって、文帝は理想の君主像であったのかも知れない。

だが、孫吳の君主は寛容から遠かった。孫權は晩年には二宮事件を引き起こし、結果として我が子を死に追いやった上、それに與した多くの臣下へ誅罰を加えた。（四一）また、兄孫策の子孫紹に對しては侯爵の地位しか與えなかった。陳壽は『三國志』卷四十六 孫破虜討逆傳の評で、孫權の兄に對する敬意の不充分さと孫策の子への冷遇ぶりを批判し、（四二）卷四十七 吳主傳の評では、猜疑心が強く殺戮を繰り返し、晩年になってそれが特に酷かったことを批判している。（四三）孫權の生前を省みると、陳壽のこうした評價も至極當然であり、親族への薄情と嚴罰の適用は、黄龍の出現を促した文帝の治世と對稱的である。

また前掲したように、班固を超えるような歴史記録を殘すよう華覈に命じていた孫晧は、在位後半期になると多くの孫呉人士の彈壓を行った。(四四) 韋昭と華覈もまた彈壓の對象者となってしまったのはまさに皮肉であり、亡國の君主であることを差し引いても、陳壽の孫晧評は極めて辛辣なものとなっている。(四五)

『漢書音義』に見られた黄龍出現の解釋は、寬容で德のある政治を行った前漢の文帝を引き合いに出した韋昭の諷喩あるいは訓戒と見ることができよう。だが、當事者たちはそれを活かし切れなかった。注（六）所揭吉川論文は、『漢書』が帝王學の書として實際の政治に役立たせるべく讀まれたと述べる。韋昭の『漢書音義』はその注釋として、内容をより理解しやすくするためのものであった。しかし、それを讀んでいたはずの孫呉君主の治世は、高い評價を受けるものではなかったのである。(四六)

おわりに

成書以降、つとに讀まれるようになった『漢書』は、三國時代でもまた多くの知識人に讀まれるに至った。就中、孫呉では孫權が呂蒙や蔣欽ら臣下へも奬勵していただけでなく、孫登・孫晧といった歴代君主・太子たちも學ぶなど、帝室の必讀書たる地位を占めていた。かかる受容を示す孫呉にて、韋昭の『漢書音義』は作られたのである。訓詁を中心に構成され、時に『國語解』や鄭玄注に見られた解釋を參考にしつつ、丹念に『漢書』を讀み解く注であった。そこには、孫登に『漢書』を講授した張休の『漢書』の師法と同じ特徵を窺うことができる。誤解を恐れずに言えば、『漢書音義』は孫呉の『漢書』解釋の集大成と見ることもできよう。

孫呉は黃龍という瑞祥に帝位の根據を持つ。韋昭にとって黃龍の出現を促した前漢文帝の施策は極めて重視すべきものであり、「音義」と銘打つ書としては特異な注釋を文帝紀に附したのである。歷代君主の中では孫休のみが文帝の施策に倣うも、その孫休を含めた孫呉の治世は、のちに陳壽の嚴しい批判を受けることとなった。

《注》

（一）『國語』の注釋者は韋昭の他、鄭衆・賈逵・服虔・虞翻・唐固・孫炎・王肅・孔晁がいる。『漢書』注釋者の現れた時期や人數に比べれば、後漢～三國に集中し、人數も少ないものの、充分に顯學であったと言えよう。『國語解』については、本書第一篇第一章を參照。一般に「韋昭注」と言えば『國語解』を指すが、本章ではすべて『漢書音義』を指す。また、表題や文中に登場する「漢書學」とは、注（六）所掲吉川論文が例に擧げる、『漢書』の「宗匠」と呼ばれた隋の蕭該・包愷や唐の劉納言のような、他者に教え得るほど『漢書』について一家言を持つ者およびその學識、またその『漢書』解釋を學ぶこと・學ぶ者の總稱として用いる。

（二）鄭氏は、顏師古の『漢書敍例』によると、「鄭氏は、晉灼の音義の序に其の名を知らずと云ふも、而れども臣瓚の集解は輒ち鄭德と云ふ。既に據る所無し。今、晉灼に依りて但だ鄭氏と稱する耳（鄭氏、晉灼音義序云不知其名、而臣瓚集解輒云鄭德。既無所據。今依晉灼但稱鄭氏耳）」と述べており、鄭德という名であったと推測される。

（三）本章では『史記』の三家注をそれぞれ、『集解』『正義』『索隱』と表記する。なお、『史記』三家注に關する論考には、青木五郎「司馬貞の史學――『史記索隱』の史學史上の位置について――」（『加賀博士退官記念中國文史哲學論集』、講談社、一九七九年）、吉川忠夫「裴駰の『史記集解』」（『加賀博士退官記念中國文史哲學論集』、講談社、一九七九年）、洲脇武志「裴駰『史記集解』所引「漢書音義」考――司馬相如列傳を中心に」（『大東文化大學中國學論集』第二十五號、二〇〇七年十二月）などがある。

(四) 渡邉義浩「『後漢書』李賢注に引く『前書音義』について」(『人文科學』第九號、二〇〇四年三月) および洲脇武志「『文選』李善注所引「漢書音義」考」(『六朝學術學會報』第八集、二〇〇七年三月) を參照。渡邉論文によれば、『後漢書』の注で韋昭の『漢書音義』を引用する場合は韋昭の名を擧げ、他の一般的な「漢書音義（前書音義）」と明確に區別していると述べる。この他、韋昭に限定されたものではないが、「漢書音義」については、遠藤由里子「顏師古注『漢書』に採り入れられた『漢書音義』」(『慶谷壽信教授記念中國語學論集』、好文出版、二〇〇二年) や洲脇武志「『後漢書』李賢注所引「漢書音義」考」(『大東文化大學漢學會誌』第四十五號、二〇〇六年三月) などの論考がある。

(五) 李步嘉『韋昭《漢書音義》輯佚』(武漢大學出版社、一九九〇年)。『漢書』の冒頭から末尾までの韋昭注を輯佚し、合わせて「謹案」という形で所々に見解を述べている。本文中で言及している特定の注釋數もこれに依拠する。

(六) 吉川忠夫「顏師古の『漢書』注」(『東方學報』第五一號、一九七九年三月／『六朝精神史硏究』、同朋舍出版、一九八四年に所收)。

(七) (孫) 權曰、孤豈欲卿治經爲博士邪。但當令涉獵見往事耳。卿言多務孰若孤。孤少時歷詩・書・禮記・左傳・國語・惟不讀易。至統事以來、省三史・諸家兵書、自以爲大有所益。如卿二人、意性朗悟、學必得之、寧當不爲乎。宜急讀孫子・六韜・左傳・國語及三史。孔子言、終日不食、終夜不寢、以思無益、不如學也。光武當兵馬之務、手不釋卷。孟德亦自謂老而好學。卿何獨不自勉勖邪 (『三國志』卷五十四 呂蒙傳注引『江表傳』)。

(八) 孫登字子高、權長子也。魏黃初二年、以權爲吳王、拜登東中郎將、封萬戶侯、登辭疾不受。是歲、立登爲太子、選置師傅、銓簡秀士、以爲賓友。於是諸葛恪・張休・顧譚・陳表等以選入、侍講詩書、出從騎射。權欲登讀漢書、習知近代之事、以張昭有師法、重煩勞之、乃令休從昭受讀、還以授登 (『三國志』卷五十九 孫登傳)。

(九) 注 (六) 所揭吉川論文を參照。

(一〇) 後遷東觀令、領右國史。(華) 覈上疏辭讓、(孫) 晧答曰、得表。以東觀儒林之府、當講校文藝、處定疑難。漢時皆名學碩儒乃任其職、乞更選英賢。聞之、以卿研精墳典、博覽多聞、可謂悅禮樂敦詩書者也。當飛翰騁藻、光贊時事、以越楊（雄）・班（固）・張（衡）・蔡（邕）之疇。怪乃謙光、厚自菲薄。宜勉脩所職、以邁先賢、勿復紛紛（『三國志』卷六十五　華覈傳）。

（二）張衡・蔡邕は『東觀漢紀』の編纂に關與し、楊雄は『後漢書』卷四十上　班彪傳に、「武帝の時、司馬遷　史記を著し、太初自り以後、闕きて錄せず。後に事を好む者は頗る時事を綴集すること或るも、然れども鄙俗多く、以て其の書を踵繼するに足らず（武帝時、司馬遷著史記、自太初以後、闕而不錄。後好事者頗或綴集時事、然多鄙俗、不足以踵繼其書）」とあり、同李賢注に、「事を好む者とは、楊雄・劉歆・陽城衡・褚少孫・史孝山の徒を謂ふなり（好事者、謂楊雄・劉歆・陽城衡・褚少孫・史孝山之徒也）」とあるように、司馬遷以降、歷史記錄を集めていた好事家の一人とされる。

（三）この他、『三國志』卷六十五　韋曜傳には華覈の上奏文があり、「班固の『漢書』は文辭が典雅で、劉珍・劉毅らの作った『東觀漢記』は班固に遠く及ばない」と述べている。なお、『三國志』では司馬昭の諱を避けて「韋昭」を「韋曜」に作る。本稿でも書名や篇名、また原文等で「韋曜」に作っているものは「韋曜」と記し、それ以外は「韋昭」と記す。

（三）孫亮は不明だが、孫休は古典文獻に詳しく、五經博士を設置した上、農業・養蚕の奬勵、法令の輕減、刑罰の不用等々の施策を行うことで、前漢文帝の如き太平の世の現出をめざしていた。また、韋昭や盛沖とともに書物の内容について講論したいとも考えていたという（『三國志』卷四十八　孫休傳）。結局、講論は張布の反對を受けて頓挫するが、これらを勘案すると、『漢書』および『漢書音義』を讀んでいた可能性は充分に考え得る。

（四）韋昭の「博弈論」は、孫呉人士の目標・理想として主に儒教的價値觀により評價される人物を擧げる。儒教は當時孫呉で起こった二宮事件における太子孫和の地位の正統性を謳う意味があった。韋昭は兩漢以外の人物も擧げているが、漢の人物を手近な鑑として捉えていたと言える。詳しくは、本書第二篇第一章を參照。また、渡邉義浩「司馬彪の修史」（『大東文化大學漢學會誌』第四十五號、二〇〇六年三月／『西晉「儒教国家」と貴族制』、汲古書院、二〇一〇年に所收）によれば、漢を鑑とする考え方は、西晉の司馬彪の『續漢書』にも見られ、司馬彪は西晉が「儒教國家」再編を目指すために後漢を鑑とし、かかる態度で歷史書を著すことが、のち東晉の『漢晉春秋』や『後漢紀』に繫がる先驅例と理解する。

（一五）樊善標「韋昭《國語解》成書年代初探」（『大陸雜誌』第九十二卷第四期、一九九六年四月）、樊善標「韋昭《國語解》成書年代再探」（『大陸雜誌』第九十三卷第四期、一九九七年十月）を參照。

（一六）『三國志』卷五十三 薛綜傳附薛瑩傳に、「大皇帝末年、命太史令丁孚・郎中項峻始撰吳書。孚・峻倶非史才、其所撰作、不足紀錄。至少帝時、更差韋曜・周昭・薛瑩・梁廣及臣（華覈）五人、訪求往事、所共撰立、備有本末」とあるように、史才のない丁孚・項峻に代わって韋昭たちが『吳書』撰定を任じられている。

（一七）高祖、沛豐邑中陽里人也。姓劉氏。母媼［一］、嘗息大澤之陂、夢與神遇。是時、雷電晦冥、父太公往視、則見交龍於上。已而有娠、遂產高祖。……及壯、試吏、爲泗上亭長、廷中吏無所不狎侮。好酒及色、常從王媼・武負貰酒［二］。……高祖常繇咸陽［三］、縱觀秦皇帝、喟然大息曰、「嗟乎、大丈夫當如此矣」。單父人呂公［四］、善沛令、辟仇、從之客、因家焉。……高祖爲亭長、素易諸吏、乃紿爲謁曰［五］、「賀錢萬」、實不持一錢。謁入、呂公大驚、起迎之門。……卒與高祖。呂公女卽呂后也。生孝惠帝、魯元公主［六］。高祖嘗告歸之田［七］。呂后與兩子居田中、有一老父過請飲、呂后因餔之。……高祖爲亭長、乃以竹皮爲冠、令求盜之薛治［八］、時時冠之、及貴常冠、所謂「劉氏冠」也。……。

（一八）韋昭注の原文は以下のとおりである。

［一］媼、婦人長老之稱（『史記』高祖本紀の『索隱』）。

［二］貰、賒也（『史記』高祖本紀の『集解』）。

［三］秦所都、武帝更名渭城（『史記』高祖本紀の『索隱』）。

［四］單父、縣名、屬山陽（『史記』高祖本紀の『索隱』）。

［五］紿、詐也（『史記』高祖本紀の『索隱』）。

［六］元、謚也（『漢書』顏師古注・『史記』高祖本紀の『集解』）。

［七］告、請歸乞假也。音「告語」之「告」。故戰國策曰、商君告歸、延篤以爲、告歸、今之歸寧也（『史記』高祖本紀の『索隱』）。

［八］竹皮、竹筠也。今南夷取竹幼時、績以爲帳（『漢書』顏師古注）。

（一九）『三國志』巻四十六　孫破虜傳注引『吳書』は、孫堅懷妊時の樣子を神祕的に扮飾している。これは孫吳の正統性を感生帝說に求めた韋昭による偏向である。詳しくは、本書第二篇第三章を參照。現存の『漢書音義』は、劉邦の感生帝說に何ら言及していない。この事例もまた、思想的な注釋をほとんど附けない韋昭の姿勢として特徴づけることができよう。

（二〇）韋昭『國語解』に、地名・人名・年代など固有名詞の解釋が多いことは、池田秀三「『國語』韋昭注への覺え書」（『中國の禮制と禮學』、朋友出版、二〇〇一年）および本書第一篇第一章を參照。

（二一）顏師古は韋昭の說を引用した上で、「師古曰く、公主は、惠帝の姊なり。其の最長たるを以ての故に、號して元と曰ふ。呂后 高帝に謂ひて曰く、張王は魯の元たるを以ての故に宜しく謀有るべからず、と。齊の悼惠王は魯元公主を尊びて太后と爲し、當時並びに已に之を元と謂へば、謚と爲すを得ざるなり。韋說 之を失せり、と（師古曰、公主、惠帝之姊也。以其最長、故號曰元。呂后謂高帝曰、張王以魯元故不宜有謀。齊悼惠王尊魯元公主爲太后、當時並已謂之元、不得爲謚也。韋說失之）」と注を附している。

（二二）本紀における『漢書音義』の音注は、高帝紀上に三例、高后紀に一例見える。かかる音注の少なさは、後人の注釋家が引用しなかった可能性もあるが、本紀全體の地理的解釋が三十七例あることを勘案すると、これらは韋昭注の傾向として捉えてもよかろう。

（二三）（三年）春正月丁亥、詔曰、「夫農、天下之本也。其開藉田、朕親率耕、以給宗廟粢盛。……」（『漢書』巻四　文帝紀）。

（二四）應劭曰、「古者、天子耕藉田千畝、爲天下先。藉者、帝王典藉之常也」。韋昭曰、「藉、借也。借民力以治之、以奉宗廟、且以勸率天下、使務農也」。臣瓚曰、「景帝詔曰、『朕親耕、后親桑、爲天下先』、本以躬親爲義、不得以假借爲稱也。藉謂蹈藉也」。師古曰、「瓚說是也。國語曰、『宣王卽位、不藉千畝、虢文公諫』。斯則藉非假借明矣」。

（二五）藉、借也。借民力以爲之。天子田籍千畝、諸侯百畝。自厲王之流、藉田禮廢、宣王卽位、不復遵古也（『國語』周語上の韋昭注）。なお、テキストによっては「藉」を「籍」に作るものもある。

（二六）『周禮』天官冢宰　甸師に、「甸師。其の屬を帥ゐて王藉を耕耨し、時を以て之を入れ、以て齍盛を共するを掌る（甸師。掌帥其屬而耕耨王藉、以時入之以共齍盛）」とあり、その鄭玄注に、「其の屬とは府史・胥徒なり。耨は芸芓なり。王は孟春を以て躬ら帝藉を耕す。天子は三推し、三公は五推し、卿・諸侯は九推し、庶人は千畝を終ふ。庶人は徒三百人を謂ふ。藉の言たる借なり。王一たび之を耕して庶人をして芸芓して之を終えしむ。齍盛は祭祀に用ふる所の穀なり。粢は稷なり（其屬、府史・胥徒也。耨芸芓也。王以孟春躬耕帝藉。天子三推、三公五推、卿・諸侯九推、庶人終於千畝。庶人謂徒三百人。藉之言借也。王一耕之而使庶人芸芓終之。齍盛、祭祀所用穀也。粢稷也）」とある。もともと孫吳には政權初期より鄭學が流布しており、韋昭『國語解』はその影響を強く受けている。本書第一篇第一章を參照。

（二七）夏有亂政而作禹刑、商有亂政而作湯刑、周有亂政而作九刑（『漢書』卷二十三　刑法志）。

（二八）韋昭曰、「謂正刑五、及流・贖・鞭・扑也」（『漢書』卷二十三　刑法志注引『漢書音義』）。

（二九）鄭注堯典云、「正刑五、加之流宥・鞭・扑・贖刑。此之謂九刑者」（『周禮』秋官司寇　司刑の賈公彥疏）。

（三〇）韋昭は確かに鄭學の影響を多く受けているが、『國語解』と同樣、すべて鄭玄と同解釋を示したわけではない。例えば、『漢書』食貨志に見える「五穀」について、『文選』卷一　班固「西都賦」李善注に、「漢書音義に韋昭曰く、黍・稷・菽・麥・稻なり（漢書音義、韋昭曰、黍・稷・菽・麥・稻也）」とあるが、『周禮』天官冢宰　疾醫の鄭玄注は、「五穀は、麻・黍・稷・麥・豆なり（五穀、麻・黍・稷・麥・豆也）」とあり、異なっている。この韋昭注は、「五穀は稻・黍・稷・麥・菽を謂ふなり（五穀謂稻・黍・稷・麥・菽也）」という『孟子』滕文公上篇の趙岐注と、語順こそ違えど同解釋である。

（三一）『國語解』と『漢書音義』とで同一注を示す例として、『漢書』卷二十七上　五行志上に、「劉歆　以爲へらく、是より先、嚴宗廟を飾り、桷を刻み楹を丹《あか》くし、以て夫人に夸《ほこ》るは、宗廟を簡《おこた》るの罰なり（劉歆以爲、先是嚴飾宗廟、刻桷丹楹、以夸夫人、簡宗廟之罰也）」とある。これは『春秋』莊公二十四年に基づく大水災害の說話で、柱に彫刻を施し丹塗りにする話は『國語』魯語上にも見え、韋昭はともに「楹、柱也」という注を記す。『國語解』と『漢書音義』はともに成書年代は不明なため、本文の「藉田」の例も含め、どちらがどちらを參考にしたとは明言できないが、いずれにせよ、同解釋を提示していることは確かである。ちなみに、これは災異說話であるが、韋昭は思想的なことをまったく述べていない。

(三二) 吳之創基、邵爲首相、史無其傳、竊常怪之。嘗問劉聲叔。聲叔、博物君子也。云、「推其名位、自應立傳。項竣・丁孚時已有注記、此云與張惠恕不能。後韋氏作史、蓋惠恕之黨、故不見書（『三國志』巻四十七　吳主傳注引『志林』）。

(三三) 韋昭が太子中庶子時代に孫和の意を受けて作成したのが、『文選』にも收錄される「博弈論」である。孫和と「博弈論」の內容については、本書第二篇第一章を參照。

(三四) 太子派であった張休は、魯王孫霸派の孫弘の讒言を受けて自殺を命ぜられている（『三國志』巻五十二　張昭傳附張休傳）。

(三五) 韋昭が『吳書』撰定を任ぜられたことについては、注（二六）を參照。張休の『漢書』解釋の特徵を、わずかな文言とはいえ記しているのは韋昭の『吳書』だけであり、『三國志』本文や他の裴松之注には見えない。

(三六) 『舊唐書』巻七十三　顏師古傳に、「師古　少くして家業を傳へ、衆書を博覽し、尤も詁訓に精しく、善く文を屬《つづ》る（師古少傳家業、博覽衆書、尤精詁訓、善屬文）」とある。

(三七) 『史記』孝文本紀の『正義』所引『漢書音義』に、「聽聰知正、則黃龍見。文帝尊孝弟力田、又除祕祝・肉刑、故黃龍爲之見」とある。なお、この文は中華書局本『史記』の孝文本紀には見えず、瀧川龜太郎『史記會注考證』の孝文本紀などに引用されており、また張衍田『史記正義佚文輯校』（北京大學出版社、一九八五年）にも輯佚されている。

(三八) 『漢書』巻四　文帝紀によれば、孝悌・力田の重視は文帝十二（前一六九）年、祕祝の官と肉刑の廢止は文帝十三（前一六八）年に行われている。

(三九) そもそも瑞祥は、漢魏禪讓に基づく曹魏や、漢室と同姓たる蜀漢という、瑞祥以外の存立の根據を持ち得た他國と異なり、孫吳の正統性を支える唯一のものであった。詳しくは、小林春樹「三國時代の正統理論について」（『東洋研究』第一三九號、二〇〇一年一月）および本書第二篇第二章を參照。

(四〇) 渡邉義浩「「德治」から「寬治」へ」（『中國史における教と國家』、雄山閣出版、一九九四年／『後漢國家の支配と儒教』、雄山閣出版、一九九五年に所收）は、前漢の儒教的支配を「德治」とし、『尚書』堯典の「五教在寬」に基づく後漢の政治を

「寛治」と規定する。

（四一）二宮事件時に孫權は多くの人士を處罰した。處罰を受けた者は、張休・陸遜・朱據・吾粲・張純・孫奇・吳安・全寄・楊竺など多數に昇る。詳しくは、本書第二篇第一章を參照。また、孫權は「先公後私」の原則に基づき、職務を放棄して親の死に驅けつけることを禁じた。のちに孟宗という人物が職を放棄して親の死を優先し、葬儀の後で自ら名乘り出て罪を請うたことがあった。陸遜は平素の孝子ぶりを述べて寛恕を請うたところ、孫權は死罪にこそしなかったものの、この件を先例とした刑罰の輕減を許さなかった（『三國志』卷四十七　吳主傳）。このように、刑罰を濫發したり、「孝」であった人物を輕んずる孫權の治世は、前漢文帝のそれと乖離していると言える。

（四二）『三國志』卷四十六　孫破虜討逆傳の評に、「(孫) 策は英氣の傑濟にして、猛鋭なること世に冠し、奇を覽て異を取り、志は中夏を陵ぐ。……且つ江東を割據するは、策の基兆なり。而れども權の尊崇 未だ至らず、子をば侯爵に止むるは、義に於て儉なり（「策英氣傑濟、猛鋭冠世、覽奇取異、志陵中夏。……且割據江東、策之基兆也。而權尊崇未至、子止侯爵、於義儉矣」）」とある。吳侯に封ぜられ、のちに上虞侯へ改封された孫策の子孫紹であるが、陳壽は侯爵の地位しか與えなかった孫權を批判している。ちなみに、孫紹の子孫奉は、父孫紹の爵位を嗣いだものの、孫晧の代になって孫奉が帝位に即くという妖言が流れ、誅殺されている（『三國志』卷四十六　孫討逆傳）。このように孫策の子孫への冷遇は、孫權だけでなく孫晧の代でも行われた。

（四三）『三國志』卷四十七　吳主傳の評に、「然れども性は嫌忌多く、殺戮を果たし、末年に曁《およ》び臻りては、彌〻以て滋甚たり。讒說もて行ひを殄《た》ち、胤嗣 廢斃するに至りては、豈に所謂、厥の孫謀を貽《のこ》して以て翼子を燕《やすん》ずる者ならん哉。其の後葉 陵遲し、遂に國を覆すに致るは、未だ必ずしも此れに由らずんばあらざるなり（然性多嫌忌、果於殺戮、曁臻末年、彌以滋甚。至于讒說殄行、胤嗣廢斃、豈所謂、貽厥孫謀以燕翼子者哉。其後葉陵遲、遂致覆國、未必不由此也）」とある。

（四四）孫晧は即位後しばらくは前評判に違わぬ名君であったが、のちに暴君へと變貌した。これについて、渡邉義浩「孫吳政權の展開」（『大東文化大學漢學會誌』第三十九號、二〇〇〇年三月／「君主權の強化と孫吳政權の展開」と改題して『三國政權の構造と「名士」』、汲古書院、二〇〇四年に所收）は、君主權力ですら掣肘できない「名士」層の勢力を前にして自暴自棄になった結果と理解する。

(四五)『三國志』卷四十八 孫皓傳の評に、「況んや（孫）皓は凶頑にして、肆に殘暴を行ひ、忠諫する者は誅し、讒諛する者は進め、其の民を虐用し、淫を窮め侈を極む。宜しく腰首を分離して、以て百姓に謝せしむべし（況皓凶頑、肆行殘暴、忠諫者誅、讒諛者進、虐用其民、窮淫極侈。宜腰首分離、以謝百姓）」とある。

(四六) 苛政を行った孫權や孫皓に對し、景帝孫休は注（三三）で述べたような施策を行った。黃龍出現を促した文帝のそれと合致するものであったが、親しい臣ばかり重用して良才を抜擢できず、志操を持ち好學でありながら、それを國難の對處に役立たせられなかったとして、陳壽は孫休を批判している（『三國志』卷四十八 孫休傳）。

※本章の執筆に當たっては、洲脇武志先生より多くの助言を得た。ここに識して謝意を示す次第である。

第四章　韋昭と神祕性

—鄭學との關わりを中心として—

はじめに

前漢の儒者董仲舒は、天と人とを結び付け、人間の行いに天が感應して災害や瑞祥を下すものと捉えた。いわゆる天人相關說である。こうした思想はやがて圖讖や緯書という豫言の文書の登場を促し、漢の正統性を補強するための手段として廣まるに至った。災異・瑞祥・讖緯といった神祕性は漢代思想の特徴の一つと言える。(一)

かかる神祕性に對しては、桓譚や王充などの批判者を生む一方で、何休のような肯定者も生んだ。(二)後漢後期に現れた鄭玄という希代の學者によって體系的にまとめられた經學および祭天思想は、宗教的神祕性を帯び、滅びゆく漢への手向けとなり、後世へと傳えられていくのである。

本章は、かかる神祕性の時代をまだ色濃く引きずる三國時代に生きた韋昭の、神祕的思想に對する在り方を論ずるものである。それに當たっては、韋昭の著述における解釋を中心に、鄭玄の學說と絡めながら検討していく。漢魏交替期という、中國史中の一大轉換期を生きた知識人の思想を探る上での一助とするものである。

一、『國語』の神秘的記事と韋昭注

韋昭が重視した『國語』という文獻は、かねてより内容の未整理・荒唐無稽ぶりが指摘される。大野峻《一九七四》は、『國語』は生のままの資料を記し、『左傳』は教養によって純化された文章である」と述べる。(三)「生のまま」とは巧い表現であり、多くの迷信や神秘的記事が收錄されていることは周知に屬する事柄であろう。韋昭より約五百年後に生きた中唐の文人柳宗元は、『國語』の說話中から六十七條を拔き出し、その非合理性を批判した。『非國語』と名付けられたその著作の序文には、(四)

> 左氏の國語は、其の文 深閎傑異、固より世の耽嗜する所にして已まざるなり。而れども其の說は誣淫多く、聖に槩さず。餘 世の學者の、其の文采に溺れて是非に淪み、是に中庸に由りて、以て堯舜の道に入るを得ざるを懼れ、諸を理に本づけて非國語を作る。

とある。「其の說は誣淫」ばかりで、柳宗元の觀點からすれば納得のいかぬものだらけであった。これを換言すれば、『國語』は神秘性の寶庫と言える。かかる特徵――『論語』の文言を借りるならば「怪力亂神」――を有する『國語』に對し、韋昭はいかに向き合ったのであろうか。本節では具體的に『國語』の神秘的記事とその韋昭注を見ていく。しかし、當然ながらすべては擧げられないため、神秘性が豐富にある說話を例として提示したい。ここに擧げるのは周語上10の說話である。(五)これには地震があり、陰陽の氣があり、王朝滅亡の豫言がありと、天人合一論を探る好例である。

> 幽王二年、西周の三川皆な震ふ［一］。伯陽父曰く、「周 將に亡びんとす［二］。夫れ天地の氣は、其の序を失はず［三］。若し其の序を過《うしな》ふは、民 之を亂すなり［四］。陽伏して出づる能はず、陰迫りて烝《のぼ》る能はず［五］、是

に於て地の震ふ有り［六］。今、三川實に震へるは、是れ陽其の所を失ひて陰に鎭《とざ》さるなり［七］。陽失ひて陰に在れば［八］、川源必ず塞がらん［九］。源塞がれば、國必ず亡びん［一〇］。夫れ水土演《うるほ》えば而ち民は用ふるなり［一一］。水土演ふ所無ければ、民は財用に乏し。亡びずして何をか待たん［一二］。昔、伊・洛竭きて夏亡び［一三］、河竭きて商亡ぶ［一四］。今、周徳は二代の季の若く［一五］、其の川源又た塞がれ、塞がるれば必ず竭きん。夫れ國は必ず山川に依り［一六］、山崩れ川竭くるは、亡の徵なり。川竭きれば、山必ず崩る［一七］。若し國亡ぶに十年を過ぎざるは、數の紀なり［一八］。夫れ天の棄つる所、其の紀を過ぎず」と。是の歲、三川竭き、岐山崩る。十一年、幽王乃ち滅び、周乃ち東遷す［一九］。（『國語』周語上10）

［一］西周は、鎬京を謂ふなり。幽王焉に在り。邠・岐の近き所なり。三川は、涇・渭・洛、岐山より出づるなり。震は、動くなり。地震へるが故に、三川も亦た動くなり。川竭くなり（西周、謂鎬京也。幽王在焉。邠・岐之所近也。三川、涇・渭・洛、出於岐山也。震、動也。地震、故三川亦動也。川竭也）。

［二］伯陽父は、周の大夫なり（伯陽父、周大夫也）。

［三］序は、次ぐなり（序、次也）。

［四］過は、失ふなり。民と言ふ者は、敢て王を斥けざるなり（過、失也。言民者、不敢斥王也）。

［五］烝は、升《のぼ》るなり。陽氣下に在り、陰氣之に迫り、升すこと能はざらしむるなり（烝、升也。陽氣在下、陰氣迫之、使不能升也）。

［六］陰陽相ひ迫り、氣下に動くが故に、地震へるなり（陰陽相迫、氣動於下、故地震也）。

［七］鎭は、陰の鎭笮する所と爲るなり。笮は、莊百の反（鎭、爲陰所鎭笮也。笮、莊百反）。

［八］陰に在るとは、陰の下に在るなり（在陰、在陰下也）。

［九］地動けば則ち泉源塞がる（地動則泉源塞）。

［一〇］國は山川に依り、今、源 塞がるが故に、國 將に亡びんとするなり（國依山川、今源塞、故國將亡也）。

［一一］水土の氣 通じて演と爲る。演は猶ほ潤のごとし。演は則ち物を生じて、民は之を用ふるを得（水土氣通爲演、演猶潤也。演則生物、民得用之）。

［一二］水氣 潤はず、土枯れて養せざるが故に、財用に乏し（水氣不潤、土枯不養、故乏財用）。

［一三］竭は、盡くなり。伊は熊耳より出づ。洛は冢嶺より出づ。禹は陽城に都し、伊・洛の近き所なり（竭、盡也。伊出熊耳、洛出冢嶺。禹都陽城、伊、洛所近）。

［一四］商人は衞に都し、河水の經る所なり（商人都衞、河水所經）。

［一五］二代の季とは、桀・紂を謂ふなり（二代之季、謂桀・紂也）。

［一六］其の精氣に依りて澤を利するなり（依其精氣利澤也）。

［一七］水泉潤はず、枯朽して崩る（水泉不潤、枯朽而崩）。

［一八］數は一に起き、十に終り、十なれば則ち更む。故に紀と曰ふなり（數起於一、終於十、十則更。故曰紀也）。

［一九］東遷とは、平王 洛邑に遷すを謂ふなり（東遷、謂平王遷於洛邑也）。


周の幽王の時代に涇水・渭水・洛水で地震が起きた。周の大夫伯陽父は、陰氣が壓迫し、陽氣が昇れずに籠もってしまったことで地震が發生したと說く。陽氣が陰氣の下にあると川の水が枯渇し、それによって國が滅びるというのである。往古の夏・殷も滅亡前に水が枯れたことを例に出し、伯陽父は周の滅亡を豫言した。果たして地震から九年後、西周は滅びて遷都を餘儀なくされ、東周が始まったのである。

地震という災異に王朝滅亡の徵候を見て豫言するこの說話は、神祕性の寶庫とも言え、韋昭は引用部分の十九箇所に注釋を附す。訓詁と固有名詞解釋の多さは一見して分かるとおりであり、注目すべきは、地面が搖れ動けば水源が塞がれてしまう、という注［九］と、國とは山川に依據するものであるため、川の水源が（地震で）塞がってしまえば水は絶え滅びてしまう、という注［一〇］である。これらは周語の當該部分を、順を追って論理的に説明しており、超自然的な解釋をしていない。

また、如上の注は氣にも言及している。陰陽の氣の働きは天人相關説に包攝されるものであるが、[六]［五］～［八］の注を見る限り、韋昭は本文に登場する文言ゆえに、より正確な意味を表出しようとしているに過ぎず、この説話の内容を天に託けるような解釋はしていない。ちなみに、柳宗元の『非國語』には、[七]

> 非に曰く、山川とは、特だ天地の物なり。陰と陽とは、氣にして其の閒に遊ぶ者なり。自ら動き、自ら休み、自ら峙し、自ら流る。是れ惡んぞ我と與に謀らんや。自ら鬪ひ、自ら竭き、自ら崩れ、自ら缺す。是れ惡んぞ我が爲に設《しつら》へんや。彼 固より逼引する所有るも、而れども之を認むる者は、塞がらざれば則ち惑へり。……（『非國語』上 三川震）。

とあり、山川をただ天地に屬し、氣をその閒に浮遊するものと捉えた上で、これらがわざわざ人閒と相談してから働いたり調整するようなことなどあろうか、として天人相關を明確に否定する。韋昭は柳宗元ほど苛烈な態度を取らないものの、地震や氣の動きに天の關與を言及していないことは確かである。

例に擧げて檢討したものは典型的な災異説話であるが、これ以外の全説話を見ても、韋昭の注釋からは『國語』の記事について天の關與を言及したものは皆無である。[八] もともと『國語』の韋昭注は、訓詁が中心であること、『左傳』と對應させてあること、經書を多く引用することが特徴として擧げられる（本書第一篇第一章）[九]。これを見る限りにおいて、韋昭は漢代以降に支配的であった神祕的思想の軛より脱し得た者という一つの假説を提示することができよう。

しかし、ここである問題が浮かぶ。なぜなら韋昭は『國語解』に鄭玄の六天説を引いているのである(一〇)。

二、韋昭と六天説

加賀榮治《一九六四》によれば、鄭玄の經書解釋は天上的神祕的方向において行おうとしたとする。六天説は鄭學の持つ宗教性・神祕性の一つの完成型とも言える。それ故に、合理主義的觀點から見た王肅は鄭玄を批判したのである(一一)。六天説については、注（一）所掲加賀書が分かりやすく述べ、また渡邉義浩〈二〇〇七・二〇〇八〉の詳細な專論があるので(一二)、それらを參考にしつつ、まずは概要を整理しておきたい。

六天説の内容は、『禮記』祭法篇と大傳篇の鄭玄注からおおよそ理解できる。『禮記』祭法篇に(一三)、

祭法。有虞氏は黄帝を禘して嚳を郊し、顓頊を祖として堯を宗とす。夏后氏も亦た黄帝を禘して鯀を郊し、顓頊を祖として禹を宗とす。殷人は嚳を禘して冥を郊し、契を祖として湯を宗とす。周人は嚳を禘して稷を郊し、文王を祖として武王を宗とす。

（鄭注）禘・郊・祖・宗は、祭祀して以て配食するを謂ふなり。此の禘は、昊天を圜丘に祭るを謂ふなり。上帝を南郊に祭るを郊と曰ひ、五帝五神を明堂に祭るを祖・宗と曰ふ。祖・宗は通言するのみ。下に禘・郊・祖・宗有り。孝經に曰く、「文王を明堂に宗祀して以て配す」と。

とある。また『禮記』大傳篇に(一四)、

禮、王にあらざれば禘せず。王者は其の祖の自りて出づる所を禘し、其の祖を以て之を配す。

（鄭注）大いに其の先祖の由りて生ずる所を祭るを郊と謂ふ。天を祀るなり。王者の先祖は皆な大微の五帝の精

に感じて以て生ず。蒼は則ち靈威仰、赤は則ち赤熛怒、黄は則ち含樞紐、白は則ち白招拒、黑は則ち汁光紀なり。皆な正歳の正月を用て、之を郊祭す。蓋し特に尊ぶ。孝經に、「后稷を郊祀して以て天を配す」と曰ふは、靈威仰に配するなり。「文王を明堂に宗祀して以て上帝に配す」とは、汎く五帝を配するなり。

とある。鄭玄は從來同一のものとして捉えられてきた圜丘と南郊を別物とし、唯一天神であった昊天上帝を昊天と上帝とに分け、二種類の天の祭祀を行うべきと考えた。すなわち、圜丘で昊天を、南郊で上帝（五天帝）を祭るというものである。鄭玄は文字どおり「六天」、最高神たる昊天と五行に基づく上帝（五天帝）という六つの天を想定した。上帝とは、『禮記』大傳篇の注に見える（蒼帝）靈威仰・（赤帝）赤熛怒・（黄帝）含樞紐・（白帝）白招拒・（黑帝）汁光紀を指す。五行の主たる受命帝であり、「王者の先祖は皆な大微の五帝の精に感じて以て生ず」とあるように、各王朝の始祖はこれら五天帝の精に感じて誕生したものと捉える。いわゆる感生帝説であり、六天説はそれに支えられた祭天思想である。

　感生帝説とは、王朝の始祖の出生を通常ではあり得ないような神祕的事象で説く。殷の始祖たる契について、『詩經』商頌　玄鳥篇の「天は玄鳥に命じ、降りて商を生ましむ。殷土の芒芒たるに宅《を》らしむ（天命玄鳥、降而生商、宅殷土芒芒）」という節の毛傳と鄭箋に、（一五）

（毛傳）玄鳥は、鳦《いつ》なり。春分に玄鳥降る。湯の先祖、有娀氏の女簡狄、高辛氏の帝に配す。帝　率ゐて之と郊禖に祈りて契を生む。故に其れ天の命ずる所と爲りて、玄鳥至るを以てして生るるに本づく。芒芒は、大いなる貌なり。

（鄭箋）箋に云ふ、降は、下るなり。天　鳦をして下りて商を生ましむとは、鳦　卵を遺し、娀氏の女簡狄　之を呑みて契を生むを謂ふ。

とある。毛傳では、玄鳥《つばめ》が降る春分の時節、高辛氏帝嚳が簡狄を從えてともに郊禖（媒酌の神）に祈ったところ、契を身籠もり生んだと解する。それに對し鄭玄は、天帝の使いたる玄鳥の卵を飲んだことで身籠もり生んだと說く。高田眞治《一九六八》が毛傳の解釋を「頗る合理的」とし、鄭玄の解釋を「頗る奇怪の樣」と述べるように、兩者はまったく對照的である。[一六]

一方で、周の始祖后稷について、『詩經』大雅 生民篇の「帝の武の敏を履《ふ》みて歆《う》く、介する攸《ところ》止まる攸、載《すなは》ち震し載ち夙し、載ち生じ載ち育す、時《こ》れ維れ后稷（履帝武敏歆、攸介攸止、載震載夙、載生載育、時維后稷）」という節の毛傳と鄭箋は、[一七]

（毛傳）履は、踐なり。帝は、高辛氏の帝なり。武は、迹。敏は、疾なり。帝に從ひて天に見ゆ。將に事へんとすること齊敏なり。歆は、饗。介は、大なり。攸止は、福祿の止む所なり。震は、動。夙は、早。育は、長なり。后稷 百穀を播して以て民に利す。

（鄭箋）箋に云ふ、帝は、上帝なり。敏は、拇なり。介は、左右なり。夙の言たる肅なり。郊禖を祀るの時、時に則ち大神の迹有り。姜嫄 之を履むも、足は滿たす能はず。其の拇指の處を履むや、心體歆歆然として其れ左右し、止住する所、人道の己を感ずる者有るが如きなり。是に於て遂に身《みごも》ること有り。而して肅戒して復た御せず。後に則ち子を生みて養長す。之を名づけて弃と曰ふ。舜は堯に臣たりて之を擧ぐ。是れ后稷爲り。

とある。こちらもまた鄭玄は毛傳と無關係に獨自の解釋を展開する。[一八]「帝」は高辛氏ではなく、「上帝」と捉え、姜嫄が大神の足跡を見、その親指を踏んだことで懷妊し后稷を生んだとして、感生帝說を以て生民篇を解く。鄭玄のいう「上帝」とはもちろん五天帝のことであり、具體的に言うと、周は木德であるから、前揭『禮記』大傳の注に見える

蒼帝靈威仰を指す。なお、これら上帝は緯書に由來しており、『禮記注疏』曲禮篇に、[一九]

春秋緯文耀鉤に云ふ、蒼帝を靈威仰と曰ひ、赤帝を赤熛怒を曰ひ、黄帝を含樞紐と曰ひ、白帝を白招拒と曰ひ、黒帝を汁光紀と曰ふ。

とある。つまり、六天説は感生帝説と緯書に基づき構成されるものであり、前掲『詩經』の鄭箋が毛傳の解釋を無視してまで感生帝説に固執した理由もそのためである。神祕性とともに精緻な論理體系を持つ六天説であるが、かかる鄭玄の説を引いた韋昭は、實際いかに捉えていたのであろうか。

韋昭が六天説に言及した注釋は魯語上に見える。『國語』の本文に、[二〇]

（魯上9）黄帝 能く百物を成命し、以て民を明らかにし財を共にし、顓頊 能く之を修む。帝嚳 能く三辰を序して以て民を固《やす》んじ、堯 能く單《ことごと》く刑法を均しくして以て民を儀《よ》くす。舜は民事を勤めて野死し、鯀は洪水を鄣《ふさ》ぎて殛死し、禹は能く徳を以て鯀の功を修め、契は司徒と爲りて民輯《やはら》ぎ、冥は其の官に勤めて水死し、湯は寛を以て民を治めて其の邪を除き、稷は百穀を勤めて山死し、文王は文を以て昭かに、武王は民の穢を去れり。故に有虞氏は黄帝を禘して顓頊を祖とし、堯を郊して舜を宗とす（※）。夏后氏は黄帝を禘して顓頊を祖とし、鯀を郊して禹を宗とす。商人は舜を禘して契を祖とし、冥を郊して湯を宗とす。周人は嚳を禘して稷を郊し、文王を祖として武王を宗とす。……。

とあり、これは爰居という海鳥が現れたため、臧文仲が民にこの鳥を祭らせたという説話である。引用文はその際の展禽の發言の一部で、傍線部は『禮記』祭法篇にもほぼ同文が見える。（※）部分に韋昭は、[二一]

（韋昭注）賈侍中云ふ、「有虞氏は、舜の後なり。夏・殷 在りては二王の後爲るが故に、郊・禘・宗・祖の禮有るなり」と。（韋）昭 謂へらく、此の上の四者は、天を祭りて以て配食するを謂ふなり。昊天を圓丘に祭るを禘と曰ひ、五帝を明堂に祭るを祖・宗と曰ひ、上帝を南郊に祭るを郊と曰ふ。有虞氏は黄帝より出で、顓頊の後なるが故に、黄帝を禘して顓頊を祖とし、舜 禪を堯に受けくるが故に、堯を郊す。……。

という注釋を附す。まず賈逵の注を引用した後、「昭謂」という形で自らの見解として、『禮記』祭法篇の鄭注とほぼ同文を示す。昊天を圜丘（『禮記』では「圜丘」に作る）に、上帝を南郊に祭るという、圜丘と南郊を別物として捉える鄭玄の六天説の引用が窺えよう。

人物や地名など固有名詞の解釋を得意とする韋昭は、契と后稷について言及している箇所がある。前掲の『詩經』を踏まえた上でそれらを見ていきたい。『國語』は殷祖の契について周語下に、（二二）

（周下9）昔、孔甲 夏を亂し、四世にして隕つ。玄王 商を勤め、十有四世にして興る。

（韋昭注）玄王は、契なり。殷祖の契は玄鳥に由りて生まる。湯も亦た水德なるが故に、玄王と曰ふ。

とある。「殷の契は玄鳥によって生まれた」という極めて簡潔なこの表現を感生帝説と言えないこともないが、『詩經』商頌 玄鳥篇の毛傳・鄭箋と見比べた場合、どちらの解釋に近いか判然としない。一讀しただけで感生帝説と捉えるには明らかに文言が不足していよう。この短い注の中で殷が水德であると述べているのは、韋昭が鄭玄の説く五天帝の解釋を理解しようとした形跡であろうか。ただし「（黑帝）汁光紀」の存在には觸れていないが。

一方、周の始祖后稷については、（二三）

（周下7）昔、武王 殷を伐ちしとき、歳は鶉火に在り、月は天駟に在り、日は析木の津に在り、辰は斗柄に在り、星は天黿に在り。星と日辰の位は、皆な北維に在り。顓頊の建つる所にして、帝嚳 之を受く。

（韋昭注）顓頊は、帝嚳の代はる所なり。帝嚳は、周の先祖にして、后稷の出づる所なり。禮の祭法に曰く、「周人嚳を禘して稷を郊す」と。顓頊は、水德の王にして、北方に立つ。帝嚳は、木德なるが故に、之を水に受く。今、周も亦た木德なれば、當に殷の水を受くべし。猶ほ帝嚳の顓頊を受くるがごときなり。

と述べる。こちらは帝嚳が后稷の親であると明言しており、毛傳に忠實な解釋と言えよう。毛傳を無視してまで感生帝說に固執した鄭玄とは明確に異なる。ただ、こちらも五德に言及しているのは、やはり五天帝を意識した形跡かも知れない。

繰り返すが、六天說は感生帝說に支えられ、それらは緯書を論據とする。つまり三つが有機的に結びついてこそ鄭玄の祭天思想は意味を成すのである。しかし上述のとおり、殷・周の始祖における韋昭の注は感生帝說で解釋していない。また、もう一つの構成要素たる緯書であるが、韋昭はこれをまったく引かないのである。何もこれは如上の注に限ったことでなく、『國語解』全體について言えることであり、韋昭は經書を大量に引くも緯書を引いた形跡がない。（二四）つまり、これでは六天說の構成要素を滿たせないことになる。『禮記』祭法篇の注を踏まえて六天の祭祀の概要を示したところで、感生帝說と緯書を併用して論據を補完せねば、鄭玄說の中途半端な引用で終わってしまうし、結果的にそうなってしまっている。

それでも韋昭が六天說を引用したのは、孫吳の郊祀と何らかの關わりがあってのことだろうか。そちらの觀點からも檢證してみよう。

實は孫吳における郊祀の事例はわずか二回しかない。孫權が帝位に卽いた黃龍元（二二九）年夏四月と、晩年の太元元（二五二）年冬十一月のみである。『三國志』卷四十七 吳主傳は、二回とも南郊で祭祀を行ったことを極めて簡潔に記すのみで、具體的内容を知る術はない。『宋書』卷十六 禮志三には、（二五）

何承天曰く、「案ずるに（孫）權 號を建てて天を繼ぐも、而れども郊享するに闕有るは、固より非なり。末年に一たび南に郊すと雖も、遂に北に郊するの禮無し。環氏の吳紀に、『權 父を崇嚴して天に配せんとするの義を思ひ、追つて父の（孫）堅に尊號を上りて吳の始祖と爲さん』と。此の說の如くんば、則ち權の末年に郊する所、堅もて天に配すればなり。權 卒せし後、三嗣主 終に吳の世に郊祀せずんば、則ち權 帝の禮に享配せられず」と。

とあり、何承天が指摘するように、北郊祭祀および三嗣主による郊祀に至っては、まったく行われていないのである。環濟の『吳紀』は、孫權の晩年の郊祀を、父孫堅を天に配せんがためのものと述べる。もしかしたら、感生帝としての孫堅を配し、合わせていずれかの五天帝の末裔であることを謳っていたのかも知れない。事實、孫吳は孫堅の感生帝化を『吳書』中で圖っている。それについては次節で述べるが、ともかくこの『吳紀』の文からそこまで探るのは不可能である。

正統性から最も遠く、『三國志』の著者陳壽にとっても重要性の低かった孫吳の記錄は、意圖的に抹消されたものも多いであろう。いずれにせよ、圜丘と南郊とで別々に祭った記錄もなければ、韋昭が六天說に基づく祭天儀禮の導入を主張した形跡もない。何より歷代孫吳皇帝が郊祀自體をほとんど行わなかった。かかる事例を合わせて勘案すると、韋昭は現實の孫吳の郊祀との關わりを以て『國語解』に六天說を引用したわけではなかったのである。[二六]『國語解』は六天說の一部分だけを提示をしたに過ぎなかった。韋昭は緯書を引かず、感生帝說を以て解釋することもなかった。宗教的神秘性を帶びた鄭玄の六天說であるが、韋昭は神秘性の根幹部分には觸れなかったと言える。しかし、『國語解』以外に視線を向けると、また別の神秘性が見えてくるのである。

三、瑞祥と孫呉の感生帝説

『國語解』に見える韋昭の姿勢は、神秘性を敢えて無視したとさえ言えるようなものであった。では、かかる思想について、韋昭が生涯に一切關わらなかったかといえば、そうでもない。最も單純明快に神秘性を敍述しているものがある。それは鼓吹曲（以下、「呉鼓吹曲」と記す）である。

孫權は黄武八（二二九）年の黄龍・鳳凰の出現報告を機に即位した。もう少し遡れば、呉王に就いた黄武元（二二二）年にも黄龍出現の報告があった（『三國志』巻四十七　呉主傳）。韋昭は前者の瑞祥を記し、それを正統性の主張に利用したのである。韋昭が作詞して孫休（二五八～二六四年在位）に奏上した「呉鼓吹曲」の第十曲「從暦數」の一部には、

從暦數　於穆我皇帝
聖哲受之天　神明表奇異
建號創皇基　聰叡協神思
徳澤浸及昆蟲　浩蕩越前代
三光顯精燿　陰陽稱至治
肉角歩郊畛　鳳皇棲靈囿
神龜游沼池　圖讖副文字
黄龍覿鱗　符祥日月記
覽往以察今　我皇多噲事

暦數に從ふ　於穆《ああうる》はしき我が皇帝
聖哲は之を天に受け　神明は奇異を表す
號を建てて皇基を創り　聰叡は神思《しんし》に協《かな》ふ
徳澤は浸《やうや》く昆蟲に及び　浩蕩して前代を越ゆ
三光は精燿を顯らかにし　陰陽は至治を稱《たた》ふ
肉角は郊畛を歩み　鳳皇は靈囿に棲み
神龜は沼池に游び　圖讖は文字を副《うつ》す
黄龍は鱗を覿《しめ》し　符祥の日月をば記せり
往を覽て以て今を察す　我が皇　噲事多し

という詞があり、また、第十一曲「承天命」には、

承天命　於昭聖徳　　天命を承く　於《ああ》昭《かがや》かしき聖徳
三精垂象　符靈表徳　　三精　象を垂れ　符靈　徳を表す
巨石立　九穗植　　巨石立ち　九穗植《た》つ
龍金其鱗　烏赤其色　　龍は其の鱗を金にし　烏は其の色を赤くす

という詞がある。龍・鳳凰・肉角（麒麟）などの瑞祥が讀み込まれており、孫吳が曆數に從い、天命を承けた時に聖獸が出現したという。これらの出現を理由として、韋昭は孫吳の正統性を主張したのである（本書第二篇第二章）[二七]。增田清秀〈一九六五〉が述べるように、鼓吹曲とは簫（管樂器）や鐃（打樂器）を用いて演奏するもので、軍樂として使われ、正統性などを謳って自軍の戰意高揚を圖るとともに、敵軍の戰意減退も目的としたという[二八]。政治的宣傳の手段であり、國家事業の一つと言えよう。かかる事業に正統性の據って立つ所、すなわち瑞祥を詞中に込めた。「吳鼓吹曲」は韋昭が神祕性を用いた例である。

　これだけではない。もう一つは、先の鄭玄と關係し、前節で觸れたもの、すなわち感生帝説である。『國語解』に感生帝説を示さないことは既述だが、別の書においては使用していた。それが『吳書』であった。『三國志』卷四十六　孫破虜傳注引『吳書』[二九]に、

　（孫）堅　世〻吳に仕へ、富春に家し、城東に葬らる。冢上に數〻光怪有り、雲氣五色、上は天を屬き、數里に曼延す。衆皆な往きて觀視す。父老相ひ謂ひて曰く、「是れ凡氣に非ず、孫氏其れ興らん」と。母の堅を懷妊するに及び、腸《はらわた》出でて吳の昌門を繞《めぐ》るを夢む。寤めて之を懼れ、以て鄰母に告ぐ。鄰母曰く、「安んぞ吉徵に非

ざるを知らんや」と。堅 生まるるや、容貌凡ならず、性闊達にして、奇節を好む。

とある。孫呉政權創始者たる孫堅の出生時を記した『呉書』の記録には、孫堅の母が不可思議な夢を見たことによって懷妊したとある。傳國璽拾得の逸話を含め、これらは歴史書によって政權の正統性を補う試みの一つである（本書第二篇第三章）[三〇]。當初、孫呉は漢の繼承者として、黄色をシンボルカラーとする土德を主張した。「黄武」や「黄龍」という元號を使用したことはその現れである。しかし、漢魏禪讓により「火德の漢を繼ぐ土德の曹魏」という圖式が名實ともにできあがっていた以上、同じ土德で重複し、また正統性の根據が薄弱な孫呉は不利であった。それが以後の迷走に繫がっていく[三一]。

前掲『呉書』の孫堅誕生記録には、黄色や土德、あるいは他の特定の五德を示しているような箇所はない。「昌門」とは、裴松之注によれば、春秋時代の呉王夫差によって作られた西郭の門とされる（『三國志』巻四十七 呉主傳注）。假に裴松之の解釋のとおり呉王夫差にまつわるものであれば、むしろ盟主たる周王を尊びつつ輔佐して天下を宰領したような覇者としての正統性ということになり、前王朝を繼承し帝位を正統化するものとは成り得まい[三二]。そしてまた、かかる感生帝説の論據に必要な緯書をここでも引かないのである。ただし、特定の五德に決めかねていた狀況では、引かないのではなく引けなかったとも言えよう。

迷走の跡を窺い得るものとして、『藝文類聚』巻十 符命部は次のような一文を引く[三三]。

呉書に曰く、「孫堅の母 懷姙するや、腸の呉の昌門を繞《めぐ》るを夢む。孫策の母 策を懷《はら》むや、月の懷に入るを夢む。孫權を懷むや、日の懷に入るを夢む」と。

これは孫策や孫權の感生帝化まで企圖していたことを窺わせる。『呉書』は梁以降に散佚し、『隋書』經籍志に著録された時点ですでに半分以上が失われていたという（『隋書』巻三十三 經籍志二）[三四]。節略引用したであろうこの『呉書』

の原文に、いかなる思想を絡めていたか定かではない。ただ、こうして斷片的に残る記録からは、あらゆる試みで正統論を構築しようとあがいた韋昭たち孫呉人士の姿が浮かび上がってくるのである。ともあれ、孫呉の感生帝説は迷走が如實に現れた形で失敗に終わっている。

上述のごとく、神祕性がほとんど見られない『國語解』に對し、「呉鼓吹曲」や『呉書』で見せた態度は、正反對とも言えるものであった。かかる差異が何に因るものなのかと言えば、それは文書の性質に求められよう。「呉鼓吹曲」は書物ではないものの、韋昭が作詞を命ぜられている（『晉書』巻二十三　樂志下）。また、『呉書』は太史令に任ぜられると同時に、華覈・賀邵・周昭・薛瑩らとともに撰定を命ぜられている（『三國志』巻五十三　薛綜傳附薛瑩傳）。「呉鼓吹曲」は政治的宣傳を行うための手段の一つであり、『呉書』は孫呉にとっての「正史」である。それらの作成は言わば「公」の事業ということができる。『國語』の注釋という韋昭の個人的作業と、「呉鼓吹曲」や『呉書』という公的事業とでは、視座が異なって當然である。かかる著作物の性質の違いが、神祕性への相反する態度として表出したと言えよう。

しかし、韋昭は著述と無關係に瑞祥を否定したことがあった。『三國志』巻六十五　韋曜傳[三五]に、

> 孫皓卽位するや、高陵亭侯に封ぜられ、中書僕射に遷る。職　省かれて、侍中と爲り、常に左國史を領す。時に所在に指を承け數〻瑞應を言ふ。皓　以て（韋）曜に問ふや、曜　答へて曰く、「此れ人家の筐篋中の物なる耳」と。

とある。孫呉最後の君主たる孫皓の治世において、たびたび瑞應出現の報告があったという。孫皓が韋昭に尋ねたところ、それは「人家の筐篋中の物」と返答した。瑞應をでっちあげられたものに過ぎないと答えたのである。繰り返すが、瑞應（瑞祥）は孫呉の正統性を支える主要因であった。孫呉の初代皇帝孫權は、黃武八（二二九）年四月、黃

龍・鳳凰の出現報告を機に卽位している（『三國志』巻四十七 吳主傳）。となれば、本來瑞應を否定することは、孫吳の帝位を否定し、また孫權の孫に當たる孫晧の否定にも繫がるものと言える。それでも敢えて韋昭は否定したのである。

孫晧は卽位後しばらくは名君と評される人物であった。のちに暴政へ走り、結果的に陳壽の評で徹底的に批判されるほどの暴君へと變貌してしまった（『三國志』巻四十八 孫晧傳・同傳注引『江表傳』）。かかる孫晧の態度の變化を、渡邊義浩〈二〇〇〇〉は「名士」との對立に基づく諦觀と見る[三六]。いずれにせよ、孫晧は君主權力の強化に走り彈壓を繰り返した。かかる暴政に對して本來瑞應など現れるはずがない。頻發する瑞應の報告は茶番でしかなかった。池田秀三〈二〇〇二〉は韋昭の發言を、「欺瞞性に對する怒りの發露」であり、「上られる瑞應の不實が許せなかった」と述べており[三七]、概ね妥當な見解であろう。だが、さらに踏み込めば、韋昭は瑞祥の持つ二面性を踏まえていたのではないだろうか。『禮記注疏』禮運篇引『駁五經異義』[三八]に、

> 賤者 之を獲れば、則ち將に庶人の命を受くること有らんとして、之を行ふを知る。受命の徵 已に見はるは、則ち周に於ては將に亡びんとするの事勢、然るなり。興る者に瑞と爲るも、亡ぶ者には災と爲る。其の道は則ち然り。何ぞ吉凶 並ばず、瑞災 兼ねざること之れ有らんや。……。

とある。鄭玄は『春秋』哀公十四年の「獲麟」を例に、瑞祥・災異が表裏一體のものであることを說く。概ね鄭學への贊意を示す韋昭はこの見解を充分に踏まえていたであろう。一般的に瑞祥は吉である。しかし、見方を變えれば、それが「孫吳にとっての吉」かは分からないのである。孫晧への發言と個人的著述における韋昭の姿勢からは、神祕性の批判者というには過言かも知れないが、少なくとも積極的な肯定者とは言えず、敢えて距離を保ち愼重に扱おうとしている樣を窺い得る。

かかる孫晧期の末年に當たる天璽元（二七六）年、石祥が立て續けに出現したという報告を受け、記念する碑を建立した（『三國志』巻四十八 孫晧傳・同傳注引『江表傳』）。「天發神讖碑」と「國山碑」がそれである。(三九) これにより東南の運氣と禹の金德を結び付けて正統性を主張するという孫吳獨自の理論を構築し、長年抱え續けた正統論問題にようやく終止符を打った。だが、そこに韋昭の關與はない。なぜなら三年前に獄死していたからである。

おわりに

韋昭の『國語解』は、神祕性に對して距離を置いていた。鄭玄の六天説を引きながらも、感生帝説と緯書には言及しなかったことからそれが分かる。六天説はそれらが有機的に組み合わさることで始めて意味を成す祭天思想であった。それなのに、韋昭は根幹に當たる部分を用いなかった。そこに韋昭の視座と限界を見るのである。

「吳鼓吹曲」や『吳書』は孫吳主體の文物として作ったものであるため、それらに反映された瑞祥や感生帝説など種々の神祕性は、正統論を構築しようとしていた孫吳情勢があったからこそのものである。本來の韋昭は、『國語』の神祕的記事について天の關與を求めようとせず、あくまで記された文そのものを丹念に解釋するような人物であった。換言すれば、そのような視座を持つ韋昭が神祕的思想を利用せざるを得ないという、孫吳正統論の迷走および脆弱性があったことを合わせて指摘し得る。韋昭は鄭學を多々參考にしていたことから、宗教的神祕性に滿ちつつも精緻な體系を持ったその學風に惹かれていたことは確かであろう。しかし、韋昭の視座は神祕性に對して極めて愼重だったのである。

《注》

（一）中江丑吉「公羊傳及び公羊學に就て」（一九三二年著。『中國古代政治思想』、岩波書店、一九五〇年に所收）は、災異に對しての考え方として、災異自戒→災異應驗→災異豫占という三段階があり、この第二段階以降を漢代經學の特徴として、いわゆる今日の「災異思想」と捉える。こうした災異思想の展開・變質に主に寄與した公羊學派であったが、前掲中江論文や日原利國「災異と讖緯―漢代思想へのアプローチ」（『東方學』第四十三號、一九七二年一月／『漢代思想の研究』、研文出版、一九八六年に所收）がつとに指摘するように、『春秋公羊傳』自體は災異思想を説かないのである。

（二）兩者は讖緯思想批判者として知られる。桓譚と王充については、大久保隆郎『王充思想の諸相』（汲古書院、二〇一〇年）に詳しい。

（三）大野峻『國語（上）』（明治書院、一九七四年）の解題を參照。

（四）左氏國語、其文深閎傑異、固世之所耽嗜而不已也。而其說多誣淫、不槩於聖。餘懼世之學者、溺其文采而淪於是非、是不得由中庸、以入堯舜之道、本諸理作非國語（柳宗元『非國語』序）。

（五）幽王二年、西周三川皆震〔一〕。伯陽父曰、周將亡矣〔二〕。夫天地之氣、不失其序〔三〕。若過其序、民亂之也〔四〕。陽伏而不能出、陰迫而不能烝〔五〕、於是有地震〔六〕。今三川實震、是陽失其所而鎮陰也〔七〕。陽失而在陰〔八〕、川源必塞〔九〕。源塞、國必亡〔一〇〕。夫水土演、而民用也〔一一〕。水土無所演、民乏財用。不亡何待〔一二〕。昔伊、洛竭而夏亡〔一三〕、河竭而商亡〔一四〕。今周德若二代之季矣〔一五〕、其川源又塞、塞必竭。夫國必依山川〔一六〕、山崩川竭、亡之徵也。川竭、山必崩〔一七〕。若國亡不過十年、數之紀也〔一八〕。夫天之所棄、不過其紀。是歲也、三川竭、岐山崩。十一年、幽王乃滅、周乃東遷〔一九〕（周語上10）。なお、篇名の下にある算用數字は、『國語』（上海古籍出版社、一九九八年）が便宜的に附けている說話の番號に基づいている。

（六）溝口雄三・池田知久・小島毅『中國思想史』（東京大學出版會、二〇〇七年）第一章の一「天人相關と自然」を參照。

（七）『非國語』巻上 三川震に、「非曰、山川者、特天地之物也。陰與陽者、氣而遊乎其間者也。自動、自休、自峙、自流。是惡乎與我謀。自鬬、自竭、自崩、自缺。是惡乎爲我設。彼固有所逼引、而認之者、不塞則惑……」とある。なお、『非國語』については、下定雅弘の譯注があり、それを參考にした。

（八）大野峻『國語』（明德出版社、一九六九年）は、『國語』の全説話の簡單な内容を一覽として載せてあるため、そちらを合わせて參照されたい。ただ、いずれの説話にも韋昭は天人合一論的解釋をせず、本書第一篇第一章で述べたように、訓詁や儒教經典引用が多數を占めている。

（九）韋昭は『國語解』中に、『春秋左氏傳』をはじめとする儒教經典を引用しながら本文の解釋を行い、それによって、『國語』を經の地位にまで高めようとする意圖があった。詳しくは、本書第一篇第一章を參照。

（一〇）『國語解』の中に鄭玄の六天説を引いていることは、池田秀三・金培懿「韋昭之經學——尤以禮學爲中心」（『中國文哲研究通訊』第十五巻第三期、二〇〇五年九月）がすでに指摘している。

（一一）加賀榮治『中國古典解釋史—魏晉篇—』（勁草書房、一九六四年）は、王肅の經書解釋についてを、地上的人間的方向においてしようとしたとする。鄭玄の六天説に對する王肅の批判については、渡邉義浩「王肅の祭天思想」（『中国文化—研究と教育—』第六六號、二〇〇八年／『西晉「儒教國家」と貴族制』、汲古書院、二〇一〇年に所收）に詳しい。

（一二）渡邉義浩「鄭箋の感生帝説と六天説」（『兩漢における詩と三傳』、汲古書院、二〇〇七年／『後漢における「儒教國家」の成立』、汲古書院、二〇〇九年に所收）および渡邉義浩「兩漢における天の祭祀と六天説」（『兩漢儒教の新研究』、汲古書院、二〇〇八年／『後漢における「儒教國家」の成立』、汲古書院、二〇〇九年に所收）。

（一三）祭法。有虞氏禘黃帝而郊嚳、祖顓頊而宗堯。夏后氏亦禘黃帝而郊鯀、祖顓頊而宗禹。殷人禘嚳而郊冥、祖契而宗湯。周人禘嚳而郊稷、祖文王而宗武王（『禮記』祭法篇）。

禘・郊・祖・宗、謂祭祀以配食也。此禘謂祭昊天於圜丘也。祭上帝於南郊曰郊、祭五帝五神於明堂曰祖・宗、祖宗通言爾。下有禘・郊・祖・宗。孝經曰、宗祀文王於明堂以配（祭法篇の鄭注）。

（一四）禮、不王不禘。王者禘其祖之所自出、以其祖配之（『禮記』大傳篇）

大祭其先祖所由生謂郊。祀天也。王者之先祖、皆感大微五帝之精以生。蒼則靈威仰、赤則赤熛怒、黄則含樞紐、白則白招拒、黑則汁光紀。皆用正歲之正月、郊祭之。蓋特尊焉。孝經、曰郊祀后稷以配天、配靈威仰也。宗祀文王於明堂、以配上帝。汎配五帝也（大傳篇の鄭注）。

（一五）玄鳥、鳦也。春分玄鳥降。湯之先祖、有娀氏女簡狄、配高辛氏帝、帝率與之祈于郊禖而生契。故本其爲天所命、以玄鳥至而生焉。芒芒、大貌（『詩經』商頌 玄鳥篇の毛傳）。

箋云、降、下也。天使鳦下而生商者、謂鳦遺卵、娀氏之女簡狄呑之而生契（『詩經』商頌 玄鳥篇の鄭箋）。

（一六）高田眞治『詩經 下』（集英社、一九六八年）。

（一七）履、踐也。帝、高辛氏之帝也。武、迹。敏、疾也。從於帝而見于天。將事齊敏也。歆、饗。介、大也。攸止、福祿所止也。震、動。夙、早。育、長也。后稷播百穀以利民（『詩經』大雅 生民篇の毛傳）。

箋云、帝、上帝也。敏、拇也。介、左右也。夙之言肅也。祀郊禖之時、時則有大神之迹。姜嫄履之、足不能滿。履其拇指之處、心體歆歆然其左右、所止住、如有人道感己者也。於是遂有身。而肅戒不復御。後則生子而養長。名之曰弃。舜臣堯而擧之。是爲后稷（『詩經』大雅 生民篇の鄭箋）。

（一八）毛傳に基づいた場合の解釋を、注（一六）所掲高田書は、「郊禖を禋祀する時に、姜嫄の夫たる高辛氏帝嚳が、從者を率いて姜嫄と共に行って、子供を授かる樣に祈ったのである。姜嫄は、帝の後に從って、帝の足跡を踐んで随行した（帝を人帝たる高辛氏と爲し、武《あしあと》を履むを、高辛氏の足迹を踐んで随行するの意味とする）。姜嫄は敬して禋祀の事を行い、且つ敏捷であった（敏を敏疾と解する）。故に神の歆くる所となった（歆を饗（受くる）と解する）。……」と述べる。鄭玄が說く姜嫄の感生帝說は、『毛詩正義』大雅 生民篇によれば、『河圖』と『尚書中候』に基づいている。すなわち、感生帝說は緯書を根據としているのである。詳細は、注（一二）所掲渡邉論文がすでに論じている。

(一九) 春秋緯文耀鉤云、蒼帝曰靈威仰、赤帝曰赤熛怒、黃帝曰含樞紐、白帝曰白招拒、黑帝曰汁光紀（『禮記注疏』曲禮篇）。

(二〇) 黃帝能成命百物、以明民共財、顓頊能修之。帝嚳能序三辰以固民、堯能單均刑法以儀民、舜勤民事而野死、鯀鄣洪水而殛死、禹能以德修鯀之功、契為司徒而民輯、冥勤其官而水死、湯以寬治民而除其邪、稷勤百穀而山死、文王以文昭、武王去民之穢。故有虞氏禘黃帝而祖顓頊、郊堯而宗舜（※）。夏后氏禘黃帝而祖顓頊、郊鯀而宗禹。商人禘舜而祖契、郊冥而宗湯。周人禘嚳而郊稷、祖文王而宗武王。……（魯語上9）。

(二一) 賈侍中云、「有虞氏、舜後。在夏・殷爲二王後、故有郊・禘・宗・祖之禮也」。昭謂、此上四者、謂祭天以配食也。祭昊天於圜丘曰禘、祭五帝於明堂曰祖・宗、祭上帝於南郊曰郊。……（魯語上9韋昭注）。

(二二) 昔孔甲亂夏、四世而隕。玄王勤商、十有四世而興（『國語』周語下9）。玄王、契也。殷祖契由玄鳥而生。湯亦水德、故曰玄王（周語下9韋昭注）。

(二三) 昔武王伐殷、歲在鶉火、月在天駟、日在析木之津、辰在斗柄、星在天黿。星與日辰之位、皆在北維。顓頊之所建也、帝嚳受之（周語下7）。

顓頊、帝嚳所代也。帝嚳、周之先祖、后稷所出。禮祭法曰、「周人禘嚳而郊稷」。顓頊、水德之王、立於北方。帝嚳、木德、故受之於水。今周亦木德、當受殷之水。猶帝嚳之受顓頊也。（周語下7韋昭注）

(二四) 緯書と感生帝說の關係については、安居香山「感生帝說の展開と緯書思想」（『日本中国學會報』第二十號、一九六八年十月／『緯書の成立とその展開』、國書刊行會、一九七九年に所收）が詳しく指摘する。例えば漢の創始者劉邦の場合、『史記』高祖本紀や『漢書』高帝紀に見える劉邦の感生帝說を、『春秋握誠圖』や『詩含神霧』といった緯書を用い、五德終始說と組み合わせることによって、本來は父母の名も分からぬ出自の劉邦が、火德たる赤帝の末裔として皇帝にふさわしい權威づけが成されていく。なお、韋昭が『國語解』に緯書を引かないことは、池田秀三「『國語』韋昭注への覺え書」（『中國の禮制と禮學』、朋友出版、二〇〇一年）および本書第一篇第一章を參照。

(二五) 何承天曰、「案權建號繼天、而郊享有闕、固非也。末年雖一南郊、而遂無北郊之禮。環氏吳紀、『權思崇嚴父配天之義、追上父堅尊號為吳始祖』。如此說、則權末年所郊、堅配天也。權卒後、三嗣主終吳世不郊祀、則權不享配帝之禮矣」（『宋書』卷十六　禮志三）。

（二六）六天說に基づく郊祀は、曹魏では明帝期に實際に踐用された。詳しくは『三國志』卷三　明帝紀注を參照。しかし、後に王肅が鄭玄說を批判したことで、王肅の主張する祭天儀禮を改めて踐用することとなる。

（二七）「吳鼓吹曲」は、瑞祥以外の正統性を入れられなかった。曹魏の鼓吹曲が瑞祥以外にも『尙書』堯典を典據として堯舜革命を詞中に込めていたことと比較すれば、孫吳の正統論の脆弱性を窺うことができよう。詳しくは、本書第二篇第二章および附篇の譯注を參照。

（二八）增田清秀「漢魏及び晉初における鼓吹曲の演奏」（『日本中國學會報』第十七集、一九六五年十月／『樂府の歷史的研究』、創文社、一九七五年に所收）。

（二九）吳書曰、堅世仕吳、家於富春、葬於城東。冢上數有光怪、雲氣五色、上屬于天、曼延數里。衆皆往觀視。父老相謂曰、「是非凡氣、孫氏其興矣」。及母懷姙堅、夢腸出繞吳昌門、寤而懼之、以告鄰母。鄰母曰、「安知非吉徵也」。堅生、容貌不凡、性闊達、好奇節（『三國志』卷四十六　孫破虜傳注引『吳書』）。

（三〇）韋昭は感生帝說の他に、孫堅が傳國璽を拾ったことを以て漢の繼承を主張した。しかし、傳國璽そのものは曹魏から晉に渡っており、正統論としては無意味であった。また傳國璽を拾ってねこばばしたという記錄は、漢へ忠義を盡くした生前の孫堅の行いから歸納すれば卻って孫堅を貶めるものであるとして、裴松之が批判している。これら『吳書』の偏向については、本書第二篇第三章を參照。

（三一）渡邉義浩「孫吳の正統性と國山碑」（『三國志研究』第二號、二〇〇七年七月）。同論文は、孫吳が當初土德を掲げていたものの、頻出する瑞祥に黃色および土德に關するものが特に多いわけでもないことを指摘する。合わせて、孫晧期末にようやく金德で定められたことを以て、孫吳の迷走ぶりを指摘する。

（三二）孫堅は董卓によって壞された歷代漢帝の陵墓を修復するなどして、漢への忠節を盡くした人物である（『三國志』卷四十六孫破虜傳）。また、張紘は孫策に對し、齊の桓公や晉の文公という春秋期の霸者を例に出して、孫呉が漢を輔けるという理屈を示して政權の正統性としていたことがあった（『三國志』卷四十六 孫討逆傳注引『呉歷』）。したがって、霸者という立場は、孫堅・孫策期、そして漢存命中だった時點の孫呉政權から見れば重要なものであり、孫堅の感生帝説に見える「昌門」もそれを踏まえてのことかも知れない。しかし、韋昭が『呉書』を編纂したのは、漢魏革命が行われてから三十年以上經過した後のことであり、霸者の理論は完全に時機を逸していると言えよう。結局これも帝位を繼承するための理論とはなり得ず、正統論として薄弱である。

（三三）呉書曰、孫堅母懷姙、夢腸繞呉昌門。孫策母懷策、夢月入懷。懷孫權、夢日入懷（『藝文類聚』卷十 符命部）。

（三四）『隋書』卷三十三 經籍志二の記述によれば、全五十五卷あった『呉書』は、すでに二十五卷にまで減っていたという。

（三五）孫晧卽位、封高陵亭侯、遷中書僕射。職省、爲侍中、常領左國史。時所在承指數言瑞應。晧以問曜、曜答曰、「此人家筐篋中物耳」（『三國志』卷六十五 韋曜傳）。

（三六）渡邉義浩「孫呉政權の展開」（『大東文化大學漢學會誌』第三十九號、二〇〇〇年三月／「君主權の強化と孫呉政權の崩壞」と改題して、『三國政權の構造と「名士」』、汲古書院、二〇〇四年に所收）。

（三七）注（二四）所掲池田論文。

（三八）『禮記注疏』禮運篇引『駁五經異義』に、「賤者獲之、則知將有庶人受命、而行之。受命之徵已見、則於周將亡事勢然也。興者爲瑞、亡者爲災、其道則然。何吉凶不並、瑞災不兼之有乎」とある。注（一）所掲日原論文は、後漢中頃にある珍奇な現象を、瑞祥とも災異とも捉える新しい見方が興ったことを指摘する。かかる新見解が許愼の『五經異義』に取り上げられ、何休の禮教主義に織り込まれたとする。何休の瑞異觀は、『春秋公羊傳』哀公十四年の注「人道浹く、王道備はる。必ず麟に止るは、亂を撥《をさ》むるの功、麟に成るを見さんと欲す。猶ほ堯舜の隆き、鳳皇來儀するがごとし。故に麟は、周に於て異と爲すも、春秋は記して以て瑞と爲す（人道浹、王道備。必止於麟者、欲見撥亂功、成於麟。猶堯舜之隆、鳳皇來儀。故麟於周爲異、春秋記以爲瑞）」に示され、鄭玄が『駁五經異義』で例に擧げたものは、これを念頭に置いたものであろう。本書第一篇第一章

・第二章で述べているが、韋昭は鄭學への關心が強かった。したがって、かかる鄭玄の見解を踏まえていたであろうことは想像に難くない。

(三九)「國山碑」については、注(三二)所掲渡邉論文がすでに專論している。

第二篇　孫呉人士としての韋昭

第一章 「博弈論」と儒教的理念

はじめに

韋昭の「博弈論」は名文として評價され、梁の昭明太子によって『文選』に採録された。論題に組み込まれている博弈とは、圍碁・すごろく・博打の一種とも言われるが詳細は分からない。(一)時に金錢や物を賭けて對戰する遊戲らしく、いずれにせよ、三國時代に存在した娯樂の一つである。(二)

「博弈論」は『三國志』卷六十五 韋曜傳に所收されており、絶對的な文章量はさほど多くないが、同列傳のおよそ三分の一を占めている。その韋曜傳には、(三)

韋曜 字は弘嗣、呉郡雲陽の人なり。……時に蔡穎も亦た東宮に在り、性 博弈を好む。太子(孫)和 以て無益と爲し、(韋)曜に命じて之を論ぜしむ。其の辭に曰く……。

とあり、著述の經緯を簡潔に記して本文を載せる。孫和の太子時代(二四二〜二五〇年)、博弈を好む蔡穎なる臣下を窘めるため韋昭によって著されたという。一方、『三國志』卷五十九 孫和傳ではより詳しい經緯が述べられており、(四)

後、羣寮 宴に侍し、言は博弈に及ぶ。以爲へらく、「事を妨げ日を費せども用に益無く、精を勞し思ひを損へども終に成す所無く、德を進め業を脩め、功緒を積累する所以の者に非ざるなり。且つ志士は日を愛《を》しみ力を惜しみ、君子は其の大なる者を慕ひ、高山景行して、其の次に非ざるを恥づ。夫れ天地の長久を以てするも、而れども人の其の閒に居るや、白駒の隙を過ぎるの喩有り、年齒一たび暮れるや、榮華 再ならず。凡そ患ふ所の者は、人の情の絶つ能はざる所に在り。誠に能く無益の欲を絶ちて、以て德義の塗《みち》を奉じ、不急の務めを棄て、以て功業の基を脩むれば、其れ名行に於て、豈に善からず哉。夫れ人の情は猶ほ嬉娯無き能はざるも、嬉娯の好は亦た飲宴・琴書・射御の閒に在り。何ぞ必ずしも博弈して、然る後に歡と爲さん」と。乃ち侍坐する者八人に命じて、各〻論を著はして以て之を矯す。是に於て中庶子の韋曜 退きて論奏し、（孫）和 以て賓客に示す。時に蔡穎 弈を好み、事に直《あた》りて署に在る者頗る斅《なら》ふが故に、此を以て之を諷す。

とある。韋昭が仕えた太子孫和は博弈に何の價値も見出さず、博弈の無益性およびそれに興じる者たちへの訓戒を垂れる。これが韋昭の手によって論として完成するのである。

これまでに「博弈論」を專論した研究はほとんどなく、管見の限り、王永平《二〇〇五》が最も深く論じている。王は「博弈論」に儒家の正統的遊娯觀が見られ、孫和と韋昭の價値觀が完全一致することを述べた上で、こうした儒家的價値觀の發露を、孫和と韋昭の教養および韋昭の出身地方たる江東の文化的保守性に求めている。[五]

かかる研究を踏まえつつ、本章は便宜的に「博弈論」を四つの段落に分け、當時の孫和を取り巻く國内情勢に注目しながら、その内容を考察するものである。

一、儒教の強調

「博弈論」は韋昭の作として『文選』に收められるが、韋曜傳や孫和傳の記述を合わせ見る限り、孫和が骨子を作り、ブレインたちの意見を取り入れて修正を加えつつ、韋昭が最終的に論理や修辭という肉付けをしてできあがったものということになる。したがって、孫和と韋昭の、もっと言えば兩者を含めた孫和陣營の共著と捉えた方がより正確であろう(六)。韋昭の私的な感情を吐露したものではないため、必然的に公的な性質を帶び、社會的・政治的情勢が反映されていると見るべきである。では、韋昭はいかなる文辭を以て論を綴ったのであろうか。

まずは第一段落から順に見ていく。『三國志』巻六十五　韋曜傳には次のようにある(七)。

【第一段落】蓋し聞くならく、①君子は當年にして功の立たざるを恥ぢ、世に沒して名の稱せられざるを疾む。故に曰く、②學 及ばざるが如くするも、猶ほ之を失はんことを恐ると。是を以て古の志士は、年齒の流邁を悼みて名稱の立たざるを懼るるなり。故に精を勉め操を厲まし、晨に興き夜に寐ね、寧息するに遑あらず、之を經るに歲月を以てし、之を累ぬるに日力を以てす。③甯越の勤・董生の篤の若き、德義の淵に漸漬し、道藝の域に棲遲す。④且つ西伯の聖・姬公の才を以てして、猶ほ日昃《かたむ》き旦を待つの勞有り。故に能く周道を隆興し、名を億載に垂る。況んや臣庶に在りて、以て已む可けん乎。古今の功名を立てし士を歷觀するに、皆な累積殊異の迹有り、身を勞し體を苦しめ、契闊勤思し、平居に其の業を墮《おこた》らず、窮困するも其の素を易へず。⑤是を以てト式は志を耕牧に立て、⑥黃霸は道を囹圄に受け、終に榮顯の福を有ち、以て不朽の名を成す。⑦故に山甫は夙夜に勤め、⑧吳漢は公門を離れず。豈に游惰有らん哉。

「博弈論」は『論語』の引用より始まる。①衞靈公篇、②泰伯篇を典據としつつ(八)、君子としての心の在り方をまず提示し、その實現に向けて著名な往古の志士たちを擧げる。③甯越は周王の師となった人物であり(『呂氏春秋』不苟論博志)、董生こと董仲舒は言わずと知れた前漢の公羊學者である。④西伯こと周の文王、姬公こと周公旦は、どちらも儒教では聖人と稱えられる人物である。韋昭は說く。かかる大儒・聖人すら不斷の努力の末にようやく名を殘したのだ。ましてや凡人ではなおさらだ、と。

續いて、⑤農耕・牧羊を生業とし、破産した弟や貧民に財を賑恤するという徳行を爲した前漢の卜式、⑥獄中で夏侯勝より『尚書』を學び受け、のち丞相となって民をいたわった前漢の黄覇、⑦周王の師となり、その德を『詩經』大雅 烝民篇に歌われる西周の仲山甫、⑧光武帝の雲臺二十八將として活躍し、死後に忠侯と謚された後漢の呉漢、といった名を擧げる。四人が儒教的價値觀に基づく行爲により偉業と名を殘した人物であることは言を俟たない（九）。「博弈論」第一段落は、君子としての目標點および鑑とする人物の提示である。

儒教をひたすら強調した第一段落を受けつつ、第二段落が展開される。『三國志』卷六十五 韋曜傳（一〇）に、

【第二段落】今の世の人、多く經術に務めず、好んで博弈を翫《もてあそ》び、事を廢し業を棄て、寢と食とを忘れ、日を窮め明を盡くし、繼ぐに脂燭を以てす。其の局に臨んで交〻爭ひ、雌雄未だ決せざるに當りては、精を專らにし意を銳くし、心は勞れ體は倦み、人事は曠《むな》しうして脩めず、賓旅は闕きて接せず、太牢の饌、韶夏の樂有りと雖も、存するに暇あらざるなり。或いは賭して衣物に及び、棊を徙し行を易ふるに至り、廉恥の意は弛み、而して忿戾の色 發し、然れども其の志す所は、一枰の上に出ず、務むる所は方罫の間に過ぎず、敵に勝てども封爵の賞無く、地を獲るも兼土の實無し。技は六藝に非ず、用は經國に非ず。身を立つる者は其の術に階《よ》らず、徵選せらるる者は其の道に由らず。①之を戰陳に求むれば、則ち孫・呉の倫に非ざるなり。②之を道藝に考へれば、則ち孔氏の門に非ざるなり。③變詐を以て務と爲すは、則ち忠信の事に非ざるなり。④劫殺を以て名と爲すは、則ち仁者の意に非ざるなり。而も空しく日を妨げ業を廢し、終に補益無し。是れ何ぞ木を設けて之を擊ち、石を置きて之を投ずるに異ならん哉。⑤且つ君子の室に居るや、身を勤めて以て養を致し、其れ朝に在るや、命を竭くして以て忠を納れ、事に臨んで且つ猶ほ旰食す。而も何ぞ博弈の耽けるに足らんや。夫れ然るが故に、孝友の行

立ち、貞純の名　彰るなり。

とある。寝食や晝夜を忘れて博弈にのめり込む者が多いが、盤上の狭い世界で知恵を振り絞って敵に勝ったところで現實に何の益があるのか、という冷ややかな視線が前半部分に注がれている。その上で博弈の技術を、①實際の戰爭に見立てたところで軍を指揮することは孫子・吳子に及ばず、②學問として見ても孔子一門に入れるわけではなく、③騙し合うという點において忠信からは程遠く、④（駒の）殺し合いと銘打っているからにはとても仁者とは呼べない、と畳み掛けて博弈を徹底的に否定する。

對して、⑤君子とは家にいれば孝養を盡くし、朝廷にあれば忠を果たし、大事に臨んではろくに食事もできないほどだ、と論じる。第二段落では「孫・吳之倫」や「孔氏之門」という表現はあるものの、第一段落で多く見られた具體的人名は登場しない。また儒教的價値觀をそこここに散りばめているが、むしろ博弈の無益性を論じることに注力していると言ってよいであろう。

こうして否定的に捉えられる博弈だが、三國時代に至るまで常にこのような扱いだったわけではない。例えば後漢の班固は「弈旨」という賦を作っており、『藝文類聚』卷七十四　巧藝部に、

後漢の班固の弈旨に曰く、「北方の人、棊を弈と爲すと謂ふ。之を弘め之を說きて大略を擧ぐるに、局　必ず方正なるは、地則を象るなり。道　必ず正直なるは、明德を神《きわ》むなり。棊に白黑有るは、陰陽の分なり。駢羅列布するは、天文に效ふなり。四象既に陳なり、之を行ふこと人に在るは、蓋し王政ならん。……上は天地の象有り、次は帝王の治有り、中は五霸の權有り、下は戰國の事有り。其の得失を覽るに、古今略《ほ》ぼ備はれり」と。

とあり、天文・政治・軍事などにあまねく通ずるものとして捉えている。すなわち「博弈論」とは對照的と言ってよい。このような肯定的な見方も存在していたのである。

「博弈論」第一段落は往古の儒に關連する者を擧げて不斷の努力による錬磨を薦め、第二段落は博弈の實生活における無益性を論じていた。ここまでの趣旨は孫和の言に概ね忠實である。しかし、儒教に關する文言が冒頭に引用した孫和傳に皆無でないとはいえ、博弈に代わるものとして儒教をなぜここまで強調するのであろうか。かかる疑問に留意しつつ、第三段落を見ていく。

二、孫和の焦り

續いて第三段落であるが、ここでは博弈以外のことを中心に論じている。『三國志』巻六十五　韋曜傳に、(一二)

【第三段落】①方今、大呉　命を受くるも、海内未だ平らかならず。②聖朝は乾乾として、務めは人を得るに在り。勇略の士は則ち熊虎の任を受け、儒雅の徒は則ち龍鳳の署に處り、百行兼ね苞まれ、文武並び鶩《は》す。③博く良才を選び、髦俊を旌簡し、程試の科を設け、金爵の賞を垂る。誠に千載の嘉會、百世の良遇なり。當世の士、宜しく勉めて至道を思ひ、功を《を》愛しみ力を惜しみ、以て明時を左け、名を史籍に書し、動を盟府に在らしむべし。④乃ち君子の上務、當今の先急なり。

とある。まず、①孫呉は天命を受けたが未だ天下は統一されていない、と述べる。孫和の太子時代、他國はいかなる狀況にあったのか。曹魏では帝室派と司馬懿派の對立が鮮明かつ先鋭化していた頃である。曹爽輔政期に曹爽は何晏や夏侯玄といった曹氏と關係深い人物を登用して帝室の強化を圖り、司馬懿派に對抗できる體勢を構築していた。對する司馬懿側も曹爽一派の樣子を窺いつつ韜晦していたのである。

一方で、孫呉の同盟國である蜀漢は蔣琬・費禕輔政期にあたる。諸葛亮の陣沒後は大規模な軍事行動をなるべく控え、暗君劉禪の放蕩を諫めつつ守りに主眼を置いて國力の增強を圖っていた。(一三) 偶然とはいえ、それぞれが内憂を抱えて專ら國内に注視せざるを得ない狀況にあり、三國の關係は比較的穩やかであった。とはいえ、脅威が消えたわけではないが。

さて、この第三段落で一つの疑問が浮かぶ。韋曜傳・孫和傳ともに見える「博弈論」の主旨は、「博弈の無益性」と「蔡穎のように博弈に興ずる者たちへの訓戒」という二點であった。となれば、②③のような人材の希求は、當初にはなかったものを論じていることになる。換言すれば、わざわざこれを加えたということであり、孫和陣營の意圖を看取できよう。なぜ人材を求める論を展開したのか。その背景には國内情勢が關係していたと考え得る。

孫和が太子となる六年前の嘉禾五（二三六）年、張紘とともに名を馳せ、孫策期より仕えてきた張昭が沒した。孫吳士大夫の頂點に立つ張昭の死に端を發したが如く、以降、陸瑁〔陸遜の弟、二三九年沒〕・潘濬〔二三九年沒〕・朱桓〔二三九年沒〕・諸葛瑾〔二四一年沒〕・孫韶〔二四一年沒〕・顧雍〔二四三年沒〕・闞澤〔二四三年沒〕・薛綜〔二四三年沒〕・張承〔張昭の子、二四四年沒〕といった重臣たちが次々と世を去っていく。(一四) こうした孫吳人士の相次ぐ死は、概ね孫和の立太子の時期と前後している。帝室の一員として、二四二年以降は次代を擔う太子として、これは座視できぬ事態であったろう。

また、闞澤と薛綜はそれぞれ太傅・少傅を務めて孫和に學問を講授しており（『三國志』卷五十九 孫和傳）、舅に當たる張承を含め、立て續けの近しい者の物故が孫和陣營に暗い影を落としたであろうことは想像に難くない。

孫和を焦らせる理由はもう一つあった。それは弟孫霸との派閥抗爭、すなわち二宮事件である。孫和の立太子は赤烏五（二四二）年春正月、十九歲のことであった。幼い頃から父に可愛がられ、母親の王夫人も寵愛されていたため、立太子にはこの時點で特に問題なかった。だが、その後の對應が事態を惡化させることになる。『三國志』卷五十九

孫覇傳[一五]に、

孫覇 字は子威、（孫）和の（同母）弟なり。和 太子と爲り、覇 魯王と爲るも、寵愛崇特して、和と殊なる無し。頃《しばらくして》之、和・覇の穆ならざるの聲 （孫）權の耳に聞こゆるや、權 往來を禁斷し、假に精學を以てす。

とあり、また『三國志』巻五十九 孫和傳注引『通語』[一六]に、

初め（孫）權 既に（孫）和を立てて太子と爲すも、（孫）覇を封じて魯王と爲す。初め拜するに猶ほ宮室を同じくし、禮秩 未だ分たれず。羣公の議 以爲へらく、太子・國王は上下 序有らば、禮秩 宜しく異にすべしと。是に於て宮を分ち僚を別にし、而して隙端 開かる。侍御・賓客 二端を造爲して自り、黨を仇し貳を疑ふこと、大臣に滋延す。丞相の陸遜・大將軍の諸葛恪・太常の顧譚・驃騎將軍の朱據・會稽太守の滕胤・大都督の施績・尚書の丁密ら禮を奉じて行ひ、太子に宗事するも、驃騎將軍の步騭・鎭南將軍の呂岱・大司馬の全琮・左將軍の呂據・中書令の孫弘ら魯王に附す。中外の官僚・將軍・大臣、國を擧げて中分す。

とあるように、孫權は孫和を太子に立てておきながら、一方で孫覇を魯王に封じて太子と同じ待遇を與えたのである。これでは嫡庶の別が定まらない。太子派と魯王派の對立が激化したのは韋昭が「博弈論」を著して程なくのことであるが（『三國志』巻五十九 孫和傳[一七]）、事實上、二宮事件は孫和の立太子時よりすでに始まっており、險惡な空氣が漂っていた。父の寵愛を笠に着た魯王とその一派は日ごと増長していき、徐々に太子の座を窺うようになっていくのである。

二宮事件について、方北辰〈一九八八〉は、江東地方大族の皇太子派と江北地主集團の魯王派の衝突とし、孫呉人士の地域性に基づく對立を原因と捉える。一方で渡邉義浩〈二〇〇〇〉は、方説に一定の理解を示しつつも、兩派の違いを地域性にのみ求めることは否定した上で、儒教的な價値基準を遵守しようとした「名士」層を主體とする皇太

子派と、孫權の君主權力強化の手先となる近臣勢力である魯王派との對立と把握する。(一八) いずれにせよ、孫權の煮え切らぬ態度が國を二分する内紛へ發展してしまったことは確かである。

かかる狀況は孫和や韋昭たちが危惧を抱くに十分である。人材の亡失および太子としての地位の危うさ、これらは孫呉という國家にとっても孫和陣營にとっても、不安を抱かざるを得ないものであった。その危機感や焦燥感が、自らのブレインたる蔡穎をはじめとした孫呉人士の頽廢を戒めると同時に、儒教を修め實踐する人材を希求する論を展開した。「博弈論」第三段落③では、孫呉は仕官を志す者のために廣く門戸を開いており、今こそ千年・百世に一度の好機であると說く。國家のために能力を活かし功績を殘すことが、④「君子の上務、當今の先急」、すなわち、今まさに行わねばならぬ最優先事項であると述べる。ここに明らかな焦燥感を看取できるのである。

孫呉を擔う次代の皇帝として、地位を脅かされている太子として、二つの重壓を前に孫和の焦燥感は募る。それが人材を求める主張として第三段落に表れていたのである。

三、二宮事件の果て

韋昭はいかなる論述を以て「博弈論」を結んだのであろうか。末尾に當たる第四段落を引用する。『三國志』巻六十五 韋曜傳(一九)に、

【第四段落】夫れ一木の枰は、方國の封に孰與《いづれ》ぞや。枯棊三百は萬人の將に孰與ぞや。袞龍の服、金石の樂、以て棋局を兼ねて博弈に貿《か》ふるに足れりとす。假《も》し世士をして博弈の力を移して、①之を詩書に用ひしめば、是れ顏(回)・閔(子騫)の志有るなり。②之を智計に用ひしめば、是れ(張)良・(陳)平の思有るなり。③之を資貨

に用ひしめば、是れ猗頓の富有るなり。④之を射御に用ひしめば、是れ將帥の備有るなり。此の如くんば、則ち
　功名 立ちて、鄙賤 遠ざからん。

とある。ここでは博弈にかける勞力を別のものに轉換するよう説く。注目すべきは、①詩書などの儒教經典を學び、古の顏回・閔子騫のごとき志を持つことを眞っ先に擧例している點である。②張良・陳平のような知謀、③猗頓のような利殖、④射御といった將帥としての技能、それよりも第一に儒教〔儒者〕を掲げている。

周知のとおり、顏回と閔子騫は孔子の高弟である。『論語』先進篇に、「子曰く、孝なる哉、閔子騫」とあるように、閔子騫は「孝」を孔子に稱された。また同じく先進篇に、「德行は、顏淵〔顏回〕・閔子騫・冉伯牛・仲弓」とあるように、兩者は「德行」を以て稱された孔門の四科十哲であった。

韋昭がかかる評價を受ける往古の儒者を具體例に擧げたのは、それが孫和にとって重視すべきものだったからである。『三國志』卷五十九 孫登傳に、[二〇]

　皇子の〔孫〕和は仁孝にして聰哲、德行は清茂たり。宜しく早に建置して、以て民の望を繫ぐべし。

とあるように、かつて孫登は死に臨んで遺言し、弟の孫和が「仁孝」や「德行」といった儒教を實踐している聰明な人物としてその資質に太鼓判を押し、己亡き後の太子に推した。つまり、「顏・閔の志」とは孫和の據って立つ儒教的德目であった。同時に、そのような「志」を持つよう、孫呉人士や在野の士にも求めたのである。

もともと孫和は長子ではなく、孫登・孫慮という兄を持つ一公子に過ぎなかった。[二一]長兄孫登は父からも臣下たちからも將來を囑望された人物で、孫權は孫登を太子に立て、陸遜を輔弼役とし、諸葛恪〔諸葛瑾の子〕・張休〔張昭の子、張承の弟〕・顧譚〔顧雍の孫〕・陳表〔陳武の子〕を「四友」に選んで積極的に交流させた。ところが、太子孫登は赤烏四（二四一）年に三三歳の若さで亡くなり、孫權は激しく落膽する（『三國志』卷五十九 孫登傳）。次兄の孫慮に至って

は、その九年前に僅か二十歳で沒していた（『三國志』巻五十九 孫慮傳）。つまり、二人の兄の夭逝という事情があって、最年長の孫和が太子に選ばれたのである。

二宮事件に類似した繼嗣問題に基づく派閥抗争はかつて曹魏でも展開された。曹操は曹丕と曹植のどちらを後繼者にするか決めかね、結果、兩陣營の對立を生んでしまったという孫呉と同じ状況があった。ある時、悩む曹操は羣僚に諮問した。『三國志』巻十二 崔琰傳に、（二二）

蓋し聞くならく、「春秋の義、『子を立つるに長を以てす』」と。加へて五官將（曹丕）は仁孝にして聰明たり、宜しく正統を承ぐべし。（崔）琰 死を以て之を守らん」と。

とあり、『春秋公羊傳』隱公元年を典據とする儒教的理念に基づいて年長の曹丕を推した。他にも、『三國志』巻十賈詡傳に、（二三）

太祖又た嘗て左右を屛除して（賈）詡に問ふも、詡 嘿然として對へず。太祖曰く、「卿と言《かた》れども答へざるは、何ぞや」と。詡曰く、「屬適《たまたま》思ふ所有るが故に、卽ちに對へざる耳」と。太祖曰く、「何をか思はん」と。詡曰く、「袁本初・劉景升父子を思へばなり」と。太祖大笑し、是に於て太子 遂に定まれり。

とあり、長子を後繼者にしなかったため内紛を招いて崩壊した袁紹・劉表政權を例に出し、曹操に諷喩している。結果、曹丕が立太子されて曹魏の初代皇帝となったのは周知のとおりである。（二四）

このように長子相續および嫡庶の辨別は儒教的觀點から見れば當然のことであった。すなわち、儒教は孫和の繼嗣就任を正統化し補強する理論を提供するのである。（二五）文化的先進國の曹魏ですら儒教的理念を排除し切れなかった。文化的後進國あるいは保守性を指摘される孫呉であれば、（二六）なおさら漢以來の傳統的名教たる儒教が重きをなし、魯王派への壓力となり得るのであった。事實、太子派は陸遜・諸葛恪・朱據らのように概ね儒教を修めた者たちで構成され、儒教的理念に基づいて孫權に繰り返し説いている。[二七] 反對に、魯王派には歩騭を除けばそうした人物がほとんどいないことも注目に値する。[二八]

「博弈論」は二宮事件の最中に完成した。あまねく孫呉人士に向けて、今こそ儒教の理念をしかと抱くのだ、と言わんばかりに繰り返される同論の主張にはこうした後背の事情が關係していたのである。

だが、かかる儒教的理念も、全公主の讒言を受けた孫權の前に虚しく散った。太子派がたびたび孫和の正統性を主張するも、孫權は聞き入れるどころか却って誅罰を加えるという暴擧に出る。對立にようやく決着がついた時、喧嘩兩成敗という形で魯王孫霸は死を賜り、孫和も太子の座を追われ、のちに妃の張氏とともに自殺する。兩派に與した多くの孫呉人士もまたこの抗爭により失われてしまった。[二九] 就中、丞相陸遜を憤死させたことは大きな痛手であり、孫權は陸遜の子の陸抗に自らの非を認めて詫びている（『三國志』卷五十八　陸遜傳附陸抗傳）。孫權が晩年に招いた派閥抗爭は不毛を極め、いたずらに國力を弱めるだけでしかなかった。

韋昭は孫和の意を受けて「博弈論」を著し、士大夫の頽廢を戒めるとともに、儒教的理念を展開して志ある人材を求め、太子の正統性を主張した。[三〇] にもかかわらず、内紛の中で多くの孫呉人士が失われ、太子も廢された。このように現實がいずれも逆の方向に向かってしまったのは皮肉としか言いようがあるまい。その後、二宮事件により瀕死となった孫呉は、陸抗に支えられつつ、かろうじて命脈を保っていくのである。

おわりに

第一段落は君子としての目標および目標人物を示し、第二段落では博弈の無益性とそうした娯樂に興じる者たちを戒め、第三段落では廣く人材を求め、第四段落では博弈に費やす勞力を轉換するよう說く。これらに儒教的理念を以て覆ったものが「博弈論」であった。

『三國志』巻五十九 孫和傳に見える孫和の發言のとおり、博弈を否定し、訓戒を垂れているのは確かであるし、こうした儒教の重視は、文教的保守性を有する孫吳の地域性を指摘することもできよう。だが、當初の趣旨にない人材希求という主張を込めている以上、そこには明確な意圖があった。「博弈論」は、孫吳人士の物故が相次ぎ人材が拂底していく當時の情勢下における孫和の危惧の聲であり、同時に、太子としての地位を揺るがす二宮事件という內紛において、自らの立場を正統化するイデオロギーの發露でもあった。「博弈論」の根底にあるものは、孫和の焦燥感だったのである。

《注》

（一）『文選』巻五十二 論二 博弈論の李善注に、「『系本』に曰く、烏曹は博に作る、と。許愼の『說文』に曰く、博は局戲なり。六箸十二棊なり、と。楊雄の『方言』に曰く、圍棊は、關より東、齊・魯の閒、之を弈と謂ふ、と（系本曰、烏曹作博。許愼說文曰、博、局戲也。六箸十二棊也。楊雄方言曰、圍棊、自關而東、齊・魯之閒、謂之弈）」とある。また、鈴木直美「後漢圖像にみる六博―神との交流から不老長壽の遊戲へ―」（『日本秦漢史學會報』第五號、二〇〇四年十一月）は「六博」を取り上げ、漢代には祖先祭祀や西王母饗應という形で、祖先や神からの恩惠の享受の祈願という意味がこの遊戲に含まれていたと論じている。ただし「博弈論」は博弈と神仙との關わりに觸れておらず、政治・軍事・道德面から否定している。小尾郊一が『文選（文章篇）六』（集英社、一九七六年）で「博弈にもいろいろあったのであろう」と述べるように、複數あって斷定できないのが正直なところである。

（二）孫吳の蔡穎の他、『三國志』巻三 明帝紀注引『魏氏春秋』、巻二十一 吳質傳注引『魏略』、巻四十四 費禕傳注引『費禕別傳』、巻五十二 諸葛瑾傳などにも博弈に興じた記録があり、三國いずれでも遊ばれていたことが分かる。遡れば、『論語』陽貨篇に、「博弈なる者有らず乎。之を爲すは猶ほ已むに賢《まさ》れり（不有博奕者乎。爲之猶賢乎已）」とあり、孔子は何もしないよりまだましだと評している。このようにかなり古い歴史を持つようである。

（三）『三國志』巻六十五 韋曜傳に、「韋曜字弘嗣、吳郡雲陽人也。……時蔡穎亦在東宮、性好博弈、太子（孫）和以爲無益、命曜論之。其辭曰……」とある。「博弈論」は孫和の太子時代（二四二～二五〇年）に著されたが、正確な著述年は不明。樊善標「韋昭《國語解》成書年代初探」（『大陸雜誌』第九十二巻第四期、一九九六年四月）は、孫和傳に見える立太子の記述と、同年に韋昭が太子中庶子になったという記述がないことを注記している。これを參考に著述年をより限定するならば、二四四年頃と考えられる。なお、『三國志』では司馬昭の諱を避けて「韋昭」を「韋曜」と表記している。本書は基本的に「韋昭」で通すが、書名および原文が「韋曜」に作っているものはそのまま記す。

（四）後羣寮侍宴、言及博弈、以爲妨事費日而無益於用、勞精損思而終無所成、非所以進德脩業、積累功緒者也。且志士愛日惜力、君子慕其大者、高山景行、恥非其次。夫以天地長久、而人居其閒、有白駒過隙之喩、年齒一暮、榮華不再。凡所患者、在於人情所不能絶、誠能絶無益之欲以奉德義之塗、棄不急之務以脩功業之基、其於名行、豈不善哉。夫人情猶不能無嬉娛、嬉娛之好、亦在於飲宴琴書射御之閒、何必博弈、然後爲歡。乃命侍坐者八人、各著論以矯之。於是中庶子韋曜退而論奏、和以示賓客。時蔡穎好弈、直事在署者頗斆焉、故以此諷之（『三國志』巻五十九 孫和傳）。

（五）王永平「讀《三國志・吳書・孫和傳》、韋昭《博弈論》推論孫吳中期士風的變化與僑舊士風的差異」（『孫吳政治與文化史論』、上海古籍出版社、二〇〇五年所收）。この他、他のテーマを論述する中で「博弈論」に觸れているものは、例えば高橋和巳「陸機の傳記とその文學（上）」（『中國文學報』第十一號、一九五九年三月／『高橋和巳全集 第十五巻』、河出書房新社、一九七八年所收）や池田秀三「『國語』韋昭注への覺え書」（『中國の禮制と禮學』、朋友出版、二〇〇一年）などがある。しかし、これらは一〜二文程度のごく僅かな記述しかない。

（六）本章では、孫和および彼に侍従したという記録のある韋昭・蔡穎・張純・封侑・嚴維らを「孫和陣營」と稱し、二宮事件の「太子派」とはやや異なるもっと狹い範圍の人的關係であることを注記しておく。

（七）【第一段落】①蓋聞君子恥當年而功不立、疾沒世而名不稱。故曰、②學如不及、猶恐失之。是以古之志士、悼年齒之流邁、而懼名稱之不立也。故勉精厲操、晨興夜寐、不遑寧息。經之以歲月、累之以日力。③若甯越之勤・董生之篤、漸漬德義之淵、棲遲道藝之域。④且以西伯之聖・姬公之才、猶有日昃待旦之勞。故能隆興周道、垂名億載。況在臣庶、而可以已乎。歷觀古今立功名之士、皆有累積殊異之迹、勞身苦體、契闊勤思、平居不墮其業、窮困不易其素。⑤是以卜式立志於耕牧、⑥而黃霸受道於囹圄、終有榮顯之福、以成不朽之名。⑦故山甫勤於夙夜、⑧而吳漢不離公門、豈有游惰哉（『三國志』卷六十五 韋曜傳）。なお、本書の「博弈論」の區切り方は、中華書局本『三國志』韋曜傳を參考にしている。

（八）『論語』衞靈公篇に、「君子疾沒世而名不稱焉」とあり、泰伯篇に、「學如不及、猶恐失之」とある。「博弈論」の典據については『文選』卷五十二 論二「博弈論」の李善注に詳しい。

（九）卜式は『漢書』卷五十八 卜式傳、黃霸は『漢書』卷八十九 循吏 黃霸傳、吳漢は『後漢書』卷十八 吳漢傳にそれぞれ專傳がある。仲山甫は正史に專傳がなく、『史記』卷四 周本紀をはじめ、樣々な文獻で斷片的に名が見える。

（一〇）【第二段落】今世之人多不務經術、好翫博弈、廢事棄業、忘寢與食、窮日盡明、繼以脂燭。當其臨局交爭、雌雄未決、專精銳意、心勞體倦、人事曠而不脩、賓旅闕而不接、雖有太牢之饌、韶夏之樂、不暇存也。至或賭及衣物、徙棊易行、廉恥之意弛、而忿戾之色發、然其所志不出一枰之上、所務不過方罫之閒、勝敵無封爵之賞、獲地無兼土之實、技非六藝、用非經國。立身者不階其術、徵選者不由其道。①求之於戰陳、則非孫・吳之倫也。②考之於道藝、則非孔氏之門也。③以變詐爲務、則非忠信之事也。④以劫殺爲名、則非仁者之意也。而空妨日廢業、終無補益。是何異設木而擊之、置石而投之哉。⑤且君子之居室也、勤身以致養、其在朝也、竭命以納忠、臨事且猶旰食。而何博弈之足耽。夫然、故孝友之行立、貞純之名彰也（『三國志』卷六十五 韋曜傳）。

（一二）『藝文類聚』卷七十四 巧藝部に、「後漢班固弈旨曰、北方之人、謂棊爲弈。弘之説之擧大略、局必方正、象地則也。道必正直、神明德也。棊有白黑、陰陽分也。駢羅列布、效天文也。四象既陳、行之在人、蓋王政也。……上有天地之象、次有帝王之治、中有五霸之權、下有戰國之事。覽其得失、古今略備」とある。また同卷七十四には馬融の「圍棊賦」も收められ、肯定的に捉えられている。このように先人が評價した點を否定して儒教を強調するところに、孫和や韋昭の意圖を窺える。

（一三）【第三段落】①方今、大吳受命、海內未平。②聖朝乾乾、務在得人。勇略之士、則受熊虎之任、儒雅之徒、則處龍鳳之署、百行兼苞、文武並鶩。③博選良才、旌簡髦俊、設程試之科、垂金爵之賞。誠千載之嘉會、百世之良遇也。當世之士、宜勉思至道、愛功惜力、以佐明時、使名書史籍、勳在盟府、④乃君子之上務、當今之先急也（『三國志』卷六十五 韋曜傳）。

（一三）魏明帝～曹爽輔政期周邊に關する論考には、佐藤達郎「曹魏文・明帝期の政界と名族層の動向―陳羣・司馬懿を中心に―」（『東洋史研究』第五十二卷一號、一九九三年六月）、福原啓郎『西晉の武帝 司馬炎』（白帝社、一九九五年）、拙稿「繆襲の政治的位置」（『三國志研究』第四號、二〇〇九年九月）などがある。蔣琬・費禕輔政期に關する論考には、渡邉義浩「蜀漢政權の支配と益州人士」（『史境』第八號、一九八九年／『三國政權の構造と「名士」』、汲古書院、二〇〇四年に所收）、滿田剛「諸葛亮歿後の「集團指導體制」と蔣琬政權」（『創価大學人文論集』第十七號、二〇〇五年三月）などがある。

（一四）これらは列傳等の記録により沒年が判明している者だけであり、戰死や刑死などの突發的な死ではなく、病死・自然死などで沒している。軍部の朱桓・孫韶を除き、いずれも儒家的教養を身に付けた者であることは注目すべき點であろう。

（一五）孫霸字子威、（孫）和〔同母〕弟也。和爲太子、霸爲魯王、寵愛崇特、與和無殊。頃之、和・霸不穆之聲聞於權耳、權禁斷往來、假以精學（『三國志』卷五十九 孫霸傳）。

（一六）初權既立和爲太子、而封霸爲魯王、初拜猶同宮室、禮秩未分。羣公之議、以爲、太子・國王上下有序、禮秩宜異。於是分宮別僚、而隙端開矣。自侍御賓客造爲二端、仇黨疑貳、滋延大臣。丞相陸遜・大將軍諸葛恪・太常顧譚・驃騎將軍朱據・會稽太守滕胤・大都督施績・尚書丁密等奉禮而行、宗事太子、驃騎將軍步騭・鎭南將軍呂岱・大司馬全琮・左將軍呂據・中書令孫弘等附魯王、中外官僚・將軍・大臣、擧國中分（『三國志』卷五十九 孫和傳注引『通語』）。

（一七）『三國志』巻五十九 孫和傳には、注（三）所掲の文に續いて「是の後、王夫人と全公主に隙有り。……（是後、王夫人與全公主有隙。……）」とある。全公主の讒言により両派の關係が険惡になり、陸遜・顧譚・吾粲らが嫡庶の義を孫權に説いていく。このことから、「博弈論」は孫和の立太子以降より陸遜が沒する二四五年二月までに完成していることが明らかである。

（一八）方北辰「論孫呉的"二宮構爭"」（『四川大學學報叢刊』第三十七輯、一九八八年三月）および渡邉義浩「孫呉政權の展開」（『大東文化大學漢學會誌』第四十號、二〇〇〇年三月／「君主權の強化と孫呉政權の展開」と改題・改訂して『三國政權の構造と「名士」』、汲古書院、二〇〇四年に所收）を參照。この他、二宮事件を論じたものには、大川富士夫「全公主小考」（『立正史學』第四十號、一九七六年三月）、注（五）所掲王永平書などがある。

（一九）【第四段落】夫一木之枰、孰與方國之封。枯棊三百、孰與萬人之將。袞龍之服、金石之樂、足以兼棊局而貿博弈矣。假令世士移博弈之力、①而用之於詩書、是有顏・閔之志也。②用之於智計、是有良・平之思也。③用之於資貨、是有猗頓之富也。④用之於射御、是有將帥之備也。如此則功名立、而鄙賤遠矣（『三國志』巻六十五 韋曜傳）。

（二〇）皇子和仁孝聰哲、德行清茂。宜早建置、以繫民望（『三國志』巻五十九 孫登傳）。渡邉信一郎「仁孝—あるいは二～七世紀中國の一イデオロギー形態と國家—」（『史林』第六一巻第二號、一九七八年三月／「仁孝—六朝隋唐期の社會救濟論と國家—」と改題して、『中國古代國家の思想構造 —專制國家とイデオロギー—』、校倉書房、一九九四年に所收）によれば、「仁孝」が次代の皇帝たるべき皇太子の資質を表すイデオロギーであることを述べる。渡邉は主に北朝隋唐期の例を擧げるが、孫登の遺言や、注（三）所掲の崔琰傳に見える「仁孝」はその先驅的用例と捉えることができる。なお、『三國志』巻五十九 孫登傳注引『呉書』には、「弟の（孫）和は寵を（孫）權に有し、（孫）登 親ら敬し、之を待すること兄の如く、常に之を讓らんと欲するの心有り（弟和有寵於權、登親敬。待之如兄、常有欲讓之心）」とあり、孫登は常々孫和に太子の座を讓ろうとしていたという。韋昭が『呉書』を撰定したのは二宮事件よりも後のことであり、これは不遇の死を遂げた孫和を韋昭が廻護したものであろう。

（二一）孫權には男子が七人おり、帝位に卽かなかった五人の兄については『三國志』巻五十九 呉主五子傳にそれぞれ列傳がある。

この他、孫權には歩夫人との間に生まれた魯班（全公主）・魯育（朱公主）という娘がいる。また、孫和の子の孫晧が第四代皇帝となる。

孫權
- 登〔二〇九～二四一年、宣太子〕
- 慮〔二一三～二三二年、建昌侯〕
- 和〔二二三～二五二年、廢太子・南陽王〕
- 霸〔?～二五〇年、魯王〕
- 奮〔生沒年不詳、齊王・章安侯〕
- 休〔二三五～二六四年、第三代景帝〕
- 亮〔二四三～二六〇年、第二代廢帝〕

（二二）『三國志』卷十二 崔琰傳に、「蓋聞、春秋之義、立子以長。加五官將仁孝聰明、宜承正統。（崔）琰以死守之」とある。崔琰は『春秋公羊傳』隱公元年の「適を立つるには長を以てし、賢を以てせず。子を立つるのは貴を以てし、長を以てせず（立適以長、不以賢。立子以貴、不以長）」という儒教的價値觀と理屈に基づき、曹植が兄の娘婿という關係にありながらも、あくまで長子の曹丕を太子に推している。

（二三）太祖又嘗屛除左右問詡、詡嘿然不對。太祖曰、與卿言而不答、何也。詡曰、屬適有所思、故不即對耳。太祖曰、何思。詡曰、思袁本初・劉景升父子也。太祖大笑、於是太子遂定（『三國志』卷十 賈詡傳）。

（二四）ここでは曹魏の例を擧げるが、孫呉の皇帝即位や立太子における詳細な記録・詔等は確認できない。例えば、二二九年に孫權が南郊祭祀を行った際の告代祭天文は、『三國志』本文になく裴松之注引『吴録』に見え、孫休が子を太子に立てた際の詔もまた裴松之注引『吴録』にのみ見える。こうしたことから、孫呉を正統と見做さず、即位・立太子の記録を採録しなかった陳壽の偏向が窺える。

（二五）二宮事件當時、孫權は皇后を立てておらず、また注（一五）所揭の孫霸傳によれば、孫和と孫霸は同母兄弟とされる。孫霸の母については異説もあるが、いずれにせよ、母親に決定的な貴賤の差がない以上、二者の立場は儒教的觀點からすれば年長の孫和に理がある。ましてや夭逝した前太子の孫登が儒教的評價を以て孫和を推していた以上、儒教は孫和の立太子の正統性を保證するイデオロギーとなり得るのである。

（二六）文學を例に擧げると、渡邉義浩「三國時代における「文學」の政治的宣揚―六朝貴族制形成史の視點から―」（『東洋史研究』第五十四卷第三號、一九九五年十二月／「「文學」の宣揚」と改題して『三國政權の構造と「名士」』、汲古書院、二〇〇四年に所收）は、儒教を掲げる「名士」に對抗して、新たな價値基準を創出するために文學を宣揚したとする。また、矢田博士「三國時代の蜀および吳における詩作の實態について」（『狩野直禎先生傘壽記念三國志論集』、汲古書院、二〇〇八年）は、詩作は曹魏で五言が流行したのと對象的に、孫吳や蜀漢では後漢の時代と同様、依然として『詩經』に由來する四言を主としていたとする。「博弈論」における儒教重視の要因を、新興文化的價値の未成熟な地域性に求めることは確かにできよう。だがそれよりも、二宮事件という喫緊の事情が優先されたと見るべきである。

（二七）例えば朱據は、「臣聞くならく、太子は國の本根なり。雅性仁孝なれば、天下心を歸す。今、卒かに之を責むれば、將に一朝の慮有らんとす。……（臣聞、太子國之本根。雅性仁孝、天下歸心。今卒責之、將有一朝之慮。……）」（『三國志』卷五十七　朱據傳注引『通語』）と述べ、「仁孝」という儒教的理念に基づき孫和を擁護している。「仁孝」が皇太子の資質を表すイデオロギーであることは注（三〇）所掲渡邉論文を參照。

（二八）步騭は儒家的教養を身に付けていながらも、孫權に寵愛されていた步夫人と同族であったため、孫權に阿諛する形で魯王派に與した。『三國志』卷五十九　孫和傳の裴松之注は、嫡庶の義を無視して魯王派に與した步騭の行動に疑問を呈している。

（二九）注（五）所掲王論文は兩派の人員について詳しく論じている。それを參考にして派閥別に分類すると次のようになる。

太子派――陸遜・諸葛恪・顧譚・朱據・滕胤・施績・丁密・顧悌・張純・吾粲・姚信・紀陟・是儀・張休・屈晃・羊衜

魯王派――步騭・呂岱・全琮・呂據・孫弘・吳安・楊竺・孫奇・諸葛綽・孫峻

彼らの多くが彈壓を受け、例えば陸遜は流罪ののち憤死（『三國志』卷五十八　陸遜傳）、吾粲は讒言を受けて誅殺（『三國志』

巻五十七 吾粲傳)、韋昭とともに孫和のブレインを務めた張純は幽閉ののち棄市された(『三國志』巻五十九 孫和傳注引『呉書』)。二宮事件後、諸葛恪は魯王派に屬していた孫弘を殺害するなど、孫呉人士の閒に深い亀裂を殘した。

(三〇)『文選』を編纂した昭明太子蕭統は、『梁書』巻八 昭明太子傳に、「太子は生まれながらにして聰叡、三歳にして孝經・論語を受け、五歳にして遍く五經を讀み、悉く能く諷誦す。五年六月庚戌、始めて出でて東宮に居る。太子は性仁孝にして、宮を出でて自り、恆に思戀して樂しまず(太子生而聰叡、三歳受孝經・論語、五歳遍讀五經、悉能諷誦。五年六月庚戌、始出居東宮。太子性仁孝、自出宮、恆思戀不樂)」とあるように、幼い頃より經書を學び、「仁孝」という儒教イデオロギーを以て評された。想像を逞しくすれば、蕭統自身が太子としての正統性を補強するために、韋昭「博弈論」を『文選』に採録したのかも知れない。

第二章　「呉鼓吹曲」と孫呉正統論

はじめに

三國時代、曹魏では繆襲、孫呉では韋昭によって鼓吹曲が作られた。この「魏鼓吹曲」および「呉鼓吹曲」は、漢の鼓吹曲をもとに換骨奪胎して、十八曲中の十二曲へ新詞を附し、殘りをそのまま襲用していたとされる（『晉書』卷二十三 樂志下）。

増田清秀〈一九六五〉は、三國時代の鼓吹曲について、蔡邕と王先謙が述べる軍樂的性格を肯定し、その性質が晉以後に準據され、強化されていったと述べており(一)、首肯し得る指摘と言える。ただ、増田論文はあくまで漢から晉までの鼓吹曲について總述したものであり、個々の詳細な検討にまでは及んでいない。また、松家裕子〈一九九八〉は、「魏鼓吹曲」の第九曲までほぼ忠實に『三國志』武帝紀の事蹟をたどっていること、繆襲は全體としてリズムを元の歌に沿わせる傾向があることを擧げ、第十曲「應帝期」を曹植の「大魏篇」と比べた上で、繆襲の曲が遠く及ばぬことを指摘している(二)。

一方、韋昭の「呉鼓吹曲」に關する研究は非常に少ない(三)。過去、『三國志』の著者陳壽が魏を正統と見なし、南宋の朱熹が蜀漢正統論を掲げる等々、魏および蜀には正統と見なされた經緯がある一方、孫呉は斯様な扱いを受けることがなかった。孫吳は三國中、正統性から最も遠かった國である。したがって、「吳鼓吹曲」は孫吳の正統性を考えていく上で重要な資料と言えよう。

かかる研究狀況および背景を踏まえ、繆襲との比較の中で韋昭の特徵を考え、「吳鼓吹曲」の構成を整理する。本章は、「魏鼓吹曲」との比較によって、韋昭がいかなる內容・主張を詞に込めたのかを照射するものである。(四) なお、本書の附篇に「吳鼓吹曲」を載せる。合わせて參照し、本章の理解の一助としてほしい。

一、鼓吹曲の性質とその作詞者

鼓吹曲の性質について、『宋書』卷十九 樂志一に引かれる蔡邕の「禮樂志」には、(五)

　鼓吹は、蓋し短簫鐃哥なり。蔡邕曰く、「軍樂なり。黃帝 岐伯の作る所、以て德を揚げ武を建て、士を勸め敵を諷するなり」と。

とあり、「漢鼓吹曲」は簫・鐃という吹奏樂器・打樂器を用いて演奏し、軍樂としての性質を有し、また、德と武威の宣揚を行い、味方の士氣高揚と敵の戰意減退を圖るものであった。したがって、それをもとにした魏・吳の兩曲もまた同樣の性質を有していたと考え得る。事實、後揭する鼓吹曲には軍事的內容がいくつも歌われ、そこには正統性の主張も込められている。金文京《一九九三》は、時間を追って事件を敍述する組曲形式であることを鼓吹曲の特徵の一つに求める。(六) 當時各國で鼓吹曲が作成されたことは、その重要性を雄辯に物語る。ちなみに、蜀漢には「蜀鼓吹曲」と言うべきものがない。蜀漢は漢の皇統の繼承者を自稱していたため、「漢鼓吹曲」をそのまま襲用していたと考えられる。蜀漢はその正統性において曹魏・孫吳に比べ、優越する立場にあったと言えよう。これに對して曹魏・

孫呉それぞれの鼓吹曲を作成した繆襲・韋昭はいかなる人物であったのだろうか。

繆襲について、注（二）所掲松家論文は、子孫に至るまでの繆氏一族について詳しく觸れている。松家論文を參照しつつ、繆襲について整理していこう。

史書における繆襲の記述はごく僅かであるため、經歷はつまびらかでない。だが、繆襲は「挽歌詩」の作者として知られ、鍾嶸『詩品』では、晉の鼓吹曲を作成した傅玄とともに「下品」に分類されている。[七]『三國志』巻二十一 劉劭傳注引『文章志』[八]に、

> （繆）襲 字は熙伯。御史大夫の府に辟され、魏の四世に歷事す。正始六年、年六十にして卒す。子の悅 字は孔懌、晉の光祿大夫なり。襲の孫の紹・播・徵・胤等、竝びに皆な顯達す。

とあり、中平三（一八六）年から正始六（二四五）年までの六十年の生涯に、曹操・曹丕・曹叡・曹芳の四君に仕えたことがわかる。

繆襲がはじめ仕えた曹操は、もはや機能していなかった漢に代わり政治の實權を握っていた。繆襲は曹操の命によって鼓吹曲を作成したが、第十二曲「太和」では明帝曹叡を歌っており、完成までにかなり長い期間を要したようである。

一方、韋昭については『三國志』巻六十五に列傳があり、また池田秀三〈二〇〇二〉の論考がある上に[九]、本書序論でもまた詳しく觸れているので、ここでは簡單に述べたい。韋昭は建安九（二〇四）年に生を享け、鳳凰二（二七三）年に沒するまでの七十年間、繆襲と對を成すかのように孫權・孫亮・孫休・孫晧ら孫呉の四君に仕えた。若年期からの修學と好學な氣質によって磨かれた知識・素養を以て、『國語解』『呉書』『毛詩答雜問』など多くの著述を殘した。ことに『三國志』巻六十五 韋曜傳にある「博弈論」は、後世『文選』巻五十二 論二に收められており、彼は名文家

としての才能を有していたと言える（本書第二篇第一章）。しかし、『吳書』の撰定者ということで、史家と評されることが多い（一〇）。

韋昭の仕えた孫吳は三國時代の脇役とも言える存在であった。國力は曹魏に、正統性は曹魏・蜀漢兩國に劣っていたのである。當初は「漢室匡輔」を掲げて存立の根據としていたものの、それはあくまで漢の輔佐という立場での正統性であり、獨立して漢に代わる理論を持たなかった（一一）。しかも、獻帝が曹魏に禪讓したことで漢が滅びてしまい、新たな正統理論の確立を迫られていたのである。鼓吹曲はその主張を行う手段の一つであった。

今日、鼓吹曲は「樂府」という文學の一形式として分類される。柳川順子〈二〇〇八〉は、孫吳を「文學的不毛の土地」とし、魏が艶麗な五言詩に靡いていたのに對し、吳のそれは『詩經』以來の傳統を持つ四言を主體とする古風な文辭が盛行していたと指摘する（一二）。前述したように、繆襲は鍾嶸『詩品』で「下品」に分類される詩人である。これに對して、韋昭は詩人ではなく、むしろ經學者であった。また、韋昭は『毛詩答雜問』という『詩經』に關する著述を殘していることから、柳川の指摘する傾向を有していた典型的人物とも言えよう。ただし、柳川の指摘は「「文學」を個人の已むに已まれぬ思いに發する言語表現だと捉え」た上でのものであるため、政治的宣傳という公的性質の強い鼓吹曲に對して當てはめるのは適當でない。また兩者の鼓吹曲としての文學性も一樣ではない。詩人という一面を持つ繆襲に對して、本質があくまでも經學者たる韋昭の鼓吹曲は、「文學」作品としてだけ見ていくのではなく、むしろ正統性との係わりによって分析していく必要があろう。

かかる人物的・地域的差異を踏まえつつ、次節より韋昭の著した「吳鼓吹曲」の具體的な内容を曲順に沿って見ていこう。

二、曹魏への對抗意識

軍樂としての性質を有していた鼓吹曲は、當然ながら軍事的内容を詞中に込めた。次の表は『宋書』にみえる「呉鼓吹曲」の題詞と、詞中より想定し得る史實の年代を整理したものである(一三)。

曲名	題詞	詞中より想定し得る年代
炎精缺	炎精缺者、言漢室衰、武烈皇帝奮迅猛志、念在匡救、然而王迹始乎此也。漢曲有朱鷺、此篇當之。第一。	一八四年（張角の亂） 一八五年（邊章・韓遂の亂）
漢之季	漢之季者、言武烈皇帝悼漢之微、痛卓之亂、興兵奮擊、功蓋海内也。漢曲有思悲翁、此篇當之。第二。	一九〇年（董卓の長安遷都）
攄武師	攄武師者、言大皇帝卒武烈之業而奮征也。漢曲有艾如張、此篇當之。第三。	二〇八年（黃祖の擊破）
烏林	烏林者、言曹操既破荊州、從流東下、欲來爭鋒。大皇帝命將周瑜、逆擊之於烏林而破走也。漢曲有上之回、此篇當之。第四。	二〇八年（赤壁の戰い）
秋風	秋風者、言大皇帝說以使民、民忘其死。漢曲有擁離、此篇當之。第五。	二一三～二一六年（合肥・濡須口の戰い）
克皖城	克皖城者、言曹操志圖幷兼、而令朱光爲廬江太守。上	二一四年（皖城攻擊）

	親征光、破之於皖城也。漢曲有戰城南、此篇當之。第六。	
關背德	關背德者、言蜀將關羽背棄吳德、心懷不軌。大皇帝引師浮江而禽之也。漢曲有巫山高、此篇當之。第七。	二一九年（關羽斬首）
通荊門	通荊門者、言大皇帝與蜀交好齊盟、中有關羽自失之愆、戎蠻樂亂、生變作患、蜀疑其眩、吳惡其詐、乃大治兵、終復初好也。漢曲有上陵、此篇當之。第八。	二二三年（蜀・呉の同盟再締結）
章洪德	章洪德者、言大皇帝章其大德、而遠方來附也。漢曲有將進酒、此篇當之。第九。	二四三年（扶南の朝貢）
從曆數	從曆數者、言大皇帝從籙圖之符、而建大號也。漢曲有有所思、此篇當之。第十。	二二九年（孫權の皇帝卽位）
承天命	承天命者、言上以聖德踐位、道化至盛也。漢曲有芳樹、此篇當之。第十一。	二五四年（稗草が稲に變化） 二五五年（大石自立） 二六〇年（赤烏出現） 二六一年（白龍出現）
玄化	玄化者、言上修文訓武、則天而行、仁澤流洽、天下喜樂也。漢曲有上邪、此篇當之。第十二。	（理想社會の提示）

韋昭は孫堅期の一八四年頃から孫休期の二六〇年頃までの約八十年間に起こった出來事を詞中に盛り込んだ。内容を分類すると、第一曲から第八曲までは軍事的内容を主とし、第九曲は德の表彰、第十・十一曲は受命と正統性の主張である。第十二曲はそれらを承けた上での理想社會を提示しつつ、全體をまとめる役割を果たそう。では、「魏鼓吹曲」と比較しつつ、具體的に内容を検討しよう。「呉鼓吹曲」第一曲「炎精缺」は、漢の衰微と孫堅の武勇を歌う。

炎精缺　漢道微
皇綱弛　政德違
衆姦熾　民罔依
赫武烈　越龍飛
陟天衢　燿靈威
鳴雷鼓　抗電麾
撫乾衡　鎭地機
厲虎旅　騁熊羆
發神聽　吐英奇
張角破　邊韓羈
宛潁平　南土綏
神武章　渥澤施
金聲震　仁風馳

炎精缺《か》け　漢道微《おとろ》ふ
皇綱弛《ゆる》み　政德違《たが》ふ
衆姦熾《さか》んにして　民は依る罔《な》し
赫たる武烈は　龍を越へて飛び
天衢《てんく》に陟《のぼ》り　靈威を燿かす
雷鼓を鳴らし　電麾を抗《あ》げ
乾衡を撫して　地機を鎭む
虎旅を厲《はげ》まし　熊羆《ゆうひ》を騁せ
神聽を發して　英奇を吐く
張角破れ　邊・韓羈《つな》がれ
宛・潁平らか　南土綏《やす》んぜり
神武章らかにして　渥澤《あくたく》施す
金聲震へ　仁風馳す

顯高門　啓皇基　　高門に顯らかなりて　皇基を啓く
統罔極　垂將來　　罔極を統べ　將來に垂る

「炎精」とは火徳のことで、言うまでもなく漢を指す。漢の威嚴は損なわれ、治安は惡化し、人々は塗炭の苦しみにあった。凋落著しく、民を救う力さえない。このような後漢末の混亂をまず描き出す。そこに「武烈」こと孫堅が神々しい武勇を奮い、孫呉の基がここよりはじまったと歌いあげる。太平道の張角による黄巾の亂は光和七（一八四）年、「邊韓」こと邊章・韓遂の亂は中平二（一八五）年のことである（『後漢書』列傳三十八　應奉傳附應劭傳）。この曲は孫堅の武勇を宣揚する一方、漢への挽歌としての側面も持つと言えよう。「炎精缺」には衰微する漢と興隆する孫呉の對比が明確に打ち出されている。

この「炎精缺」は、「魏鼓吹曲」第一曲「初之平」に酷似している。[一四]兩曲を比較してみると、その相似が理解できよう。

初之平　義兵征　　初めて之れ平ぎて　義兵征く
神武奮　金鼓鳴　　神武奮ひ　金鼓鳴る
邁武徳　揚洪名　　武徳を邁《すす》め　洪名を揚ぐ
漢室微　社稷傾　　漢室微《おとろ》へ　社稷傾く
皇道失　桓與靈　　皇道失ひしは　桓と靈と
閹官熾　群雄爭　　閹官熾《さか》んにして　群雄爭ふ
邊韓起　亂金城　　邊・韓起ちて　金城を亂す
中國擾　無紀經　　中國擾《みだ》れ　紀經無し

赫武皇　起旗旌　　赫たる武皇　旗旌を起て
麾天下　天下平　　天下を麾《さしまね》き　天下平らかなり
濟九州　九州寧　　九州を濟《すく》ひ　九州寧んず
創武功　武功成　　武功を創りて　武功成れり
越五帝　邈三王　　五帝を越へ　三王を邈《しの》ぐ
興禮樂　定紀綱　　禮樂を興し　紀綱を定め
普日月　齊暉光　　日月を普《あまね》くして　暉光に齊《ひと》し

「初之平」も漢の衰微を歎きつつ曹操の武勇を稱える。「神武奮」「金鼓鳴」「漢室微」「邊韓起」等々、魏・呉兩曲で似た表現が散見する。また、詞中に邊章・韓遂の名が見えることから、魏・呉の第一曲は、ほぼ同時期のことを歌っている。詞の構成は三字句×三十であり、「炎精缺」も同様である。「漢鼓吹曲」第一曲がわずか二十五文字であることを考えれば(一五)、かかる相似は一方を參照した上で作られたものであろうことを想起させる。

呉の第二曲「漢之季」もまた孫堅の武勇を扱う。

漢之季　董卓亂　　漢の季《すゑ》　董卓亂《みだ》せり
桓桓武烈　應時運　　桓桓たる武烈　時運に應ず
義兵興　雲旗建　　義兵興りて　雲旗建ち
厲六師　羅八陳　　六師を厲まし　八陳を羅《つら》ぬ
飛鳴鏑　接白刃　　鳴鏑を飛ばし　白刃を接す
輕騎發　介士奮　　輕騎發して　介士奮ふ

醜虜震　使衆散　　醜虜震へ　衆をして散ぜしむ
劫漢主　遷西館　　漢主を劫かして　西館に遷るも
雄豪怒　元惡僨　　雄豪怒りて　元惡僨《たお》れ
赫赫皇祖　功名聞　　赫赫たる皇祖　功名聞こゆ

これは事實上、漢を滅亡させた董卓の亂を歌っている。孫堅は時運に應じて兵を興し、果敢に敵を蹴散らす。「桓桓武烈」は『詩經』周頌・桓篇の「桓桓武王、保有厥士（桓桓たる武王、厥の士を保《やす》んじ有《たも》つ）」を踏まえ、孫堅を周の武王に準えていると見てよい。天子の軍隊を意味する後句の「六師」もまた準えている證左であろう。いずれにせよ、孫堅の武威を稱える句である。「遷西館」とは、初平元（一九〇）年の董卓による長安遷都を指す。董卓の横暴に英雄豪傑たちが怒り、遂に打倒する。それによって孫堅の名が顯れたと結ぶ。

「漢之季」を「魏鼓吹曲」と比較すると、韋昭がいかにそれを意識して作詞したかが分かる。魏の第二曲「戰滎陽」は滎陽の戰いを歌う。これは本來、曹操が董卓に敗れて馬を失い、從弟の曹洪が自分の馬を與えたことで辛くも難を逃れたという慘めな敗戰である（『三國志』巻九 曹洪傳[一六]）。だが、繆襲はそれを巧みに修飾する。

戰滎陽　汴水陂　　滎陽《けいやう》の汴水《べんすい》の陂に戰ふ
戎士憤怒　貫甲馳　　戎士憤怒し　甲を貫《き》て馳す
陳未成　退徐榮　　陳未だ成らざるも　徐榮を退け
二萬騎　塹壘平　　二萬騎もて　塹壘平ぐ
戎馬傷　六軍驚　　戎馬傷つき　六軍驚く
勢不集　衆幾傾　　勢は集まらず　衆は幾《ほとん》ど傾く

白日沒　時晦冥　　　白日沒し　時に晦冥たり
顧中牟　心屏營　　　中牟を顧みるに　心は屏營《へいえい》たり
同盟疑　計無成　　　同盟疑ひ　計は成ることなし
賴我武皇　萬國寧　　我が武皇に賴《よ》り　萬國寧《やす》らかなり

これは終始曹操に不利な展開を歌いながら、最後の一節でまるで勝ち戰のようにすり替えを行っている(一七)。「戰滎陽」は敗戰を強引に取り繕って、苦戰しつつも董卓に勝利した曹操の姿を描くものであり、これに對して「漢之季」は果敢に武勇を奮って董卓を打倒する孫堅の姿を描いている。すなわち、直接的な描寫こそないが、韋昭は對董卓戰という同テーマを扱い、曹操と孫堅を對比させようとした意圖を看取できよう。曹魏が苦杯を嘗めた相手に孫吳は勝ったのだ、と。

續く吳の第三曲「攄武師」は、黃祖を擊破したことを歌う。この曲は非常に短い。

攄武師　斬黃祖　　　武師を攄《ち》らし　黃祖を斬る
肅夷凶族　革平西夏　凶族を肅《う》ち夷《たひら》げ　西夏を革《いまし》め平《たひら》ぐ
炎炎大烈　震天下　　炎炎たる大烈　天下に震ふ

「炎精缺」「漢之季」で武勇を稱えられ、孫吳の基を創った孫堅は、黃祖の配下に射殺され、三十七年の短い生涯を終える（『三國志』卷四十六 孫破虜傳）。その後、孫吳は孫堅を斃した宿敵黃祖と幾度も交戰し、建安十三（二〇八）年、「(黃) 祖 身を挺して亡げ走り、騎士の馮則 追ひて其の首を梟し、其の男女數萬口を虜とす(一八)」とあるように、遂に斬首する。馮則なる人物は『三國志』中この一箇所にしか名が見えず、黃祖を斬った一事によって正史に名を留めたのである。孫吳が黃祖をいかに敵視していたか理解できよう。その宿敵の打倒を歌うことにより戰意の高揚を圖ったのである。

次の「烏林」は、呉の第四曲目に當たり、曹操を破ったことを歌う。

曹操北伐　拔柳城　曹操北伐して　柳城を拔き
乘勝席卷　遂南征　勝ちに乘じて席卷し　遂に南征す
劉氏不睦　八郡震驚　劉氏睦まじからず　八郡震驚し
衆既降　操屠荊　衆は既に降るも　操は荊を屠る
舟車十萬　揚風聲　舟車十萬　風聲を揚ぐ
議者狐疑　慮無成　議する者狐疑し　成ること無からんかと慮る
賴我大皇　發聖明　賴《さいは》ひに我が大皇　聖明を發す
虎臣雄烈　周與程　虎臣雄烈たりし　周と程と
破操烏林　顯章功名　操を烏林に破り　功名を顯章す

これは建安十三（二〇八）年の赤壁の戰いを歌ったものである。十萬の曹操軍が南征を開始し、荊州は大混亂に見舞われた。紛糾する孫呉の輿論をまとめあげた「大皇」こと孫權の快刀亂麻ぶりと、周瑜・程普の勇壯さを稱える。赤壁の戰いの時、孫權は周瑜を左都督に、程普を右都督に任命した。すなわち、兩者は司令官であった。この戰いは孫呉史上最大、かつ曹魏を相手に得た軍事的大勝利である。これを「呉鼓吹曲」が威勢よく歌うのは至極當然であり、最も肝要な曲である。

なお、金文京が指摘するように、「魏鼓吹曲」は十二曲中、赤壁の戰いについて何一つ觸れていない[一九]。魏の第四曲は「克官渡」であり、建安五（二〇〇）年の白馬・官渡の戰いにおける大勝を歌っている。曹操はこの戰いで袁紹を破って強大な勢力を形成し、その後の三國時代への流れを決定づけた。繆襲は第二曲「戰滎陽」で敗戰を巧みにごまかしたが、さすがに赤壁での大敗は取り繕えなかったのであろう。

曹操を倒す歌は「烏林」だけではない。第五曲「秋風」と、次に擧げる第六曲「克皖城」もまたそうである。

克滅皖城　遏寇賊　　克《よ》く皖城を滅し　寇賊を遏《た》つ
惡此凶孼　阻姦慝　　此の凶孼を惡《にく》み　姦慝を阻む
王師赫征　衆傾覆　　王師赫として征き　衆は傾覆せり
除穢去暴　戢兵革　　穢を除き暴を去り　兵革を戢《をさ》む
民得就農　邊境息　　民は農に就くを得　邊境息《いこ》ふ
誅君弔臣　昭至徳　　君を誅し臣を弔ひ　至徳を昭らかにす

『三國志』巻四十七 呉主傳に、「(建安) 十九年五月、(孫) 權 皖城を征す。閏月、之に克つ」とある。建安十九（二一四）年、孫權は皖城を攻め落とし、曹操より廬江太守に任命されていた朱光と、參軍の董和を捕虜にした。それによって民は農業に專念でき、邊境は安寧を迎える。第四～第六曲は立て續けに曹魏を破る歌であり、韋昭の曹魏への強い對抗意識を窺い得る。

鼓吹曲は武威の宣揚を行う一方で、徳の宣揚も行った。呉の第九曲「章洪徳」がそれである。

章洪徳　邁威神　　洪徳を章らかにし　威神を邁《すす》む
感殊風　懷遠鄰　　殊風を感ぜしめ　遠鄰を懷《なつ》く
平南裔　齊海濱　　南裔を平らげ　海濱を齊《ととの》ふ
越裳貢　扶南臣　　越裳 貢ぎ　扶南 臣たり

珍貨充庭　所見日新　珍貨庭に充ち　見る所日〻新たなり

軍事的内容も含まれているが、むしろ『宋書』の題詞が述べるように、孫呉の德による他國の歸順を表彰した歌である。『後漢書』列傳七十六　南蠻傳に、「交阯の南に越裳國有り」とあり、越裳は今のベトナム中部に當たる。しかし、越裳が孫呉へ朝貢に來たという記事は『三國志』中に見えない。一方、扶南王の朝貢は、「(赤烏六年)十二月、扶南王范旃　使を遣はして樂人及び方物を獻ぜしむ」[二〇]とある。したがって、詞中より赤烏六（二四三）年の史事を確認できるが、呉・蜀の再同盟を歌った第八曲が黃武二（二二三）年で、孫權の卽位を歌う第十曲が黃武八（二二九）年という年代配列を考慮すると、越裳の朝貢はこの間にあった可能性を推測し得る。おそらく、「章洪德」は他國の歸順・朝貢をひとまとめにして歌った曲であろう。

以上、いくつかの曲を見てきたが、第一曲に顯著であった鼓吹曲の年代起點・使用語句・句構成をはじめとする相似、および第二曲における對董卓戰をテーマにした描寫の相違、第四曲の軍事的大勝利のテーマ等々、魏・呉兩曲には相似と對比が瞭然であった。[二一]では、かかる結果の理由は何處に求められるのであろうか。

その解は時間的觀點より求め得る。『晉書』巻二十三　樂志下に、[二二]

魏の命を受くるに及び、其の十二曲を改め、繆襲をして詞を爲り、述ぶるに功德を以て漢に代へしむ。……是の時、呉も亦た韋昭をして十二曲名を制し、以て功德・受命を述べしむ。

とある。「是の時」という記述により、一見魏・呉が同時期に歌の應酬をしていたように捉えられる。だが、繆襲と韋昭の生沒年は約二十年開いており、韋昭が鼓吹曲を奏上した孫休期（在位二五八～二六四）に、[二三]繆襲はすでに世を去っている。すなわち、「呉鼓吹曲」は魏よりも成立が遲く、韋昭は「魏鼓吹曲」を踏まえつつ、それに反擊する形で作詞したのである。でなければ、ここまでの表現上の相似や内容上の對比が生じる豫地はあるまい。時間的なずれと孫呉側の強い對抗意識が相似や對比を生み出したのである。

三、正統性主張における相違

一で述べたように、鼓吹曲には武と徳を表彰するだけでなく正統性の主張も含まれていた。それらは第十曲・第十一曲より看取でき、同時に、二で指摘した韋昭の對抗意識も窺い得る。まずは「魏鼓吹曲」から見てゆく。

應帝期　於昭我文皇　　帝期に應ず　於昭《ああかがや》かしき我が文皇
暦數承天序　龍飛自許昌　　暦數は天序を承け　龍の飛ぶこと許昌自《よ》りす
聰明昭四表　恩徳動遐方　　聰明は四表に昭《あき》らか　恩徳は遐方《かはう》を動かす
星辰爲垂燿　日月爲重光　　星辰 爲に燿を垂れ　日月 爲に光を重ぬ
河洛吐符瑞　草木挺嘉祥　　河洛は符瑞を吐き　草木は嘉祥を挺《う》む
麒麟歩郊野　黄龍遊津梁　　麒麟は郊野を歩み　黄龍は津梁に遊ぶ
白虎依山林　鳳皇鳴高岡　　白虎は山林に依り　鳳凰は高岡に鳴く
考圖定篇籍　功配上古羲皇　　圖を考へ篇籍を定め　上古の羲皇に功配す
羲皇無遺文　仁聖相因循　　羲皇に遺文無く　仁聖 相ひ因循す
期運三千歳　一生聖明君　　期運三千歳　一たび聖明なる君を生ず
堯授舜萬國　萬國皆附親　　堯は舜に萬國を授け　萬國皆な附親す

四門爲穆穆　教化常如神　　四門は爲に穆穆たりて　教化は常に神の如し
大魏興盛　與之爲鄰　　大魏興盛し　之と鄰を爲す

魏の第十曲「應帝期」は文帝曹丕の卽位を歌う。聰明さと德を稱え、麒麟・黃龍・鳳凰など多くの瑞祥が現れる。同時に注目すべきは「堯授舜萬國」という一節で、繆襲は堯舜の禪讓劇を詞中に込めたことにある。續く「四門爲穆穆」は、『尙書』堯典の「賓于四門、四門穆穆（四門に賓せしめて、四門穆穆たり）」を典據とする。四方の門で諸國から來朝する賓客を舜に迎えさせたところ禮儀がよく整った、という逸話を踏まえ、堯の末裔たる火德の漢が、舜を典範とする土德の曹魏へ禪讓したことを諷喩しているのである。そして、古の帝王に匹敵するほど興隆したと曹丕を稱えて結ぶ。

曹魏の正統理論はここに集約されている。「應帝期」は禪讓と瑞應によって正統性を主張した。禪讓は曹魏の正統理論の中でも多くの比重を占め、鼓吹曲に限らず用いられた。「緯書や瑞應は、堯から舜への革命に漢魏革命を準えることを俟って、はじめて十全にその正統性を保障し得る」という渡邉義浩〈二〇〇三〉の指摘は「應帝期」にも當てはまる。[二四]「文學」的觀點から見れば、確かに注（二）所揭松家論文の述べる如く、繆襲の詞は曹植に遠く及ばぬかも知れない。だが、鼓吹曲は軍樂である。十全な正統性の込められた「應帝期」が彼我に與える影響は大きいであろう。漢魏禪讓という正統理論を持ち得たことは曹魏にとって大きな利點であり、その利點を詞中に反映させていたのが「應帝期」である。

かかる主張に對し、韋昭はいかなる詞を紡いだのであろうか。「吳鼓吹曲」第十曲は、孫權の卽位を歌う。

從曆數　於穆我皇帝　　曆數に從ふ　於穆《ああうる》はしき我が皇帝
聖哲受之天　神明表奇異　　聖哲は之を天に受け　神明は奇異を表す

建號創皇基　聰叡協神思　　號を建てて皇基を創り　聰叡は神思《しんし》に協《かな》ふ
德澤浸及昆蟲　浩蕩越前代　　德澤は浸《やうや》く昆蟲に及び　浩蕩して前代を越ゆ
三光顯精燿　陰陽稱至治　　三光は精燿を顯らかにし　陰陽は至治を稱《たた》ふ
肉角歩郊畛　鳳皇棲靈囿　　肉角は郊畛を歩み　鳳皇は靈囿に棲み
神龜游沼池　圖讖副文字　　神龜は沼池に游び　圖讖は文字を副《うつ》す
黃龍覿鱗　符祥日月記　　黃龍は鱗を覿《しめ》し　符祥の日月をば記せり
覽往以察今　我皇多噲事　　往を覽て以て今を察す　我が皇　噲事多し
上欽昊天象　下副萬姓意　　上は昊天の象を欽《よろこ》び　下は萬姓の意に副《そ》ふ
光被彌蒼生　家戶蒙惠賚　　光被《かうひ》すること蒼生に彌《あまね》く　家戶は惠賚《けいらい》を蒙る
風教肅以平　頌聲章嘉喜　　風教《ふうけう》は肅として以て平らか　頌聲は嘉喜を章らかにす
大吳興隆　綽有餘裕　　大吳興隆し　綽として餘裕有り

「從曆數」には「應帝期」と類似した構成・語句が用いられている。「先に漢歌の「有所思」の遺聲を多少變更して「應帝期」の新詞を塡めたものに、後ほど吳の「從曆數」の曲が、魏曲のそれに協調したからである」と、注（一）所掲增田論文は述べる。この曲には「應帝期」同樣多くの瑞祥が出現する。「應帝期」が「麒麟」「白虎」につくるのを「從曆數」では「肉角（麒麟のこと）」「神龜」につくるなど、細かな差異こそあれ概ね一致する點に、やはり對抗意識を窺い得る。續く「黃龍覿鱗」とは、黃武八（二二九）年の黃龍出現を指し、これを機に孫權は帝位に即いて黃龍と改元したのである（『三國志』卷四十七　吳主傳）。

「應帝期」が堯舜禪讓に漢魏禪讓を準えていたのに對し、「從曆數」の當該箇所では「光被彌蒼生　家戶蒙惠賚」

となっている。これは漠然とした德治による結果を歌っているに過ぎない。孫呉は漢魏禪讓に對抗し得る正統理論を持たなかったため、このような抽象的表現に逃げるしかなかったのであろう。

しかしながら、韋昭も對抗する。それが第十一曲に看取できる。魏・呉どちらも「漢鼓吹曲」の「芳樹」を踏襲している。まずは「魏鼓吹曲」から擧げてみよう。

邕熙　君臣合德　天下治　　邕熙《ようき》して　君臣　德を合し　天下治まる
隆帝道　獲瑞寶　　帝道を隆んにし　瑞寶を獲
頌聲竝作　洋洋浩浩　　頌聲竝び作《おこ》りて　洋洋浩浩たり
吉日臨高堂　置酒列名倡　　吉日に高堂に臨み　酒を置きて名倡を列ぬ
歌聲一何紆餘　雜笙簧　　歌聲　一に何ぞ紆餘たる　笙簧を雜《まじ》へ
八音諧　有紀綱　　八音諧《かな》ひ　紀綱有り
子孫永建萬國　壽考樂無央　　子孫は永《とこし》へに萬國を建て　壽考《じゅかう》樂しみて央《つ》くること無し

「邕熙」とは、和らぎ樂しむさまをいう。君臣が和して天下が治まり、皆が樂しむ様子を詞中より窺い得る。前曲「應帝期」での曹丕即位を承けた上で理想社會を提示し、それが子々孫々まで永續することを歌う。

對する孫呉の第十一曲は「承天命」である。韋昭がこの曲に附した詞は、魏曲に比して體裁も内容も大きく異なっている。

承天命　於昭聖德　　天命を承く　於昭《ああかがや》かしき聖德
三精垂象　符靈表德　　三精　象を垂れ　符靈　德を表す
巨石立　九穗植　　巨石立ち　九穗植《た》つ

龍金其鱗　烏赤其色　　龍は其の鱗を金にし　烏は其の色を赤くす
輿人歌　億夫歎息　　輿人歌ひて　億夫歎息す
超龍升　襲帝服　　龍升を超へ　帝服を襲《つ》ぐ
躬淳懿　體玄默　　淳懿を躬《みにつ》け　玄默《げんもく》を體《みにつ》く
夙興臨朝　勞謙日昃　　夙に興きて朝に臨み　勞謙《ろうけん》して日昃《かたむ》く
易簡以崇仁　放遠讒與慝　　易簡にして以て仁を崇び　讒と慝とを放遠す
擧賢才　親近有德　　賢才を擧げて　有德を親しみ近づけ
均田疇　茂稼穡　　田疇を均《ととの》へて　稼穡を茂くす
審法令　定品式　　法令を審かにして　品式を定む
考功能　明黜陟　　功能を考へて　黜陟を明らかにす
人思自盡　惟心與力　　人は自ら盡くさんことを思ふ　惟れ心と力と
家國治　王道直　　家國　治まり　王道　直たり
思我帝皇　壽萬億　　思《ねが》ふらくは我が帝皇の　壽　萬億ならんことを
長保天祿　祚無極　　長く天祿を保ち　祚《さいはひ》　極まること無からん

「邕熙」に比して「承天命」は冗長と言ってよい。詞中の「巨石立」は五鳳二（二五五）年、「九穗植」は五鳳元（二五四）年、「龍金其鱗」は永安四（二六一）年、「烏赤其色」は永安三（二六〇）年に出現した瑞祥を指す（『三國志』巻四十八　三嗣主傳）[二五]。「邕熙」では全く觸れられていない瑞祥が、「承天命」には多く歌われており、これは第十曲で爲し得なかった反撃を、第十一曲で行ったと言えよう。そして、早朝から日の傾く午後まで公明正大な政治に努めながらも謙虚でいる君主の姿を描き、具體的な施政を列擧する。「勞謙日昃」は、『周易』謙卦の「九三、勞謙、君子有終、吉（九三、勞謙す、君子終り有り、吉なり）」を踏まえたものであろう。

韋昭が瑞祥による主張を行った背景には、一で觸れた「漢室匡輔」の破綻があった。漢魏禪讓によって輔佐すべき漢が滅び、孫呉の正統性が希薄になってしまったのである。その後、孫呉は土德を主張するものの、火德の漢より禪讓を受けた曹魏と重複してしまうため、正統理論の弱さは隱しようもなく、瑞祥に縋ることとなる。

孫呉における瑞祥の多さは、小林春樹がすでに指摘しているとおりで、「瑞祥の出現という歷代王朝の手垢にまみれた初歩的な正統理論」こそが正統性の中核を爲していた。[二六]「承天命」に見えるような巨石・赤烏などの他にもいくつか例を擧げてみれば、黃龍（二二二・二二九・二四二・二四八・二六二・二六三年）、甘露（二二一・二二三・二三六・二三九・二四六・二六五年）、鳳凰（二二六・二二九・二七一年）等々、枚擧に暇がない。[二七]

しかし、瑞祥が多く出現したところで、それは孫氏の治世を稱えることにはなっても、漢に代わる理論を結局は持ち得ないのである。曹魏が漢魏禪讓と瑞應の二つによって正統性を強固にし得たのと對照的に、孫呉の正統性は斯樣に脆弱であった。[二八]正統理論における劣勢は孫呉の抱え續けた弱點であり、他國に勝る理論を構築できない以上、韋昭も頻出する瑞祥に根據を求めざるを得ず、それが「呉鼓吹曲」にも反映されたのである。

おわりに

「漢鼓吹曲」をもとにした「呉鼓吹曲」は、漢歌と同樣、軍樂にふさわしい武勇の表彰を行った。韋昭は孫堅期の一八四年頃から孫休期の二六〇年頃までの孫呉に起こった史事、就中、軍事的勝利を詞中に込め、時に「魏鼓吹曲」の句構成・使用語句までを相似させた上で、孫呉の武勇や德を幾度も稱えた。また、鼓吹曲に含まれる正統性の主張については、漢魏禪讓と瑞應による十全な正統理論を持ち得た曹魏のそれが『尚書』を典據としながら、それを鼓吹曲中にも込めていたことに對して、孫呉は、三國のうちで最も正統理論が希薄であり、決定的なものを持たなかったため、頻出した瑞祥を根據にして主張せざるを得なかった。魏・呉兩曲の比較により浮かび上がったこれらの傾向から、韋昭による曹魏への強い對抗意識を看取できよう。韋昭は『呉書』を著すなど呉の政治的宣傳を行うことに生涯の多くを費したが[二九]、結果的に「呉鼓吹曲」は孫呉の正統理論の脆弱性を改めて露呈することとなったのである。

《注》

(一) 増田清秀「漢魏及び晉初における鼓吹曲の演奏」(『日本中國學會報』第十七集、一九六五年十月／『樂府の歴史的研究』、創文社、一九七五年に所收)。同論文は、蔡邕の「禮樂志」(注(五)參照)、および王先謙「漢鐃歌釋文箋正」の説を擧げた上で、特に後者の説が牽強附會であることを承知しながら贊同を示している。

(二) 松家裕子「繆襲とその作品」(『アジア文化學科年報』第一號、一九九八年十一月)。

(三) 長澤規矩也編『宋書』(汲古書院、一九七一年)に訓讀が施されているものの、邦譯および「呉鼓吹曲」を専論した先行研究は、管見の限り發見できなかった。

(四) 各鼓吹曲は『宋書』巻二十二 樂志四、および郭茂倩『樂府詩集』巻十八 鼓吹曲辭三に収められているが、文字の異同があるため、本論はより古い『宋書』を參照し、中津濱渉『樂府詩集の研究』(汲古書院、一九七〇年)に収められている北京圖書館藏『樂府詩集』の宋本の影印を參考として使った。

（五）鼓吹、蓋短簫鐃哥。蔡邕曰、軍樂也。黄帝岐伯所作、以揚德建武、勸士諷敵也（『宋書』卷十九 樂志一）。

（六）金文京『三國志演義の世界』（東方書店、一九九三年）。また、金文京「日中韓三國の三國志—三つの三國志物語」（『三國志シンポジウム』第一號、二〇〇六年二月）も、「漢代の鼓吹曲が一曲ごとに別の内容であったのに對して、三國のものはみな自國の歷史を歌った組曲形式になっている點に特色がある」と述べる。

（七）『晉書』卷四十七 傅玄傳によると、傅玄は東海の繆施なる人物と『魏書』撰定に携わったとされる。陸侃如『中古文學系年』（人民文學出版社、一九八五年）は繆襲・繆施同一人物説を提示し、滿田剛『三國志 正史と小說の狹間』（白帝社、二〇〇六年）もその可能性を指摘する。一方、注（二）所掲松家論文は陸侃如の指摘に根據がないことと、繆襲と傅玄に三十一歲の年齡差があることを鑑みて疑問を抱いている。おそらく繆施は繆襲の一族であり、同一人物ではないと考えられる。

（八）文章志曰、（繆）襲、字熙伯。辟御史大夫府、歷事魏四世。正始六年、年六十卒。子悅、字孔懌、晉光祿大夫。襲孫紹・播・徵・胤等、竝皆顯達（『三國志』卷二十一 劉劭傳注引『文章志』）。繆襲についての論考は、注（二）所掲松家論文の他、拙稿「繆襲の政治的位置」（『三國志研究』第四號、二〇〇九年九月）がある。繆襲は曹操に才能を認められて鼓吹曲を作成するとともに、明帝期以降に司馬懿が擡頭する中で、あくまでも帝室派として曹魏の正統性を主張した。

（九）池田秀三「『國語』韋昭注への覺え書」（『中國の禮制と禮學』、朋友出版、二〇〇一年に所收）。

（一〇）『三國志』卷六十五 韋曜傳中に見える華覈の助命嘆願書には、「今、（韋）曜の呉に在るは、亦た漢の史遷なり（今、曜在呉、亦漢之史遷也）」とあり、韋昭の才能と當時の境遇を漢の太史司馬遷に準えている。また、韋昭が注を施した『國語』は後世、『四庫全書總目提要』で史部雜史類に分類される上、韋昭注自體にも史的傾向が見られる。これもまた「史家」と評價させる一因と言えよう。なお、『三國志』では韋昭を韋曜につくる。これは晉の景帝司馬昭の諱を避けたためとされる。

（一一）渡邉義浩「孫呉政權の形成」（『大東文化大學漢學會誌』第三十八號、一九九九年三月／『三國政權の構造と「名士」』、汲古書院、二〇〇四年に所收）。

（一二）柳川順子「呉の文學風土」（『創文』五〇一、二〇〇七年九月）。また、他に文學面から孫呉の文化的後進性を指摘したものとしては、矢田博士「三國時代の蜀および呉における詩作の實態について」（『狩野直禎先生傘壽記念 三國志論集』、汲古書院、二〇〇八年）などがある。

（三）本文中に擧げた各題詞の訓讀は以下のとおりである。

1．「炎精缺」とは、漢室衰へ、武烈皇帝 猛志を奮迅し、念は匡救に在り、然らば而ち王迹此より始まるを言ふなり。漢曲に「朱鷺」有り、此の篇之に當る。第一。

2．「漢之季」とは、武烈皇帝 漢の微を悼み、（董）卓の亂を痛み、兵を興して奮擊し、功は海内を蓋ふを言ふなり。漢曲に「思悲翁」有り、此の篇之に當る。第二。

3．「攄武師」とは、大皇帝 武烈の業を卒《つ》ぎて奮征するを言ふなり。漢曲に「艾如張」有り、此の篇之に當る。第三。

4．「烏林」とは、曹操既に荊州を破り、流に從ひて東下し、來りて鋒を爭はんと欲す。大皇帝 將の周瑜に命じて之を烏林に逆へ擊ちて破り走らしむを言ふなり。漢曲に「上之回」有り、此の篇之に當る。第四。

5．「秋風」とは、大皇帝 說《よろこ》びて以て民を使ひ、民は其の死を忘るを言ふ。漢曲に「擁離」有り、此の篇之に當る。第五。

6．「克皖城」とは、曹操の志は幷兼を圖りて、朱光をして廬江太守と爲さしむ。上 親ら光を征し、之を皖城に破るを言ふなり。漢曲に「戰城南」有り、此の篇之に當る。第六。

7．「關背德」とは、蜀將關羽 吳の德に背棄して、心に不軌を懷き、大皇帝 師を引きて江に浮かび之を禽にするを言ふなり。漢曲に「巫山高」有り、此の篇之に當る。第七。

8．「通荊門」とは、大皇帝 蜀と好を交し盟を齊ふるも、中ごろ關羽自失の愆有り、戎蠻 亂を樂しみ、變を生じ患を作し、蜀は其の眩を疑ひ、吳は其の詐を惡めば、乃ち大いに兵を治め、終に初めの好を復するを言ふなり。漢曲に「上陵」有り、此の篇之に當る。第八。

9．「章洪德」とは、大皇帝 其の大德を章らかにして、遠方來附せるを言ふなり。漢曲に「將進酒」有り、此の篇之に當る。第九。

10．「從曆數」とは、大皇帝 籙圖の符に從ひて、大號を建つるを言ふなり。漢曲に「有所思」有り、此の篇之に當る。第十。

11.「承天命」とは、上聖德を以て位を踐み、道化至盛なるを言ふなり。漢曲に「芳樹」有り、此の篇之に當る。第十一。

12.「玄化」とは、上文を修め武を訓じ、天に則りて行ひ、仁澤流洽し、天下喜び樂しむを言ふなり。漢曲に「上邪」有り、此の篇之に當る。第十二。

なお、『宋書』巻二十二樂志四と釋智匠『古今樂録』には、固有名詞の表記が異なっているものの、ほぼ同一内容の題詞がある。また、各鼓吹曲の對應表を作ると次のようになる。本書附篇には、「呉鼓吹曲」と題詞の拙譯が掲載されているので、合わせて参照されたい。

漢	魏	呉
朱鷺	初之平	炎精缺
思悲翁	戰滎陽	漢之季
艾如張	獲呂布	攄武師
上之回	克官渡	烏林
擁離	舊邦	秋風
戰城南	定武功	克皖城
巫山高	屠柳城	關背德
上陵	平南荊	通荊門
將進酒	平關中	章洪德
君馬黃		
芳樹	邕熙	承天命
有所思	應帝期	從曆數
雉子班		
聖人出		
上邪	太和	玄化
臨高臺		
遠如期		
石留		

(一四)『宋書』巻二十二樂志四では「初之平」につくるが、『樂府詩集』では第一句が「楚之平」とあり、それに伴い表題も「楚之平」となっている。

(一五)兩曲がもとにしたとされる漢の「朱鷺」は次のように非常に短い歌である。

朱鷺　魚以烏　　朱き鷺よ　魚をば以《すで》に烏《は》きぬる

路訾邪　鷺何食　　路訾邪《さぎよ》　鷺は何をか食らうや

食茄下　　茄《はす》の下《はな》を食らう
不之食　不以吐　　之を食らわず　また以て吐かず
將以問諫者　　將に以て諫むる者に問《おく》らんとす

このように體裁が異なることから、韋昭が「初之平」を見た上で作成したことを想定し得る。その結果が第一曲や第三節所掲の「從暦數」に見られる相似であり、韋昭の魏への強い對抗意識を窺い得る。なお、鼓吹曲は非常に難解であり、これといった解釋が定まっていない。なお、この「朱鷺」は吉川幸次郎『中国詩史(上)』(筑摩書房、一九六七年)の訓讀を參照した。

(一六)『三國志』卷九 曹洪傳に、「太祖 義兵を起こして董卓を討ち、滎陽に至るも、卓の將徐榮の敗る所と爲る。太祖 馬を失ひ、賊追ふこと甚だ急なれば、(曹)洪下り、馬を以て太祖に授く。太祖辭讓するも、洪曰く、天下に洪無かる可きも、君無かる可からず、と。遂に歩從し汴水に到る。水深く渡るを得ず、洪 水に循ひて船を得、太祖と倶に濟り、還りて譙に奔る(太祖起義兵討董卓、至滎陽、爲卓將徐榮所敗。太祖失馬、賊追甚急、(曹)洪下、以馬授太祖。太祖辭讓、洪曰、天下可無洪、不可無君。遂歩從到汴水。水深不得渡、洪循水得船、與太祖倶濟、還奔譙)」とある。

(一七)金文京前掲書、および松家前掲論文が既に言及している。

(一八)(黄)祖挺身亡走、騎士馮則追梟其首、虜其男女數萬口(『三國志』卷四十七 呉主傳)。

(一九)金文京前掲書參照。

(二〇)(赤烏六年)十二月、扶南王范旃遣使獻樂人及方物(『三國志』卷四十七 呉主傳)。

(二一)全曲を比較することはできないので、參考として十二曲の句數を表にした。括弧内は、一句あたりの字數×句數である。全十二曲中、總句數が同一のものは八曲(一・二・三・四・八・九・十・十二)で、その内の第一・三・八・十二曲は句内の字數まで同一である。一方で第三節でも指摘しているが、第十一曲は差異が最も大きい。ちなみに、曲順とは對應していないものの、魏第五曲と呉第六曲、魏第六曲と呉第七曲は總句數が同一である點も注目に値しよう。

	魏	呉
一	30句（3字×30）	30句（3字×30）
二	20句（3字×18、4字×2）	20句（3字×18、4字×2）
三	6句（3字×3、4字×3）	6句（3字×3、4字×3）
四	18句（4字×9、3字×8、5字×1）	18句（4字×10、3字×8）
五	12句（3字×6、4字×6）	16句（5字×14、4字×1、3字×1）
六	21句（3字×5、6字×3、4字×12、5字×1）	12句（3字×6、4字×6）
七	10句（4字×8、6字×2、5字×7、3字×4）	21句（4字×8、6字×2、5字×7、3字×4）
八	24句（5字×17、3字×4、4字×3）	24句（5字×17、3字×4、4字×3）
九	10句（3字×10）	10句（3字×8、4字×2）
十	26句（3字×1、4字×2、5字×22、6字×1）	26句（3字×1、4字×3、5字×21、6字×1）
十一	15句（3字×6、4字×3、2字×1、5字×3、6字×2）	34句（3字×19、5字×2、4字×13）
十二	13句（5字×5、3字×2、4字×3、7字×3）	13句（5字×5、3字×2、4字×3、7字×3）

（二二）及魏受命、改其十二曲、使繆襲爲詞、述以功德代漢。……是時呉亦使韋昭制十二曲名、以述功德受命（『晉書』巻二十三 樂志下）。

（二三）『宋書』巻十九 樂志一に、「又た韋昭 孫休の世に、鼓吹鐃哥十二曲を上るの表に曰く……」とあり、韋昭は孫休に鼓吹曲を奏上していたことが理解できる。

（二四）渡邉義浩「三國時代における「公」と「私」」（『日本中國學會報』第五十五號、二〇〇三年十月／「「公」と「私」」と解題して、『三國政權の構造と「名士」』、汲古書院、二〇〇四年に所收）。

（二五）「巨石立」および「烏赤其色」については、『三國志』巻四十八 三嗣主傳に、それぞれ「陽羨離里山大石自立」「（永安）三年春三月、西陵言赤烏見」とある。また、「九穗植」については、同傳注引『江表傳』に、「是歲、交阯稗草化爲稻」とあり、これを指しているものと考えられる。

（二六）小林春樹「三國時代の正統理論について」（『東洋研究』第一三九號、二〇〇一年一月）。

（二七）渡邉義浩「孫吳の正統性と國山碑」（『三國志研究』第二號、二〇〇七年七月）を參照。

（二八）孫晧の代に、孫吳は金德である禹の後裔を自稱し、それに基づいて正統理論の構築を行う（注（二七）所掲渡邉論文）。だが、韋昭存命時の、ましてや鼓吹曲を作成した孫休期には、漢に代わる正統性を確立できなかった。禹の後裔を自稱したのは、孫吳が曹魏より九錫を受けていたことによって、土德の魏に代わる金德の國としての理論を構築しようとしたのである。

（二九）『吳書』の政治的宣傳については、本書第二篇第三章を參照。

第三章　『呉書』の偏向とその検討

はじめに

『國語解』をはじめ、韋昭が生涯に殘した著述は少なくないが、（一）その中でも孫呉の「正史」である『呉書』は、公的な性質を持つものであった。（二）孫權から孫晧までの四君に仕えた韋昭は、それによって孫呉のための政治的宣傳を行ったのである。

これまでに『呉書』を專論した研究としては、陳博〈一九九五・一九九六〉が擧げられる。（三）氏は『呉書』の體例・撰目・記事年代等、總合的な特徴を擧げている。それを受けて、滿田剛〈二〇〇四〉も『呉書』についての論考を著した。（四）特に滿田は、「名士」の價値觀を後世に明らかにするという渡邉義浩〈二〇〇〇〉の指摘に對し、漢を繼ぐ國としての孫呉の正統性と孫呉が全土統一することを主張するものであったと考えるのが妥當と述べる。（五）正統性の主張があったとする滿田の指摘自體は首肯し得るが、それらの根據や背景について、もう少し踏み込む餘地があろう。

かかる先行研究を踏まえ、本章は、まず主撰定者である韋昭という人物に焦點を當て、彼の孫呉における立場を整理する。そして、先行研究ですでに擧げられている偏向について管見を披露する。特に正統性の主張、および立傳に關して再檢討を行うとともに、そこから看取できる韋昭『呉書』と陳壽『三國志』呉志（以下『呉志』）との差異を明らかにするものである。

一、孫呉政權における韋昭の位置

韋昭、字は弘嗣、呉郡雲陽縣の人である。生年とされる建安九（二〇四）年は、ちょうど三國志の三英雄が名を轟かせてきた頃である。獻帝を擁した曹操は袁紹を打倒して強大な勢力を形成し、劉備は劉表の客として荊州に留まっていた。孫權は兄の後を繼いで君主となり、渡邉義浩〈一九九九〉によれば、それまで續いてきた「君主の武名に基づく集團」から「名士との共存集團」へと變貌を遂げている時期であったという(六)。

韋昭の幼少期に當たる建安十三（二〇八）年、赤壁の戰いを前に孫呉の輿論が紛糾する。「漢室匡輔」（『三國志』卷五十三 張紘傳）という方針は共通ながら、譜代の家臣團および周瑜・魯肅らは主戰論に、張昭ら北來人士は降伏論に、その他、江東人士は沈黙による降伏論肯定という態度をとっていた。ここに孫呉の方針の不安定さを窺うことができる。赤壁の戰いに勝利して孫權は君主權力を強化し得たものの、降伏を主張した張昭らとの閒にしこりを殘す(七)。以後、孫呉政權は君主と臣下の閒で對峙を繰り返すことになる。一方、建安二十五（二二〇）年、獻帝は曹丕に帝位を禪讓し、約四百年續いた漢がここに終焉を迎える。同時に、匡輔すべき漢が滅びたため、孫呉の國是は破綻する。それによって、孫呉は存立の正統理論を模索し續けることになる。

韋昭の幼少期から若年期にかけてはかくも動亂が相繼いだが、その狀況下で、「少くして學を好み、能く文を屬り、修學を續けていたのである（『三國志』卷六十五 韋曜傳）。では、孫呉政權における韋昭の位置はいかなるものであったのだろうか。

韋昭が孫呉に參入した具體的な年は不明だが、孫權期に初從したとされ（八）、張溫の派閥に屬していた（『三國志』巻四十七　呉主傳注引『志林』）。張溫は孫呉士大夫層の頂點に立つ張昭から囑望された人物であり、ここに張昭―張溫―韋昭という人的關係を看取できる（九）。

政權參入後の韋昭はまず丞相府の役人となり、次いで西安令に除せられ、尙書郎、太子中庶子、黃門侍郎と官を歴任した。孫權が沒し、孫亮即位後の諸葛恪輔政期では太史令に任命され、この時に『呉書』撰定を命じられた（一〇）。諸葛恪が「正史」の撰定を任せたのも韋昭の才能を高く評價してのことであろう。

續く孫休期には中書郎、博士祭酒となり、劉向の故事よろしく書物の校定作業を命じられた。それによって韋昭の素養と知識はさらに磨かれたのであろう。この作業が著作に影響を與えたであろうことは想像に難くない。さらにこの時期は、孫休より侍講として招かれかけた。しかし、「性精确」、すなわち、もの堅くて生眞面目な性格の韋昭を懼れた張布が橫槍を入れたために頓挫してしまう（『三國志』巻六十五　韋曜傳）（一一）。實直とも融通が利かぬともいえるこの性格は、のちの誅殺の一因と考えられる。

そして、孫晧期になると韋昭は高陵亭侯に封じられ、中書僕射に遷り、侍中、左國史の職を領したという。韋昭は暴君として有名な孫晧の寵臣となった（一二）。孫晧の治世中に『呉書』編纂作業を續けたが、のちに彈壓を受けて處刑されてしまうのである。

以上、孫呉政權とその中における韋昭の立場を概觀してみた。禪讓によって帝位を得た曹魏や、漢と同姓でその繼承者を自稱する蜀漢に比べ、孫呉の正統理論は脆弱であった。韋昭はそれを確立するために文書によって政治的宣傳を行う。こうして作られたものの一つが『呉書』であった。

二、孫堅と孫卲に關する偏向

のちに陳壽が『吳志』の資料として用いたとされる『吳書』は、孫吳の「正史」であった。それが作られる經緯は、『三國志』卷五十三 薛綜傳に、(一三)

大皇帝（孫權）の末年、太史令の丁孚・郎中の項峻に命じて、始めて吳書を撰せしむ。孚・峻倶に史才に非ず、其の撰して作る所、紀錄するに足らず。少帝（孫亮）の時に至り、更めて韋曜・周昭・薛瑩・梁廣及び臣（華覈）五人を差《えら》ぶ。

とあり、同じく卷六十五 韋曜傳に、(一四)

（孫）和 廢されし後、黃門侍郎と爲る。孫亮卽位し、諸葛恪 政を輔け、（韋）曜を表して太史令と爲し、吳書を撰せしめ、華覈、薛瑩ら皆な與に參同す。

とある。當初は丁孚と項峻なる人物に撰定させたものの、「史才に非ざる」ため、建興元（二五二）年の孫亮卽位後、改めて韋昭らに命が下った。韋昭が作業の中心人物として沒年まで携わったことから、その能力は衆目に認められていたようである。前掲の薛綜傳・韋曜傳にあるように、『吳書』は韋昭一人によって作られたのではなく、華覈・薛瑩・周昭・梁廣らも携わっていた。「史才」ありと認められた彼らの視座はいかに『吳書』に反映されたのであろうか。(一五)

すでに注（三）所揭陳博論文が言及し、注（四）所揭滿田論文によって整理されているが、注（五）所揭渡邉論文も踏まえて『吳書』の特徵を列擧すると概ね次のようになる。①〜⑤は陳博說、⑥は渡邉說である。

①韋昭の他に周昭・薛瑩らが編纂に携わったが、最終的には韋昭がまとめあげた。

②紀傳體の史ではあるが、表・志はない。

③記述の上限は孫堅生誕の記事（一五五年）で、下限は韋昭が獄死する二七三年前後。
④『呉書』の目次は本紀の有無を除き、『呉志』と共通する内容については大同小異と考えられる。
⑤『呉志』にない陶謙・陳化・馮熙・沈珩・李肅・鄭泉・趙咨らの傳がある（陶謙のみ『魏志』に傳あり）。陳壽は魏・蜀の人物と比較して遜色が明らかであったためにこれらの人物を削除したと推測。
⑥孫堅の出自に關する偏向、「名士」の價値觀を後世に明らかにする意圖を持つ。
①～④は言わば『呉書』の基本的事項であり、ほとんど再検討の餘地はあるまい。本章は特に政治的宣傳の色合いが強い⑤⑥を考察する。まずは先に⑥から見てみよう。

韋昭『呉書』において特に政治的宣傳を行っていると考えられる第一の箇所は、孫堅に關する扮飾である。『三國志』巻四十六　孫破虜傳注引『呉書』（一六）に、

（孫）堅　世〻呉に仕へ、富春に家し、城東に葬らる。冢上に數〻光怪有り、雲氣五色、上は天を屬き、數里に曼延す。衆皆な往きて觀視す。父老相ひ謂ひて曰く、「是れ凡氣に非ず、孫氏其れ興らん」と。母の堅を懷妊するに及び、腸出でて呉の昌門を繞るを夢む。寤めて之を懼れ、以て鄰母に告ぐ。鄰母曰く、「安んぞ吉徵に非ざるを知らんや」と。堅生まるるや、容貌凡ならず、性闊達にして、奇節を好む。

とある。注（六）所掲渡邉論文は、孫堅は縣姓レベルの豪族であったと推測し、『呉書』の冒頭記事を「韋昭の廻護であろう」とする。首肯できる見解である。孫呉創始者について偏向を行ったことはまちがいあるまい。だが、ここにはもう一つの廻護が見られよう。それは孫堅の誕生についてである。韋昭は奇怪な出來事で誕生を彩り、神祕性を演出した。「母の堅を懷妊するに及び、腸出でて呉の昌門を繞るを夢む」などは、一種の感生帝説と言ってよい。感生帝説といえば、後漢の經學者鄭玄が『詩經』大雅　生民篇や商頌　玄鳥篇などで毛傳の解釋を無視してまで主張した

説としてよく知られるものである。(一七)その鄭學の影響を受けていた韋昭が感生帝説を用いて正統性を主張したのである。しかし、安居香山〈一九六八〉や渡邉義浩〈二〇〇七〉が指摘するように、感生帝説は緯書を論據とし、五德終始説と結合する。(一八)感生帝説を用いながらも緯書を併用せず、また前掲『呉書』には特定の五行に結び付けられるような記述もない（本書第一篇第四章）。孫呉は自政權をいずれの五德に配するかで迷走し、最終的に禹の末裔として金德を掲げることとなるのは韋昭獄死後である。したがって、鄭學が中途半端に利用された形となっている。(一九)

續いて、同傳注引『呉書』(二〇)に、

（孫）堅　洛に入り、漢の宗廟を掃除し、祠るに太牢を以てす。堅は城南の甄官の井上に軍し、旦に五色の氣有り。軍を擧げて驚き怪しみ、敢て汲くこと有る莫し。堅　人をして井に入らしめ、漢の傳國璽を探り得たり。文に曰く、「命を天に受け、既に壽は永昌ならん」と。方圜四寸、上紐に五龍を交へ、上に一角缺く。……。

とあり、孫堅が漢の傳國璽を入手したことを述べる。(二一)感生帝説や傳國璽の入手には、いずれも孫呉創始者である孫堅の受命という形によって正統性主張を行う意圖があったことは明白である。なお、韋昭は『呉書』の他に「呉鼓吹曲」という政治的宣傳の込められた詞曲を作成した（本書第二篇第二章・附篇參照）。その詞中には、上述の孫堅の受命を歌っていない。というよりも歌えなかった。何故なら、傳國璽はのちに魏から晉へと傳わってしまったからである（『宋書』卷十八　禮志五）。手元からなくなった傳國璽を主張の根據にしたところで、彼我のいったい誰が納得しようか。(二二)小林春樹〈二〇〇一〉、および渡邉義浩〈二〇〇七〉は、孫呉に瑞祥が多いことと、それこそが正統性主張の中心であったとする。(二三)されば、これらの偏向は、あらゆる理屈・方法で正統性主張を圖った孫呉の迷走と、個々の主張の決定力の弱さを看取できよう。

『呉書』には孫堅以外にも偏向があり、それが孫邵傳不立である。『三國志』卷四十七　呉主傳注引『志林』(二四)に、吳の創基、（孫）邵は首相と爲るも、史に其の傳無く、竊かに常に之を怪しむ。嘗て劉聲叔に問ふ。聲叔は博物の君子也。云はく、其の名位を推さば、自ら應に傳を立つべし。項竣・丁孚の時、已に注記有り、此に張惠恕と能からず、と云ふ。後に韋氏の史を作るや、蓋し惠恕の黨なるが故に書せられず、と。

とある。孫邵傳は項竣・丁孚の『吳書』にはあったが、韋昭のそれでは抹消されたのである。第一節ですでに述べたように、張溫は張昭に囑望された人物であり、韋昭はその張溫グループに屬していた。注（五）所掲渡邉論文は、「名士」層の自律的秩序に基づくものとし、『志林』の著者虞喜および注（四）所掲滿田論文は、張溫グループと孫邵が反對派閥であったことに抹消の理由を求めている。が、むしろ孫邵と張溫が不和となった經緯にこそ理由があると考えられる。

孫邵は同じ北海出身の孔融に高く評價され、徐州出身の張昭らとともに孫吳に參與し儀禮を制定した。つまり、孫邵と張昭はどちらも北來人士であり、元々同じ派閥であったと言える。[二五] 丞相を任命する際、孫吳人士の多くは張昭を推したが、孫權は我意を押し通して孫邵を任命する。注（五）所掲渡邉論文によれば、張昭を推したのは「名士」たちであり、孫吳「名士」層の頂點に立つ張昭が衆望を集めて推戴されたという。これを踏まえて件の人事を見ると、孫邵を「名士」側から君主側へ引き拔いたことになる。すなわち、孫邵は衆望もないまま「名士」の自律的秩序を破って丞相に就任し、孫權は自分たちを無視して人事權を押し通したと映る。[二六] その後、孫邵は張溫たちから徹底的に白眼視された上に糾彈され、遂には丞相辭任を孫權に申し出るほどであった。[二七] こうした態度はもはや派閥爭いという枠を超えていよう。儒家的教養を身に付け、孫吳の儀禮を制定した政權內の知名の重鎮に對する扱いではあるまい。これは彼らの仲間社會における秩序がそうさせたと見てよい。

かかる經緯・背景を見れば、孫權・孫邵兩者に對する批判として韋昭が專傳を立てなかったと見るのが妥當であろう。專傳不立には張溫の影響が強かったのかも知れないが、直接には「精确」な韋昭自身の性分によるものと考えられる。孫權の強引な人事と孫邵の丞相受諾、これを韋昭は『呉書』を通して批判したのである。彼らは仲間社會の自律的秩序に基づく價値基準によって、それにはずれた者を時に容赦なく批判した。孫邵傳抹消はその現れの一つと言える。

三、陳壽との差異

前節では孫堅についての廻護と孫邵への糾彈について檢討した。その他、『呉書』には「名士」の價値觀を後世に明らかにするという意圖も內包していたとされる（注（五）所掲渡邉論文）。前節で檢討した孫邵傳不立の背景からは、確かに自律的秩序を重んじる彼ら獨自の價値觀を看取できるが、それ以外のことも、韋昭『呉書』に傳を有し、陳壽『呉志』に傳を持たぬ人物から讀み取ることが可能である。

注（三）所掲陳博論文〈一九九六〉がすでに指摘しているとおり、陶謙・陳化・馮熙・沈珩・李肅・鄭泉・趙咨たちの傳が韋昭『呉書』にはあった。[二八] されば、そこに記錄されている彼等の爲人、および言行の共通點を探ることで、陳壽が列傳を削除したとされる理由、および韋昭『呉書』の傾向が明らかになろう。ここでは陶謙・李肅を除く五人を檢討する。

まず、陳化は郎中令であった時に曹魏へ使者として赴いている。『三國志』巻四十七 呉主傳注引『呉書』[二九]に、

（陳）化 字は元耀、汝南の人なり。博く衆書を覽、氣幹は剛毅、長は七尺九寸、雅に威容有り。郎中令と爲りて魏に使ひす。魏の文帝 酒の酣なるに因りて、嘲り問ひて曰く、「呉・魏峙立す。誰か將に海內を平一せんとす

る者ならんや」と。化 對へて曰く、「易に稱すらく、『帝は震より出づ』と。加へて先哲の知命なるに聞くに、舊説に、『紫蓋黄旗、運は東南に在り』」と。

とあり、魏の文帝曹丕の酒席での問いに對し、『周易』説卦傳を典據に皇帝が東から出ることを主張した。孫呉の正統性を曹丕の前で述べたのである。『周易』という儒教經典を學んでいたことと、使者として名聲を確立したことが分かる。

趙咨もまた使者として活躍した人物である。『三國志』巻四十七 呉主傳注引『呉書』(二〇)に、

(趙)咨 字は徳度、南陽の人なり。……魏の文帝 之を善くし、咨を嘲りて曰く、「呉王頗る學を知る乎」と。答へて曰く、「呉王は江に萬艘を浮かべ、帶甲百萬、賢を任じ能を使ひ、志は經略を存す、餘閒有りと雖も、博く書傳・歴史を覽、奇異を藉採し、諸生の章を尋ね句を摘むに效はざる而已」と。帝曰く、「呉は征す可きや不《いな》や」と。咨 對へて曰く、「大國に征伐の兵有り、小國に備禦の固有り」と。又た曰く「呉は魏を難《はばか》るや不や」と咨曰く、「帶甲百萬、江・漢を池と爲す、何ぞ之を難しとすること有りや」と。又た曰く、「呉は大夫の如き者幾人ありや」と。咨曰く、「聰明特達の者は八・九十人、臣の比《たぐひ》の如きは、車載斗量、勝げて數ふ可からず」と。咨 頻りに載せて北に使し、魏人敬異す。(孫)權 聞きて之を嘉し、騎都尉を拜す。咨 言ひて曰く、「北方を觀るに終に盟を守ること能はず、今日の計、朝廷は漢四百の際を承け、東南の運に應じ、宜しく年號を改め、服色を正し、以て天に應じて民を順はしむべし」と。權 之を納る。

とある。曹魏が孫呉を攻める意思を示しても、兵士・防備・人材が備わっていることを述べている。この見事な返答により趙咨は敵國から敬意を表され名聲を得た。ここで注目すべきは孫權との對話であろう。漢の繼承者として、東南の運氣に應じて帝位に即くことを薦めている。すなわち、趙咨は陳化と同様、孫呉こそが正統であると主張したの

である。

續いて擧げる沈珩については、『三國志』卷四十七 呉主傳引『呉書』に見える。(三一)

(沈)珩 字は仲山、呉郡の人なり。少くして經藝を綜べ、尤も春秋内・外傳に善し。(孫)權 珩の智謀有り、專對を能くするを以て、乃ち魏に至らしむ。魏の文帝問ひて曰く、「呉は魏の東に向ふを嫌ふ乎」と。珩曰く、「嫌はず」と。曰く、「何を以てや」と。曰く、「信に舊盟を恃み、言は好に歸すれば、是を以て嫌はず。若し魏 盟を渝《か》へば、自ら豫備有り」と。又た問ふ、「聞くならく太子當に來るべしと。寧ろ然らん乎」と。珩曰く、「臣東朝に在れば、朝に坐せず、宴に與せず、此の若きの議は、聞く所無きなり」と。文帝 之を善くし、乃ち珩を引きて自ら近づけ、談語すること終日、珩 事に隨ひて響應し、屈服する所無し。

沈珩は經學に通じ、使者として名を馳せた。曹丕に一歩も引かぬ返答、および「屈服する所無し」という態度で孫呉の名譽を守る。なお、當該箇所に引用されている『呉書』は、「使を奉じて稱有るを以て、永安鄉侯に封ぜられ、官は少府に至る」と結ぶ。附け加えるならば、『三國志』卷四十八 三嗣主傳注には陸機の「辨亡論」が引用されており、「使を奉ずるは則ち趙咨・沈珩なり。敏達を以て譽を延ぶ」とある。(三二) 沈珩は趙咨とともに使者として優れ、名聲を得ていたことを理解できよう。

馮熙は後漢の雲臺二十八將の一人馮異の子孫であり、彼もまた使者として活躍した人物である。(三三)

(曹丕)又た曰く、「聞くならく呉國は比年に災旱あり、人物彫損す。大夫の明を以て、之を觀るに何如」と。(馮)熙對へて曰く、「呉王の體量は聰明にして、使を任ずるに善く、政を賦し役を施し、事ある毎に、必ず咨ふ。教養は賓旅にして、賢を親しみ士を愛し、賞は怨仇を擇ばず、而して罰は必ず罪有るに加ふ。臣下皆な恩を感じ德を懷き、忠と義を惟ふ。帶甲百萬、穀帛は山の如く、稻田沃野、民は歲に饑うこと無し。所謂《いはゆる》金城湯池、彊富の

　國なり。以へらく、臣 之を觀るに、輕重の分、未だ量る可からざるなり」と。帝 悦ばず（『三國志』卷四十七 呉主傳注引『呉書』）。

曹丕は皮肉のつもりで問うたのかも知れないが、馮熙は臆することなく孫呉と孫權をしきりに稱揚した。曹丕が悦ばなかったのは當然であろう。その後、陳羣を通じて曹魏に引き入れようとするが、馮熙は斷った。身の危險を感じた馮熙は、節を持して自害する。孫權は蘇武に擬えてその死を悼んだという。

　この他、鄭泉もまた使者として蜀漢に赴いている。『三國志』卷四十七 呉主傳注引『呉書』[三四]に、

　鄭泉 字は文淵、陳郡の人なり。……蜀に使するや、劉備問ひて曰く、「呉王 何を以て吾が書に答へざるや。吾名を正し宜しからざるを以てすること無きを得ん乎」と。泉曰く、「曹操父子は漢室を陵轢し、終に其の位を奪ふ。殿下旣に宗室と爲れば、城を維つの責有るも、戈を荷ひ殳を執り海內の爲に率先せず。而るに是に於て自ら名づくに、未だ天下の議に合せず。是を以て寡君未だ書に復せざる耳」と。備 甚だ慚恧す。

とある。劉備の詰問に整然と反論し、かえって劉備は恥じ入ってしまったことが記錄されている。

　以上のことから、韋昭『呉書』に傳のあった人物は、概ね使者として對外的に活躍し、名聲を得ていた人物であったことが理解できよう。陳化・趙咨・沈珩・馮熙・鄭泉たちは、時に相手君主をやりこめ、時に孫呉および君主孫權を稱揚し、あまつさえ正統性すら堂々と主張したこともあった。韋昭はそのような彼らの立傳を圖ったのである。彼らを記錄することは、必然的に孫呉の正統性が強調されると同時に、彼らの事蹟・功績・價値觀などを後世へ傳えることに繫がるものである。

　かかる『呉書』の特徵は、陳壽『呉志』との差異を示す。故國蜀漢こそが正統と思いつつも、曹魏より禪讓を受けた西晉の臣下という立場にあった陳壽からすれば、孫呉正統論を堂々と主張したり、故國の創始者に恥をかかせたよ

うな陳化や鄭泉らの言行など、立場的にも心情的にも蓋をしておきたいものであったろう。逆に韋昭からすれば、彼らの立傳を積極的に圖ることで孫呉の正統性を謳ったと言える。ここに兩者の差異、および『呉書』によって爲された政治的宣傳を看取できる。注（三）所掲陳博論文〈一九九六〉は、彼らの專傳が『呉志』にないことを、陳壽が魏・蜀の人物と比較して遜色が明らかであったためにこれらの人物を削除したと推測している。だが、ここでの檢討結果を見れば、遜色があったからというよりも、むしろ曹魏・蜀漢にとって都合の惡い人物であったからこそ、陳壽は立傳を憚ったと見ることができよう。

「史才に非ざる」項竣・丁孚らの手による「紀錄するに足りず」と評された『呉書』は、「史才」を持つ韋昭らの手によって、單なる孫呉の「正史」というだけでなく、多くの孫呉人士の記錄を殘し、自國の表章と正統性主張を内包するものへと變質し得たのである。孫亮期に開始された撰定作業は、孫休期を經て孫晧期になっても引き續き行われた。だが、正統性の脆弱さと並ぶもう一つの孫呉の問題點、すなわち君主と臣下の潛在的對峙がこの時期になって暗雲を落としていく。

四、未完の「正史」

孫休崩御後、元興元（二六四）年に孫晧は二十三歳の若さで即位した。孫呉最後の皇帝である。即位前は、孫策に匹敵する才能と見識の持ち主という評價を受けている（『三國志』卷四十八 孫晧傳）。かなりの高評價と言ってよい。孫晧もそれに違わず、即位後まもなくは善政を行い、明主と評せしめるほどであった（同傳注引『江表傳』）。他にもまた孫晧は文學を解し、名文を愛でるという一面を持っていた（『三國志』卷五十二 薛綜傳）。孫晧は斯様に聰明で才氣

溢れる人物であった。[三五]
しかし、期待の君主の善政も長くは續かなかった。注（五）所掲渡邉論文は、なまじ聰明であったため、君主權力では掣肘できぬほど「名士」層が強大なものであることをすぐに悟ってしまったと述べる。變貌ぶりはすさまじく、校事官という名のスパイを設置し、寒人を登用し、多くの孫吳人士の彈壓を行ったのである。[三六] このような暴君孫晧に對して陳壽は極めて辛辣な評價を與えている。[三七]

韋昭は孫晧の寵臣であり、引き續き『吳書』撰定を行っていた。韋昭が寵臣となったのは、おそらく韋昭に「吳鼓吹曲」や「博弈論」等々の名文家としての實績があり、[三八] 且つ孫晧が名文を愛でる人物であったこと、また孫晧の父孫和が太子であった時、韋昭が太子中庶子として侍していたこと、これらが理由として考えられる。

だが、韋昭はその立場に甘え阿ることもなく、「精确」さを發揮して孫晧に手嚴しい發言を何度も呈した。『三國志』卷六十五　韋曜傳に、[三九]

> 時に所在に指を承け、數〻瑞應を言ふ。（孫）晧以て（韋）曜に問ひ、曜　答へて曰く、「此れ人家の筐篋中の物なる耳」と。

とあるように、頻繁に起こる瑞應の報告を受けて孫晧が韋昭に問うた際、にべもない返答をする。『吳書』の感生帝說や「吳鼓吹曲」詞中の瑞祥など、韋昭は神祕的事象を以て孫吳の正統性を謳ってきたが、本來の韋昭はかかる神祕性というものを扱うに愼重な人物である（本書第一篇第四章）。孫晧への素っ氣ない返事も、それが根底にあったのだろう。また、同じく韋曜傳に、[四〇]

> 又た（孫）晧、父（孫）和の爲に紀を作らんと欲するも、（韋）曜　執るに和の帝位に登らず、宜しく名づけて傳を爲るべきを以てす。

とある。孫晧は父孫和の本紀を『呉書』に立てるよう求めた。だが、韋昭が太子中庶子時代に孫和に侍していたとはいえ、即位しなかった人物のために本紀を作るのはできぬ相談であった。韋昭は孫晧の要請を斷り、介入することを嚴然と拒む。そして、決定的なのは次の話であろう。『三國志』巻六十五　韋曜傳[四一]に、

（孫）晧　饗宴する毎に、日を竟はらざること無し。席に坐して能否と無く、率ね七升を以て限と爲す。悉くは口に入らざると雖も、皆な澆灌して取り盡す。（韋）曜　素より酒を飲むこと二升に過ぎず、初めて禮異せらる時、常に爲に裁減す。或いは密かに茶猶を賜ひて以て酒に當つ。寵衰ふるに至りて、更に偪彊せられ、輒ち以て罪と爲す。又た酒後に於て侍臣をして公卿を難折せしめ、以て嘲弄克侵し、私短を發摘して以て歡と爲す。時に愆過有り、或いは誤りて晧の諱を犯せば、輒ち收縛せられ、誅戮に至る。

とある。孫晧は酒宴を設け、夜通し皆に酒を七升も飲ませた。また、その席上で他人の悪口を言わせ、できぬ者には罰を與えた。酒の苦手な韋昭は代わりに茶を飲んでごまかしていたという。孫晧の暴君ぶりを如實に表す話であろう。韋曜傳は以下のように續ける[四二]。

（韋）曜　以爲へらく、「外には相ひ毀傷し、内には尤恨を長じ、濟濟ならざらしむるは、佳事に非ざるなり」と。故に但だ難を示し、經義を問ひて言論する而已。（孫）晧　以爲へらく、「詔命を承用せず、意　忠盡せず」と。遂に前後の嫌忿を積み、曜を收《とら》へ獄に付す。

韋昭は孫晧の意に逆らい、自暴自棄や現實逃避を窘め、目に餘る行いに諫言を呈し、酒席でも他人の悪口ではなく經書の義を論じた。これらに加え、前引したように、『呉書』撰定への自儘な介入を許さず、一方で、『呉書』によって孫呉の正統性を主張し、多くの孫呉人士の生涯・事蹟・價値觀等々を後世に傳え、さらに『毛詩答雜問』や『孝經解讚』等の儒教經典に關する注釋を著したのである[四三]。剛直とも愚直とも言えるこの韋昭の生き樣は、孫權の不興を買い

ながらも諫言を呈し、儒教經典の注釋を著し、孫吳士大夫層の頂點に君臨する者としての範を示した嘗ての張昭に酷似しよう（四四）。

だが、孫晧からすれば、自分を蔑ろにするように思えたのであろう。張昭が孫權に疎まれたように、韋昭もまた孫晧の怒りを買う。その結果、投獄され、『吳書』撰定作業は中斷してしまう。

韋昭は獄中から上奏し、僚友の華覈も韋昭の才能を孫晧に惜しませようと助命嘆願を行った。だが嘆願は無視され、鳳皇二（二七三）年、韋昭は七十歳で獄死する（『三國志』卷六十五　韋曜傳）。孫吳が滅亡する七年前のことであった。なお、殘りの『吳書』撰定は華覈によって進められたとされるが、その華覈も後に韋昭と同じように下獄され、數年後に世を去っている（『三國志』卷六十五　華覈傳）（四五）。韋昭の七十年に渡る生涯において約二十年も携わった「正史」は、遂に未完のまま孫吳が滅亡を迎えてしまったのである。

おわりに

「史才」に非ざる項峻・丁孚に代わって韋昭が撰定の任を受けた『吳書』は、樣々な偏向を有する「正史」であった。まず韋昭は、感生帝說および傳國璽取得による受命という偏向を孫堅の傳に組み込むことで、正統性を主張しようとした。この背景には、漢魏革命によって無効化してしまった「漢室匡輔」に代わる新たな正統理論の確立、および同革命に基づく曹魏の正統性への超克を、孫吳は迫られていたからである。また、『吳書』には使者として活躍し、孫吳の名譽を守った人物たちの立傳が多く爲されていた。時に孫吳の正統性を發言して相手君主をやり込めるような彼らの立傳を圖ることで、正統性主張を強調すると同時に、生涯・事蹟・價値觀を殘そうとする面があった。ここに韋昭『呉書』と陳壽『呉志』の差異を求めることができよう。『呉書』の偏向には斯様に複數の意圖が込められていたのである。

獄中にあった韋昭は、華覈による助命嘆願書の中で司馬遷の立場に準えられ、また「良史の才の持ち主」と評された（『三國志』巻六十五　韋曜傳）。だが、その韋昭が中心となって撰定した『呉書』も、孫晧との確執によって作業が頓挫し、遂に完成することはなかった。ただ、裴松之注などに斷片的に殘る『呉書』の記録からは、誇りを持って活躍した孫呉人士たちの生き樣を確かに傳えているのである。

《注》

（一）韋昭の著作については、『三國志』巻六十五　韋曜傳に、『洞紀』『官職訓』『辨釋名』といった書名が見える。逆に、廣く知られている『國語解』は列傳中に一切言及されていない。現在でこそ『國語』における決定的な注釋と言えるが、これは當時まだ高い評價を得ていなかったためと推測する。なお、『三國志』では「韋昭」を「韋曜」につくる。裴松之の注によると、これは晉の文帝司馬昭の諱を避けたものとされる。本書では、書名や引用文等で「韋曜」に作るものを除き、「韋昭」と記す。

（二）現在の二十四史などに含まれる正式な史書と區別する形で「正史」と記す。

（三）陳博「試論韋昭《呉書》的特點及其價值」（『歴史文獻研究』北京新六輯、一九九五年十月）、および「韋昭《呉書》考」（『文獻』一九九六年第二期、一九九六年三月）。

（四）滿田剛「韋昭『呉書』について」（『創価大學人文論集』第十六號、二〇〇四年三月）

（五）渡邉義浩「孫呉政權の展開」（『大東文化大學漢學會誌』第三十九號、二〇〇〇年三月／「君主權の強化と孫呉政權の崩壞」と改題して、『三國政權の構造と「名士」』、汲古書院、二〇〇四年に所收）の主張に對し、注（四）所掲滿田論文は、「何よりも呉國の正統性と將來呉國が全土を統一することを前提とした豫定調和的歴史觀を示そうとしているのではないか」と述べる。なお、渡邉義浩によれば、「名士」とは、知識人の間で名聲を得た人々のことで、その名聲をもとに地域社會で支配力を及ぼした。三國時代の君主は對等な協力者であろうとする「名士」に服從を求め、君主權力の強化に努めたとする。詳しくは、渡邉義浩『三國政權の構造と「名士」』（汲古書院、二〇〇四年）を參照。

（六）渡邉義浩「孫呉政權の形成」（『大東文化大學漢學會誌』第三十八號、一九九九年三月／「孫呉政權の形成と「名士」」と改題して、『三國政權の構造と「名士」』、汲古書院、二〇〇四年に所收）。

（七）君主と臣下の對峙は、孫呉が慢性的に抱えた問題であった。潛在的對立關係は時に暴發し、孫權や孫の孫晧は臣下を彈壓することもあった。孫權期の二宮事件および孫晧期の暴君變質後などはひどく、前者は陸遜や張休などが、後者は韋昭自身が彈壓の對象となってしまった。詳しくは、『三國志』卷五十九　孫和傳や『三國志』卷四十八　孫晧傳を參照。

（八）注（五）所掲渡邉論文の附表によると、韋昭の初從年代は二四二年、三十九歳の頃とされる。しかし、『三國志』卷六十五　韋曜傳によると、太子中庶子であった韋昭が廢嫡される前の太子孫和に侍していることや、中庶子になる以前、すでに丞相府の掾・西安の縣令などの官職を經ていることから、おそらく二四二年以前にすでに仕えていたものと見てよい。ただしその具體的な年代を史書は語らないため不明である。

（九）『三國志』卷四十七　呉主傳注引『志林』より、韋昭が張惠恕、すなわち張溫の派閥に屬していたことがわかる。原文は注（三四）を參照。なお、注（五）所掲渡邉論文は、韋昭を「名士」とは斷定していない。しかし、儒教經典に通じ、文才・史才といった能力を諸葛恪らから評價されていることを考慮すれば、「名士」と見てほぼ間違いなかろう。ちなみに、韋昭は孫呉「名士」層に君臨する張昭や子の張休と人的關係も近く、『漢書』における獨自の師法を有していた張氏親子の解釋が韋昭の『漢書音義』に反映されたと考えられる。韋昭の『漢書音義』については、本書第一篇第三章を參照。

（一〇）『三國志』卷六十五　韋曜傳。

（一一）『三國志』卷六十五　韋曜傳に、「又た（韋）曜を延《まね》きて侍講せしめんと欲するも、而れども左將軍の張布は近習にして寵幸あり、事行に玷多く、曜もて侍講の儒士たらんことを憚る。又た性精确にして、古今を以て（孫）休の意を警戒せしめんことを懼れ、固より爭ひて不可とす。休 深く布を恨む。語は休の傳に在り。然して曜 竟に止めて入れず（又欲延曜侍講、而左將軍張布近習寵幸、事行多玷、憚曜侍講儒士。又性精确、懼以古今警戒休意、固爭不可。休深恨布。語在休傳。然曜竟止不入）」とある。

（一二）『三國志』卷六十五 韋曜傳に、「（孫）晧 饗宴する每に、日に竟はらざること無く、席に坐しては、能否無く率ね七升を以て限と爲し、悉くは口に入らざると雖も、皆な澆灌して取り盡くす。……寵の衰ふるに至りて、更めて偪彊せられ、輒ち以て罪と爲す（晧每饗宴、無不竟日、坐席無能否率以七升爲限、雖不悉入口、皆澆灌取盡。……至於寵衰、更見偪彊、輒以爲罪）」とあることから、韋昭は元々孫晧の寵を受けていたことが理解できる。

（一三）大皇帝末年、命太史令丁孚・郎中項峻始撰吳書。孚・峻俱非史才、其所撰作、不足紀錄。至少帝時、更差韋曜・周昭・薛瑩・梁廣及臣五人（『三國志』卷五十三 薛綜傳）。

（一四）和廢後、爲黃門侍郎。孫亮卽位、諸葛恪輔政、表曜爲太史令、撰吳書、華覈・薛瑩等皆與參同（『三國志』卷六十五 韋曜傳）。

（一五）注（五）所掲渡邉論文は、「名士」を多く登用して諸葛恪が「名士」政權の樹立を圖っていたと述べる。渡邉論文の附表によれば、韋昭以外すべて「名士」であり、韋昭もまた儒教を修めていることから、自身もそうであると措定し得る。これを踏まえれば、『吳書』は「名士」の價値觀に基づき書かれたものという假定も成立し得る。

（一六）吳書曰、堅世仕吳、家於富春、葬於城東。冢上數有光怪、雲氣五色、上屬于天、曼延數里。衆皆往觀視。父老相謂曰、是非凡氣、孫氏其興矣及母懷妊堅、夢腸出繞吳昌門、寤而懼之、以告鄰母。鄰母曰、安知非吉徵也。堅生、容貌不凡、性闊達、好奇節（『三國志』卷四十六 孫破虜討逆傳注引『吳書』）。注（六）所掲渡邉論文は、孫堅の父孫鍾が瓜賣りを生業としていたという『宋書』卷二十七 符瑞志上の記事を引用した上で、『吳書』冒頭の「堅世仕吳」を韋昭の廻護であろうと述べている。なお、陳壽の『三國志』卷四十六 孫破虜傳は、孫氏が春秋時代の兵法家孫武（孫子）の末裔であろうかという推測を提示している。

(一七)『詩經』大雅 生民篇の例を擧げると次のようにある。これは周の始祖后稷の感生帝説であり、毛傳の解釋とは全く異なっていることが分かる。

(毛傳) 履、踐也。帝、高辛氏之帝也。武、迹。敏、疾也。從於帝而見于天。將事齊敏也。歆、饗。介、大也。攸止、福祿所止也。震、動。夙、早。育、長也。后稷播百穀以利民。

(鄭箋) 帝、上帝也。敏、拇也。介、左右也。夙之言肅也。祀郊禖之時、時則有大神之迹。姜嫄履之、足不能滿。履其拇指之處、心體歆歆然其左右、所止住、如有人道感己者也。於是遂有身。而肅戒不復御。後則生子而養長。名之曰弃。舜臣堯而擧之。是爲后稷。

(一八) 鄭玄の感生帝説については、加賀榮治『中國古典解釋史 魏晉篇』(勁草書房、一九六四年)、渡邉義浩「鄭箋の感生帝説と六天説」(『兩漢における詩と三傳』、汲古書院、二〇〇七年／『後漢における「儒教國家」の成立』、汲古書院、二〇〇九年に所收)および渡邉義浩「兩漢における天の祭祀と六天説」(『兩漢儒教の新研究』、汲古書院、二〇〇八年／『後漢における「儒教國家」の成立』、汲古書院、二〇〇九年に所收)に詳しい。また、孫吳における鄭學の流入と韋昭への影響については、本書第一篇第一章を參照。

(一九) 渡邉義浩「孫吳の正統性と國山碑」(『三國志研究』第二號、二〇〇七年七月)は、孫吳が禹の末裔を稱し、金德を掲げたのは天璽元(二七六)年であるとし、それ以前は特定の五德を措定しきれず、頻出する瑞祥にも特定の色に偏っていた形跡はないことを指摘する。

(二〇) 吳書曰、堅入洛、掃除漢宗廟、祠以太牢。堅軍城南甄官井上、旦有五色氣、擧軍驚怪、莫有敢汲。堅令人入井、探得漢傳國璽。文曰、「受命于天、既壽永昌」。方圜四寸、上紐交五龍、上一角缺(『三國志』卷四十六 孫破虜傳注引『吳書』)。

(二一) 注(四)所掲滿田論文はこの傳國璽入手について、本書のはじめにでも觸れたように、「漢を受け經ぐ國家としての吳國の正統性と黃巾の亂以降の混亂を収拾して將來吳國が全土を統一することを前提とした吳國の全國統一を正統と認める歷史觀を示そうとしたと考えられる」と述べる。また、渡邉義浩「孫吳の正統性と國山碑」(『三國志研究』第二號、二〇〇七年七月)

は、「肝心の玉璽は曹魏から西晉へと傳わっており（『宋書』巻十八 禮志五）、歷史書によって孫呉の正統性を補い得てはいない」と述べる。これらの指摘から、孫呉の正統性主張とその脆弱性および破綻を看取できる。

（二二）皇帝の陵墓を修復し、董卓と戰った漢の忠臣たる孫堅が傳國璽を拾い猫ばばしたという記録は、卻って孫堅を貶めるものであるとして、裴松之が批判している（『三國志』巻四十六 孫破虜傳注）。

（二三）小林春樹「三國時代の正統理論について」（『東洋研究』第一三九號、二〇〇一年一月）、および注（一九）所掲渡邉論文を參照。孫呉における瑞祥の出現頻度は高く、一例を擧げると、黄龍は二二二・二二九・二四二・二四八・二六二・二六三年に出現している。漢から禪讓を受けた曹魏、漢室と同姓たる劉姓の君主を持つ蜀漢に對し、孫呉はそれらを凌ぐ正統理論を持たず、主に瑞祥に根據を求めざるを得なかった。瑞祥に求めたことを表出したものの一つが、本書第二篇第二章で論じた「呉鼓吹曲」である。

（二四）志林曰、呉之創基、（孫）邵爲首相、史無其傳、竊常怪之。嘗問劉聲叔。聲叔、博物君子也。云、推其名位、自應立傳。項竣・丁孚時已有注記、此云與張惠恕不能。後韋氏作史、蓋惠恕之黨、故不見書（『三國志』巻四十七 呉主傳注『志林』）。

（二五）（孫）邵字長緒、北海人、長八尺。爲孔融功曹、融稱曰、廊廟才也（『三國志』巻四十七 呉主傳注引『呉録』）、および、呉録曰、昭與孫紹・滕胤・鄭禮等、採周・漢、撰定朝儀（『三國志』巻五十二 張昭傳注引『呉録』）。

（二六）『三國志』巻五十二 張昭傳に、「初、（孫）權 當に丞相を置かんとするや、衆議は（張）昭に歸す。權曰く、方今 事多く、職をば統べし者は責重く、之を優する所以に非ざるなり。後に孫邵卒するや、百寮復た昭を擧ぐるも、權曰く、孤 豈に子布の爲に愛しむこと有らん乎。丞相を領するは事煩にして、此れ公の性は剛なり。言ふ所 從はざれば、怨咎 將に興らんとす。之を益する所以に非ざるなりと。乃ち顧雍を用ふ（初、權當置丞相、衆議歸昭。權曰、方今多事、職統者責重、非所以優之也。後孫邵卒、百寮復擧昭、權曰、孤豈爲子布有愛乎。領丞相事煩、而此公性剛。所言不從、怨咎將興、非所以益之也。乃用顧雍）」とあり、張昭が推されても孫邵を任命し、孫邵死後は顧雍を任命し、結局張昭を任命させなかった。

（二七）『三國志』巻四十七 呉主傳注引『呉録』に、「黄武の初、（孫邵）丞相・威遠將軍と爲り、陽羨侯に封ぜらる。張溫・曁豔其の事を奏し、邵 位を辭して罪を請ふ（黃武初、爲丞相・威遠將軍、封陽羨侯。張溫・曁豔奏其事、邵辭位請罪）」とある。彼らは君主權力とは別の自律的な人物基準を持っていたため、多くの「名士」たちに推された張昭が本來は丞相となるべきであった。

（二八）陶謙のみは陳壽の『三國志』魏志に傳を有している。陶謙が『呉書』に含まれていたのは、孫呉士大夫層の頂点に立つ張昭に評價されたからであろうか。陶謙沒時に張昭が述べた弔辭では、陶謙の人柄と統治を稱えている（『三國志』卷八 陶謙傳注引『呉書』）。また、李肅は『三國志』卷四十八 三嗣主傳注引『呉錄』に、「(孟) 仁 字は恭武、江夏の人なり。本の名は宗、晧の字を避けて、易へり。少くして南陽の李肅に從ひて學ぶ（仁字恭武、江夏人也。本名宗、避晧字、易焉。少從南陽李肅學）」とある。

（二九）（陳）化 字元耀、汝南人、博覽衆書、氣幹剛毅、長七尺九寸、雅有威容。爲郎中令使魏、魏文帝因酒酣、嘲問曰、呉・魏峙立、誰將平一海內者乎。化對曰、易稱帝出乎震、加聞先哲知命、舊說紫蓋黃旗、運在東南。帝曰、昔文王以西伯王天下、豈復在東乎。化曰、周之初基、太伯在東、是以文王能興於西。帝笑、無以難、心奇其辭。使畢當還、禮送甚厚（『三國志』卷四十七 呉主傳注引『呉書』）。

（三〇）『三國志』卷四十七 呉主傳注引『呉書』に、「呉書曰、咨字德度、南陽人。……魏文帝善之、嘲咨曰、呉王頗知學乎。答曰、呉王浮江萬艘、帶甲百萬、任賢使能、志存經略、雖有餘閒、博覽書傳歷史、藉採奇異、不效諸生尋章摘句而已。帝曰、呉可征不。咨對曰、大國有征伐之兵、小國有備禦之固。又曰、呉難魏不。咨曰、帶甲百萬、江・漢爲池、何難之有。又曰、呉如大夫者幾人。咨曰、聰明特達者八九十人、如臣之比、車載斗量、不可勝數。咨頻載使北、魏人敬異。權聞而嘉之、拜騎都尉。咨言曰、觀北方終不能守盟、今日之計、朝廷承漢四百之際、應東南之運、宜改年號、正服色、以應天順民。權納之」とある。

（三一）珩字仲山、呉郡人、少綜經藝、尤善春秋內、外傳。權以珩有智謀、能專對、乃使至魏。魏文帝問曰、呉嫌魏東向乎。珩曰、不嫌。曰、何以。曰、信恃舊盟、言歸于好、是以不嫌。若魏渝盟、自有豫備。又問、聞太子當來、寧然乎。珩曰、臣在東朝、朝不坐、宴不與、若此之議、無所聞也。文帝善之、乃引珩自近、談語終日、珩隨事響應、無所屈服（『三國志』卷四十七 呉主傳注引『吳書』)。

(三二) 陸機の「辨亡論」は、孫吳滅亡後に作られたものであり、往時の孫吳人士の言行について述べ、また、孫吳が滅びた理由について言及している。

(三三)『三國志』卷四十七 吳主傳注引『吳書』に、「又曰、聞吳國比年災旱、人物彫損、以大夫之明、觀之何如。熙對曰、吳王體量聰明、善於任使、賦政施役、每事必咨、教養賓旅、親賢愛士、賞不擇怨仇、而罰必加有罪、臣下皆感恩懷德、惟忠與義。帶甲百萬、穀帛如山、稻田沃野、民無饑歲、所謂金城湯池、彊富之國也。以臣觀之、輕重之分、未可量也。帝不悅」とある。この後、馮熙は曹魏に仕えるよう誘われるが斷り、それによって身の危險を感じた馮熙は自害する。孫權は馮熙を前漢の蘇武になぞらえ、その死を惜しんだ。

(三四) 吳書曰、鄭泉字文淵、陳郡人。……使蜀、劉備問曰、吳王何以不答吾書、得無以吾正名不宜乎。泉曰、曹操父子陵轢漢室、終奪其位。殿下既爲宗室、有維城之責、不荷戈執殳爲海內率先、而於是自名、未合天下之議、是以寡君未復書耳。備甚慚恧(『三國志』卷四十七 吳主傳注引『吳書』)。

(三五) 他にも、『世說新語』卷二十五 排調篇に、「晉の武帝 孫皓に問ふならく、南人は好みて爾汝歌を作ると聞くに、頗る能く爲すや不《いな》や。皓 正に酒を飲み、因りて觴を擧げて帝に勸めて言ひて曰く、昔は汝と鄰爲るも、今は汝が與《ため》に臣と爲る。汝に一桮の酒を上り、汝の壽をして萬春たらしめん、と。帝 之を悔ゆ(晉武帝問孫皓、聞南人好作爾汝歌、頗能爲不。皓正飲酒、因擧觴勸帝而言曰、昔與汝爲鄰、今與汝爲臣。上汝一桮酒、令汝壽萬春。帝悔之)」とある。機知に富み、即興で作詩して司馬炎をやりこめる樣は、單なる暴君とは言えぬ利發さを示すものであろう。

(三六)『三國志』卷六十五に專傳を有する王蕃・樓玄・賀邵・韋昭・華覈はいずれも孫皓より彈壓を受けた他、孫皓自身を高く評價してくれた萬彧、かつての重鎭であった張紘の孫の張尚なども彈壓を受けている。

(三七)『三國志』卷四十八 三嗣主傳評に、「況んや(孫)皓は凶頑にして、肆に殘暴を行ひ、忠諫する者は誅し、讒諛する者は進め、其の民を虐用し、淫を窮め侈を極む。宜しく腰首を分離して、以て百姓に謝せしむべし(況皓凶頑、肆行殘暴、忠諫者誅、讒誄者進、虐用其民、窮淫極侈。宜腰首分離、以謝百姓)」とあり、亡國の君主であり、陳壽自身が孫呉を滅ぼした西晉に仕えたことを差し引いても、激しい憤りを込めて孫晧を斷罪している。なお、孫晧の變質と暴政に關しては、注（五）所掲渡邉論文に詳しい。ちなみに、注（三）所掲『世説新語』の逸話は孫呉滅亡後のことである。即位前の高評價と孫呉滅亡後の利發さを考慮すると、孫晧にとって君主でいることがいかに重壓と苦痛にまみれていたのかを窺わせる。

（三八）『三國志』卷六十五 韋曜傳に「博弈論」がある。これは後世、『文選』卷五十二 論二に收められていることから、韋昭の才能の一端をここにも垣間見ることができる。「博弈論」の内容および主張については、本書第二篇第一章參照。

（三九）時所在承指數言瑞應。（孫）晧以問（韋）曜、曜答曰、此人家筐篋中物耳（『三國志』卷六十五 韋曜傳）。

（四〇）又（孫）晧欲爲父（孫）和作紀、（韋）曜執以和不登帝位、宜名爲傳（『三國志』卷六十五 韋曜傳）。

（四一）（孫）晧饗宴、無不竟日、坐席無能否率以七升爲限、雖不悉入口、皆澆灌取盡。（韋）曜素飲酒不過二升、初見禮異時、常爲裁減。或密賜茶荈以當酒、至於寵衰、更見偪彊、輒以爲罪。又於酒後使侍臣難折公卿、以嘲弄侵克、發摘私短以爲歡。時有愆過、或誤犯晧諱、輒見收縛、至於誅戮（『三國志』卷六十五 韋曜傳）。

（四二）曜以爲外相毀傷、内長尤恨、使不濟濟、非佳事也、故但示難問經義言論而已。晧以爲不承用詔命、意不忠盡、遂積前後嫌忿、收曜付獄（『三國志』卷六十五 韋曜傳）。

（四三）『毛詩答雜問』は『隋書』卷三十二 經籍志一の詩部の注に、『孝經解讚』は同じく卷三十二 經籍志一の孝經部に見える。兩書とも『三國志』中では全く觸れられていない。

（四四）『三國志』卷五十二 張昭傳によると、張昭は遠慮のない諫言を幾度も孫權へ呈し、孫呉の朝儀を制定し、『春秋左氏傳解』『論語注』を執筆した。このような態度を取った張昭は、赤壁時に孫權へ降伏を勸めたことを持ち出されて滿座の中で恥をかかされたが、衆議を集めた。それにもかかわらず丞相に任命されなかった。

（四五）韋昭獄死の時點で殘りの撰定者は華覈・薛瑩の二人となったが、この時ほぼ『呉書』は完成しており、あとは敍や贊を附すだけであったとされる。しかし、二七五年の華覈投獄時はおろか、二八〇年に滅亡を迎えても遂に未完であったことを考慮すると、主撰定者たる韋昭の死後は作業がほとんど停滞していたのであろう。換言すれば、撰定における韋昭の存在の大きさを物語る。

結論

結論　希代の知識人

はじめに

本書は、序論で提示したように、大きく分けて以下の二點を論ずることが目的であった。第一に、『國語』および『漢書』という當時の顯學における韋昭の注釋内容を考察することにより、韋昭の有する思想的・歴史的な視座の解明である。第二に、孫呉政權側が主體となった著述より理解できる、韋昭の政權内における位置づけおよびその知識・教養が果たした役割の解明である。

第一篇「學者としての韋昭」では、『國語』の韋昭注と他の經書、就中、『春秋左氏傳』（以下『左傳』と略す）との結びつき、および鄭學の影響を論じ、『國語解』の内在的理解とともに、韋昭の思想的視座を検討した。次に、賈逵・唐固注といった『國語』の先人注釋者との比較を通じて、視座の相違を考察の中心に据え、先人注に對して韋昭がいかなる判斷・處理を行ったのか、その特質を照射し、第一章での見解を補足・敷衍した。續いて、『漢書音義』を對象とし、孫呉の『漢書』受容、注釋より窺い得る特徴等を總合的に考察し、『國語解』以外の注釋者たる韋昭を提示した。最後に、天人相關説などの神祕的思想が隆盛して當時の狀況を踏まえた上での、韋昭の思想史的な位置づけを圖った。とりわけ鄭學との關わりにおいて、六天説・感生帝説という鄭玄の特徴的な思想を韋昭がいかに捉えたかを論じた。

第二篇「孫呉人士としての韋昭」では、まず從來ほとんど看過されてきた「博弈論」について、その儒教的價値觀の發露の意味を檢討した。すなわち、「博弈論」著述時の孫和を取り卷く孫呉政權内の情勢を背景に、儒教的理念に基づく太子孫和の正統性を主張し、また人材希求の意圖の解明を行ったのである。第二章では、「樂府」と稱される鼓吹曲について、同時代の曹魏の鼓吹曲と比較することで、「呉鼓吹曲」の特質を照射した。就中、瑞祥という神祕性を上段に掲げた孫呉の正統性が非常に脆いものであったことを論じた。第三章では、孫呉の「正史」であり、韋昭が主撰定者として携わった『呉書』の偏向と特徴を、陳壽『呉志』との違いより浮かび上がらせた。孫呉政權成立の經緯と存立の根據、および同政權の抱える問題點などから、あらゆる手段で正統性を主張しようとあがく姿を看取できる。

以上、各章で展開した議論の結果をここで整理する。

一、「經」と「史」

『國語解』の敍文をはじめ、韋昭の『國語』に對する執着は至る所で確認できた。『左傳』と『國語』の乖離という狀況があり、韋昭自身が『國語』を經書にも匹敵する文獻という認識をしていたのである。敍文は韋昭の『國語』觀が如實に表れていたと言える。先人の成果の上に成り立っていた韋昭注であるが、實は最も影響を受けていたとされるのは賈逵でも唐固でもなく、鄭玄であった。六天說に基づく祭天思想を魯語の注釋に用いたのは、鄭玄經學の解釋をしかと目にしていた證據である。

また、鄭學の影響が多大であった孫吳において、韋昭は、注釋内に『左傳』を直接・間接問わず大量引用することで兩書を結びつけた。それにより『國語』と『左傳』、すなわち外傳と内傳が名實ともに一對の書となる。同時に、『左傳』の力によって『國語』の地位を引き上げることも可能となる。さらに他經を注に引用することで、經としての『國語』という位置づけをより強固なものとした。そこには、三禮注にあまねく經書を引用して體系化を圖った鄭玄の影響を看取することができる。鄭玄による『周禮』『儀禮』『禮記』の融合と、韋昭による『左傳』『國語』の融合。ここにそれぞれ兩者が本領を発揮した形蹟を見ることができよう。ちなみに、韋昭注には史學的色彩が強いという。そこにこれには、本文の内容を丹念に解釋し、正確な意味を表出しようとする韋昭自身の傾向に據る部分も大きい。そこにこそ『國語解』の特徴を見出せるのである。

かかる韋昭注を、先人注と比較検討したのが第二章である。比較の結果、まず韋昭注の引く賈逵・唐固注はほぼ同數ながらも、贊否については賈逵に肯定的評價が多く、反對に唐固には否定的な評價が多い傾向にあった。また第一章と重複するが、鄭玄の學說を概ね肯定し取り入れたこと、先人注への贊否を問わず史的觀點から補足・敷衍した解釋が散見すること、それらを時に『左傳』を根據として内・外傳の一體化をより圖ったことが擧げられる。こうした特徴により、「經」たるにふさわしい存在として稱揚した『國語』に、經學的解釋だけでなく史的解釋が融合されたのである。今日、韋昭注が確固たる地位を築いているのは、これら韋昭の視點と解釋が、他者より秀でていたことを意味する。四部分類の「史」が獨立する魏晉期にあり、また後世『四庫全書總目提要』で史部に配される『國語』だが、韋昭の注は、從來の經書解釋の特徴である「訓詁」を色濃く引きずりつつも、別のアプローチ方法が見られるのである。

第三章は、魏晉南北朝期のもう一つの顯學である『漢書』注について検討した。成書以降、つとに讀まれるようになった『漢書』は、三國時代でもまた多くの知識人に讀まれ、孫呉では孫權が呂蒙や蔣欽ら臣下へも奬勵していただけでなく、孫登・孫晧といった歷代君主・太子たちも學ぶなど、帝室の必讀書であった。かかる受容を示す孫呉にて、韋昭は『漢書音義』という注を著したのである。訓詁を中心に構成され、時に『國語解』や鄭玄注に見られた解釋を參考にしつつ、丹念に『漢書』を讀み解く注であった。『漢書音義』には、孫登に『漢書』を講授したという張休の『漢書』の「師法」と同じ特徵を窺うことができる。『國語解』と似た特徵を持つ『漢書音義』は、『漢書』文帝紀における黃龍出現について、文帝の寬治こそが出現理由であると說いた。かかる背景には、黃龍という瑞祥に帝位の根據を持つ孫呉の事情があった。黃龍の出現を促した前漢文帝の施策は孫呉にとって重視すべきものなのである。少なくとも韋昭はそう捉えていた。しかし、帝王學の書として『漢書』を讀んでいた歷代孫呉君主の治世は、陳壽の批判を受けるようなものであった。

第四章は、漢代に發展した天人相關說や災異・瑞祥・讖緯などの神祕的思想に對し、漢滅亡後に訪れる魏晉南北朝期を生きた韋昭がどう捉えたのか、その視座を究明した。その結果、『國語解』より見える傾向は、神祕性に極めて愼重であったというものである。鄭玄の六天說を引きながらも、その祭天思想を構成する感生帝說と緯書について、『國語解』では一切言及しなかった。これに對し、「呉鼓吹曲」や『呉書』は孫呉政權主體の文書として作成したものであるため、それらに反映された瑞祥や感生帝說など種々の神祕性は、正統論を構築しようとしていた孫呉情勢を踏まえて利用されたのである。しかし、本來の韋昭は、『國語』の神祕的記事について天の關與を求めず、文章そのものを丁寧に嚙み砕いて解釋するような人物であった。換言すれば、そのような視座を持つ韋昭が神祕性を用いねばならないという、孫呉正統論の迷走および脆弱性があったと言える。天上的宗教的な方向へ解釋していった鄭玄經學に惹かれつつも、韋昭自身の視座は神祕性に愼重であったという點で、鄭玄と異なることを指摘し得る。

二、正統論との闘わり

太子中庶子時代の韋昭が著した「博弈論」とは、孫和の太子としての正統性を主張するものであった。具體的な内容として、第一段落では君子としての目標および目標となる人物を提示し、第二段落では博弈の無益性および娯樂に興じる者たちへの訓戒、第三段落では人材の希求、そして第四段落では博弈に費やす勞力を特に儒教的價値觀に基づくものへと轉換するよう説く。これが「博弈論」という文書であった。

『三國志』巻五十九　孫和傳に見える孫和の發言のとおり、博弈という娯樂を否定し、訓戒を垂れていることが論の骨子であり、それ自體は搖るがない。また儒教的價値觀・理念を重視する様は、文教的保守性を有する孫吳の地域性という觀點からも指摘することはできよう。だが、當初の趣旨にない人材希求という主張を込めている以上、そこに特別な意圖が含まれているのは明白である。「博弈論」は、孫吳人士の物故が相次ぎ人材が拂底していく當時の情勢下における孫和の危惧であり、合わせて、太子としての地位を脅かす魯王孫覇派との二宮事件において、自らの立場を正統化するための主張であった。孫和は自らのブレイン八人に論を書かせた際、韋昭のそれが最も素晴らしかったという。韋昭の文才と學識はこうして活きた。これが今日にまで傳わる「博弈論」であり、その根底には、孫和の焦燥感が存在していたのである。

第一章「博弈論」はもっぱら孫和という一太子を對象としたものだったが、第二章で論じた「吳鼓吹曲」は孫吳政權の政治的宣傳を行うものであった。「漢鼓吹曲」をもとにした「吳鼓吹曲」は、軍樂としての性質および體裁を繼承していた。孫堅期の一八四年頃から孫休期の二六〇年頃までの出來事、就中、軍事的勝利を詞中に込め、同じように漢曲を繼承していた「魏鼓吹曲」の句構成・使用語句までを相似させた上で、孫呉の武勇や徳を幾度も稱えたのである。鼓吹曲に含まれる正統性の主張については、孫呉だけでなく曹魏でも行われていた。曹魏の場合、漢魏禪讓と瑞應による十全な正統論を持ち得、『尚書』を典據としながらそれらを詞中に込めていたのに對し、孫呉は正統論が弱く、決定的なものを持ち得なかった。そのため、頻出した瑞祥を根據に主張せざるを得なかったのである。魏・呉兩曲の比較により浮かび上がったこれらの傾向から、曹魏への強い對抗意識を看取できる。しかし、本來の韋昭は第一篇第四章で論じたように、神祕性に對して愼重な人物であった。このような視座を持つ韋昭が瑞祥に賴らざるを得ないところに、かえって孫呉正統論の脆弱性を理解できよう。

　第三章では『呉書』について論じた。史才を持たぬ項峻・丁孚に代わり、新たに任を受けて韋昭が他の四人の同僚とともに撰定した『呉書』は、様々な偏向を有する「正史」であった。その偏向例の一つが感生帝説と傳國璽拾得の記録である。政權創始者の受命という偏向を孫堅の傳（本紀？）に組み込むことで、正統性を主張しようとした。この背景には、漢魏革命によって無効となった「漢室匡輔」に代わる新たな正統論の確立、および同革命に基づく曹魏の正統性への超克を、孫呉は迫られていたのである。しかし、前者は論據となる緯書を引かない上に自らの五徳を決めかね、後者は傳國璽自體が孫呉の手から離れており、さらに拾得という行爲が孫堅を貶めるものとして、裴松之の批判を受けた。したがって、これらは破綻した論である。

　この他、『呉書』には使者として活躍し、孫呉の名譽を守った人物の立傳が多く爲されていた。これらの列傳は陳壽の『呉志』にないもので、時に孫呉の正統性を發言して相手君主をやり込めるような彼らは、陳壽にとっては憚られる存在であり、逆に韋昭および孫呉にとっては記録を殘すべき人物であった。ここに韋昭『呉書』と陳壽『呉志』の差異を認めることができる。かかる偏向を有した『呉書』は、韋昭が投獄され刑死したことで完全に頓挫し、ついに完成することはなかった。しかし、斷片的に殘る『吳書』の記錄からは、歷史に埋もれた孫吳人士たちの息づかいが確かに聞こえてくるのである。

三、鄭玄と韋昭

ここで、本書の各章でたびたび登場した鄭玄と比較しながら、韋昭という人物について整理してみたい。

鄭玄はもともと若い頃に鄕の役人（嗇夫）を務めていた人物である。のち太學に遊學し、馬融門下にあって十數年も研鑽に努め、黨錮の禁以降は事實上の隱居生活に入り、官界と無緣の生活を送ったのである。晩年には黃巾の亂や董卓の專橫など、國家そのものを搖るがす事件が相次いで起こり、かかる動亂の最中、建安五（二〇〇）年に七十四歲で沒する（『後漢書』列傳二十五 鄭玄傳）。おそらく、その眼には漢の滅亡がはっきりと見えていたことであろう。

鄭玄は「天上的神祕的」方向へと儒教經典を解釋し、今文・古文を問わず、質・量ともに驚歎に値するほどの注釋を著し、漢代經學を集大成した。そして、それを滅びゆく漢への手向けとしたのである。鄭玄の頭腦には彼獨自の觀念化された世界があり、その發露が『周禮』を中心とした經書體系や、六天說に見られる祭天思想などである。つまり、現實よりも理念・觀念を先行させたのが鄭玄であると言えよう。

これとは對照的に、韋昭は孫吳政權に仕え、その最期も主君の孫晧に投獄され、處刑という形で迎えた。およそ壯年期以降より死に至るまで、孫吳の官界を泳ぎ、生涯の大半をそこで過ごしたのである。ただし、韋昭が生きたのは三國が鼎立していた時代である。官界とはいえ、漢のような統一王朝のそれではない。孫吳とは、君主たる孫氏が皇帝を稱したものの、實態は揚州・荊州を據點とする一地方政權に過ぎない。別の言い方をすれば、帝號を僭稱する不届き者である。かかる孫呉に求められたのは、物理的・軍事的また大義的にも孫呉より優越する曹魏（のちに西晉）という敵に對して、いかに立ち向かうべきかという現實的な戰略であった。赤壁の戰いにおける周瑜のような軍事的手腕、中華に鼎立して力を蓄えつつ統一の機會を窺うよう進言した魯肅のような戰略眼、それらに基づき武威を振るう程普や黄蓋のような將帥、また政權存立や擧兵のための大義名分の構築等々、こうしたものを孫呉は必要としたのである。

　韋昭の能力は、政權の據って立つ大義名分や正統性を主張するためにもっぱら費やされた。「博弈論」は孫和の太子としての正統性を、「呉鼓吹曲」と『呉書』は孫呉政權の正統性を謳う目的があった。韋昭の太子中庶子時代は二四二年以降であるから、獄死する二七三年まで約三十年も「正統性」というものに關與してきたことになる。このような政治との強い關わりは、理念の世界に埋沒した鄭玄との決定的な違いである。とはいえ、韋昭にも理想とする治世はあった。本書第一篇第三章でも言及した『漢書』文帝紀に見える文帝の治世はその一例と言ってよかろう。「孝悌」などの儒教的價値觀の重視、農業の奬勵、肉刑の廢止などがそれである。現實の孫呉は文帝の治世にほど遠く、それらを行い得るだけの安定した國力もなく、曹魏および西晉、時には蜀漢という「敵」へ對抗することに追われた。こうした奮闘はついに結實することなく時代の潮流に飲み込まれ、孫權が帝位に卽いてからおよそ五十年後の西暦二八〇年に孫呉は滅亡した。

　第一篇で檢討した韋昭の注釋からは、確かに鄭學を多く參考にしていることが分かる。一方で、第一篇第四章にて確認した六天説における中途半端とも言える引用ぶりや神祕性に對する態度等からは、兩者の視座の違いを見ることができる。漢の滅亡が迫った時期に世を去った鄭玄と、孫呉の滅亡が迫った時期に獄死した韋昭。神祕的・觀念的な解釋を中心とする鄭玄と、合理的・現實的な解釋を中心とする韋昭。かかる兩者の相違は、上述したような政權との關わりの差であろう。

おわりに

韋昭は學者であり、政權と關わりを持った孫呉人士でもある。それ故に著述にも、個人的意思からのものと孫呉政權のためのものとがあり、『呉書』に見られた感生帝説が、六天説を引く『國語解』に見えなかったりするなど、時に齟齬が生じているのである。總體としての韋昭を見た場合、かかる立場を理解する必要があろう。

今日の視點からすれば、『呉書』や『漢書音義』からは史家として、『國語解』を含め、散佚してしまった『毛詩答雜問』や『孝經解讃』等々からは經學者として、「博弈論」と「呉鼓吹曲」からは文學者として、韋昭を見ることができる。これは鄭玄にも劣らぬ大學者と呼ぶに足る。

なお、韋昭の獄死後、一家は零陵へ流された。韋昭には韋隆という子がいたが、父と同じく文才を有していたというごく僅かな記録が殘るのみである（『三國志』巻六十五　韋曜傳）。孫呉滅亡後、韋昭の子孫たちがどうなったか定かではない。しかし、韋昭の著した種々の文書は後世に傳えられ、その名は今日に至るまでしかと殘っているのである。

本書は韋昭の二つの面を軸に論じてきた。これが今後の韋昭研究を促す一因となることを期待しつつ、ここで筆を擱く。

附篇

附篇　「呉鼓吹曲」譯注

序

三國時代、韋昭によって孫呉の鼓吹曲（以下「呉鼓吹曲」）が作られた。これは漢曲をもとにして、十八曲中の十二曲へ新しい詞を附し、殘りをそのまま襲用していたとされる。（一）具體的内容は後掲の譯注を見てもらうとして、ここでは作者の韋昭についてごく簡單に觸れておきたい。

韋昭は若くして學問を好み、孫權・孫亮・孫休・孫晧の四君に仕えた。七十年の生涯において多くの著述を殘し、特に『春秋』の外傳たる『國語』に注釋を附したり、陳壽『三國志』の種本の一つとなった『呉書』を撰定するなど、經學者・史家という面が強いとされる。（二）「呉鼓吹曲」は、かかる學問的傾向および知識を有する人物によって作られたのである。

今日、「呉鼓吹曲」を對象とした研究はほとんどなく、管見の限り、專論はおろか邦譯さえも發見できなかった。そこで譯注を行うに至った次第である。よしんば、すでに邦譯が存在していたとしても、拙譯による一つの解釋提示は、いささかなりとも後覺に資することができるのではないかと考える。

「呉鼓吹曲」は、『宋書』巻二十二 樂志四、および郭茂倩『樂府詩集』巻十八 鼓吹曲辭三に收められており、本稿はより成立の古い『宋書』を參照した。（三）また、各曲の題詞も載せたので、こちらの訓讀と現代語譯も合わせて參照されたい。（四）なお、この譯注は本書第二篇第二章を讀む際に合わせて參照していただければ、より理解しやすくなると思われる。

第一曲「炎精缺」

炎精缺者、言漢室衰、武烈皇帝奮迅猛志、念在匡救。然而王迹始乎此也。漢曲有朱鷺、此篇當之。第一（「炎精缺」とは、漢室衰へ、武烈皇帝 猛き志を奮迅し、念は匡救に在り。然り而して王迹此より始まるを言ふなり。漢曲に「朱鷺」有り、此の篇之に當る。第一）。

炎精缺　漢道微　　炎精缺け　漢道微《おとろ》ふ
皇綱弛　政徳違　　皇綱弛み　政徳違ふ
衆姦熾　民罔依　　衆姦 熾んにして　民は依る罔し
赫武烈　越龍飛　　赫たる武烈は　龍を越へて飛び
陟天衢　耀靈威　　天衢に陟《のぼ》り　靈威を耀かす
鳴雷鼓　抗電麾　　雷鼓を鳴らし　電麾を抗《あ》げ
撫乾衡　鎮地機　　乾衡を撫して　地機を鎮む
厲虎旅　騁熊羆　　虎旅を厲まし　熊羆《ゆうひ》を騁せしめ

發神聽　吐英奇　　神聽を發して　英奇を吐く
張角破　邊韓羈　　張角破れ　邊・韓羈《つな》がる
宛潁平　南土綏　　宛・潁平らか　南土綏んぜり
神武章　渥澤施　　神武章らかにして　渥澤施す
金聲震　仁風馳　　金聲震へ　仁風馳す
顯高門　啓皇基　　高門に顯らかなりて　皇基を啓く
統罔極　垂將來　　罔極を統べ　將來に垂る

【現代語譯】

「炎精缺」について。漢室が衰微すると、孫堅が猛き志を抱いて奮迅し、その思いは漢を救うことにあった。こうして王としての足跡がここより始まったことをいう。漢（の鼓吹曲）に「朱鷺」なる曲があり、「炎精缺」はそれに當たる。「呉鼓吹曲」第一曲である。

太陽がかけるように、（火徳の）漢も衰微する。綱紀は弛み、政治も威徳も背くばかり。姦惡な者たちが跋扈し、民は何も頼るものがない。意氣盛んな武烈皇帝孫堅さまは、龍よりも空高く昇り、天蓋を突き抜け、すぐれた威信を耀かせた。太鼓を鳴らし、迅速に旗を振るい、測天の器を手に要害の地をしずめる。勇士たちを勵まし、（熊や羆のごとく）猛々しい兵士たちを驅けめぐらせ、すぐれたご判斷を下し、英雄としての才を發揮された。かくて張角は敗れ、邊章・韓遂も捕らえられた。宛・潁は平定され、南方の地も安寧を得た。(孫堅の)神々しい武勇が天下に明らかとなり、(人々に)厚恩を施した。知德もまた充分に備わり、ここに皇紀を啓いたのである。無道(なこの状況)を統べ治め、將來に垂れ示そう。

【語注】

○炎精—太陽。また、火德の神。漢を指す。この「炎精缺」という曲は、光和七(一八四)年の史實をもとにしている。○武烈—孫堅(一五六～一九二年。一說に、一五五～一九一年)のこと。孫策と孫權の父。字は文臺、武烈は諡。黃巾の亂では朱儁の部下として參戰。汝南・潁川と轉戰し活躍。宛城の攻略においては、西南方面の官軍を率いて大勝利を收めている。その後も邊章・韓遂・區星らの討伐に從軍し功績があった。のち、黃祖の配下に射殺され三十代の若さで沒す(『三國志』吳書一　孫破虜傳)。○雷鼓—八面のたいこ。○乾衡—天を測る器。○地機—要害。○虎旅—虎賁と旅賁。ともに天子の警護兵のことだが、ここでは勇士の意味にとる。○熊羆—くまとひぐま。轉じて勇猛な人を指す。『尚書』康王之誥篇に、「則亦有熊羆之士、不二心之臣、保乂王家、用端命于上帝」とあり、二心を抱かぬ臣下とともに王家を保んじ治めるに功があったとされる。○張角—太平道の教祖で、大賢良師・天公將軍と自稱。光和七(一八四)年、信徒數十萬人を率い、いわゆる黃巾の亂を引き起こしたが、亂の最中に病死する。張角の死後も亂は各地で續き、これによって後漢の權威が地に落ちてしまった(『後漢書』列傳六十一　皇甫嵩傳)。○邊・韓—邊章と韓遂。二人はともに羌族と親交があり、その將に擔がれて涼州で叛亂を起こした(『三國志』魏書一　武帝紀)。○宛・潁—ともに地名。宛は今の河南省南陽市、潁は今の河南省登封縣。○金聲震—知德が備わること。もと、孔子が德を集大成したのを稱えたことば。『孟子』萬章下篇に、「金聲而玉振也」とあり、それを踏まえたものであろう。○罔極―中正の道がないこと。無道。

第二曲「漢之季」

漢之季者、〔言〕武烈皇帝悼漢之微、痛卓之亂、興兵奮擊、功蓋海內也。漢曲有思悲翁、此篇當之。第二（「漢之季」とは、武烈皇帝 漢の微を悼み、（董）卓の亂を痛み、兵を興して奮擊し、功は海內を蓋ふ〔を言ふ〕なり。漢曲に「思悲翁」有り、此の篇之に當る。第二）。

漢之季　董卓亂
桓桓武烈　應時運
義兵興　雲旗建
厲六師　羅八陣
飛鳴鏑　接白刃
輕騎發　介士奮
醜虜震　使衆散
劫漢主　遷西館
雄豪怒　元惡僨

漢の季《すゑ》　董卓亂せり
桓桓たる武烈　時運に應ず
義兵興りて　雲旗建ち
六師を厲まして　八陣を羅《つら》ぬ
鳴鏑を飛ばして　白刃を接し
輕騎發して　介士奮ふ
醜虜震へ　衆をして散ぜしむ
漢主を劫かして　西館に遷る
雄豪怒りて　元惡僨《たお》れ

赫赫皇祖　功名聞　　　赫赫たる皇祖　功名聞こゆ

【現代語譯】

「漢之季」について。武烈皇帝（孫堅）は漢の衰微を哀悼し、また董卓の亂を痛んだ。兵を興して激しく攻撃し、その功績は天下を蓋うほどであったことを歌う。漢に「思悲翁」なる曲があり、「漢之季」はそれに當たる。「吳鼓吹曲」第二曲である。

漢の末期、董卓は亂を起こした。威武を備えた武烈皇帝孫堅さまは、時運に應じ（て起ちあが）る。天下に義兵が興り、その旗が雲霞のごとく立ち竝び、六軍を勵まし、八陣を連ねる。鏑矢をひょうと射て、白刃もて丁々發止と切り結ぶ。騎兵や甲士が戰場を驅けめぐり武勇を奮う。多くの捕虜は震えあがり、（殘りの）兵卒はちりぢりになって逃走。董卓は獻帝を脅迫し、西のかた長安への遷都を強行。世の英雄豪傑たちは（その惡逆に）怒り、ついに諸惡の根源（たる董卓）を打倒する。隆盛著しい皇祖孫堅さまの功名は、世に轟いたのである。

【語注】

○董卓―字は仲穎。隴西臨洮の人。陳留王（獻帝）を擁して自らは相國となり、專橫の限りを盡くして、事實上後漢を滅亡させた人物である。初平三（一九二）年、王允と呂布によって殺され、一族郎党も誅殺された（『三國志』卷六董卓傳）。○桓桓―威武の備わっている樣。『詩經』周頌・桓篇に、「桓桓武王、保有厥士」とあり、これを踏まえたものであろう。○六師―六軍。天子の軍隊。○鳴鏑―音の鳴る鏑矢。○輕騎―身輕で素早い行動をとる騎兵。○介士―鎧を着けた兵士。甲士。○醜虜―異國人を卑しんで呼ぶ意味と、おおぜいの捕虜・降伏者という意味がある。董卓は若い頃に羌族と交友關係を結んだとされ（『三國志』巻六　董卓傳）、董卓軍への侮蔑として前者の意味にもとれるが、ここでは後者を採用した。○劫漢主―「漢主」は獻帝のこと。董卓は少帝を廢して獻帝を擁立し、自らの權力を確立した。○遷西館―初平元（一九〇）年、董卓は洛陽を焼き拂い、長安への遷都を強行した。この句はそれを踏まえている。

第三曲「攄武師」

攄武師者、言大皇帝卒武烈之業而奮征也。漢曲有艾如張、此篇當之。第三（「攄武師」とは、大皇帝　武烈の業を卒《つ》ぎて奮征するを言ふなり。漢曲に「艾如張」有り、此の篇之に當る。第三）。

攄武師　斬黄祖　　武師を攄《ち》らし　黄祖を斬る
肅夷凶族　革平西夏　　凶族を肅《う》ち夷《たひら》げ　西夏を革《いまし》め平《たひら》ぐ
炎炎大烈　震天下　　炎炎たる大烈　天下を震はす

【現代語譯】

「攄武師」について。大皇帝（孫權）が父の武烈皇帝（孫堅）の業を繼いで奮征することを歌う。漢に「艾如張」

なる曲があり、「攄武士」はそれに當たる。「吳鼓吹曲」第三曲である。

敵の軍勢を蹴散らし、宿敵黃祖をついに斬る。凶惡な族を討ち拂い、西夏を平定する。盛んなる大動は天下を震わせたのだ。

【語注】

○斬黃祖―初平三（一九二）年（一説に、初平二年）、孫堅は黃祖の部下によって射殺され、三十七年の生涯を閉じた（『三國志』巻四十六 孫破虜傳）。そのため、孫吳は黃祖討伐の出征を幾度も行っている。「斬」とあることから、これは討ち取った建安十三（二〇八）年のことを歌っているものと考えられる。○西夏―中國本土の西部をいう。○炎炎―盛んなさま。

第四曲「烏林」

烏林者、言曹操既破荊州、從流東下、欲來爭鋒。大皇帝命將周瑜、逆擊之於烏林而破走也。漢曲有上之回、此篇當之。第四（「烏林」とは、曹操既に荊州を破り、流に從ひて東下し、來りて鋒を爭はんと欲す。大皇帝 將の周瑜に命じて之を烏林に逆へ擊ちて破り走らしむを言ふなり。漢曲に「上之回」有り、此の篇之に當る。第四）。

曹操北伐　拔柳城　　　曹操北伐して　柳城を拔き

乘勝席捲　遂南征
劉氏不睦　八郡震驚
衆既降　操屠荊
舟車十萬　揚風聲
議者狐疑　慮無成
賴我大皇　發聖明
虎臣雄烈　周與程
破操烏林　顯章功名

勝ちに乘じて席捲し　遂に南征す
劉氏睦まじからず　八郡震驚し
衆は既に降るも　操は荊を屠る
舟車十萬　風聲を揚ぐ
議者は狐疑し　成ること無からんかと慮る
賴《さいは》ひに我が大皇　聖明を發す
虎臣雄烈たりし　周と程と
操を烏林に破り　功名を顯章す

【現代語譯】

「烏林」について。曹操が荊州を破ると、長江の流れに沿って東下し、孫呉と雌雄を決しようとした。大皇帝（孫權）は配下の將の周瑜に命じて、曹操軍を烏林の地で打ち破らせ、敗走させたことを歌う。漢に「上之回」なる曲があり、「烏林」はそれに當たる。「呉鼓吹曲」第四曲である。

曹操は北伐して柳城を攻め落とし、その勝利に乘じて席捲し、ついに南征を開始する。劉表の息子たちは不仲で、荊州の八郡は震え驚き、みな降伏するも、曹操は虐殺を敢行。舟車に乘った十萬の兵士が風聲をあげて孫呉を攻める。孫呉の臣下たちはためらうばかりで、計略がまとまらない。だが、幸いにも我らが大皇帝孫權さまの聖明なるご判斷で、虎のごとく勇ましい周瑜と程普が奮戰し、曹操を烏林の地で破って、輝かしい功名をあげたのである。

【語注】

○曹操—一五五〜二二〇年。字は孟德。三國時代の曹魏の事實上の創建者。太祖武帝と追尊される。父曹嵩は、宦官曹騰の養子。黃巾の亂で手柄を立て、濟南の國相となり、袁紹を盟主とする反董卓連合軍に參加。のち後漢最後の皇帝獻帝を許に迎えて勢力を擴大、官渡の戰いで袁紹を破り華北を制壓したが、建安十三（二〇八）年、赤壁の戰いで敗れ、天下三分の形が生じた（『三國志』卷一 武帝紀）。○劉氏—當時荊州を治めていた劉表一族のこと。劉表の子の劉琦・劉琮兄弟は仲が惡く、曹操が荊州へ侵攻するや劉琮は降伏した。『三國志』吳書九 周瑜傳に、「曹公入荊州、劉琮擧衆降、曹公得其水軍、船歩兵數十萬、將士聞之皆恐」とある。○八郡—劉表の治めていた荊州の八郡。○議者狐疑—赤壁の戰いの當時、孫吳では周瑜・魯肅を中心とする主戰論と、張昭を中心とする降伏論とに分かれていた。結局、孫權が斷を下して開戰し大勝する。「狐疑」は、ためらうこと。○周與程—周瑜と程普。周瑜は孫策期、程普は孫堅期からの家臣であり、赤壁の戰いで兩者は左右の都督として軍を率いた。『三國志』卷四十七 吳主傳に、「（周）瑜・（程）普爲左右督、各領萬人。與備倶進、遇於赤壁、大破曹公軍」とある。○烏林—長江を挾んだ赤壁の對岸にある地名。現在の湖北省湖縣北東の烏林磯。

第五曲「秋風」

秋風者、言大皇帝說以使民、民忘其死。漢曲有擁離、此篇當之。第五（「秋風」とは、大皇帝説《よろこ》ばしめて以て民を使ひ、民は其の死を忘るるを言ふ。漢曲に「擁離」有り、此の篇之に當る。第五）。

秋風揚沙塵　寒露沾衣裳　　秋風は沙塵を揚げ　寒露は衣裳を沾《うるほ》す
角弓持弦急　鳩鳥化爲鷹　　角弓をば弦を持すること急なれば鳩鳥 化して鷹と爲る
邊垂飛羽檄　寇賊侵界疆　　邊垂は羽檄を飛ばし　寇賊は界疆を侵す
跨馬披介冑　慷慨懷悲傷　　馬に跨りて介冑を披《はお》るや　慷慨して悲傷を懷く
辭親向長路　安知存與亡　　親を辭して長路に向ふ安んぞ存と亡とを知らんや
窮達固有分　志士思立功　　窮達固《もと》より分有るも　志士は功を立てんことを思ふ
思立功　邀之戰場　　功を立てんことを思ひ　之を戰場に邀《もと》む
身逸獲高賞　身沒有遺封　　身逸《はや》りて高賞を獲　身沒して遺封有り

【現代語譯】

「秋風」について。大皇帝（孫權）が民を喜ばせてから使役するや、民はその死すら忘れるほどであったことを歌う。漢に「擁離」なる曲があり、「秋風」はそれに當たる。「吳鼓吹曲」第五曲である。

秋風が砂塵を巻きあげ、寒露が衣裳をしめらす。角弓の弦《つる》を強く張ると、（穩やかな）鳩が一轉して（勇猛な）鷹に變わる。國境では急を告げる文書を飛ばしている。凶惡な賊（である曹操軍）が國境を侵しているのだ。馬に跨ってよろいかぶとを身につけると、心が昂ぶってかなしみを抱いてしまう。親元を離れて長き出征に赴くのだ。どうして生死を覺《さと》らずにいられようか。困窮と榮達にはもともと（自然に定まっている）命數があるが、志士は功績を立てようと思う。功績を立てようと思って、戰場にそれを求める。身は勇み立って多くの褒美を得、死んでしまったら遺子が侯に封ぜられるのである。

【語注】

○寒露―晩秋から初冬にかけておくつゆ。○角弓持弦急―「角弓」は、つので飾った弓。この句は、弓弦《ゆみづる》を張って臨戰態勢に入ることを歌い、これを承けて次句に續く。ちなみに、『詩經』小雅には、兄弟親類に親しまぬ周の幽王を非難した「角弓」という詩があるが、この句との關連性は特になかろう。○邊垂―國境。邊陲ともいう。○羽檄―急を告げるための鶏の羽をつけたふれ文。緊急出兵の文書。○寇賊―國外から大勢で群れをなして攻め寄せる賊。具體的には曹操軍を指す。○窮達―困窮と榮達。○身沒有遺封―死後に子孫が封ぜられること。この句は陳武もしくは凌統を指すものと考えられる。建安二十（二一五）年、合肥で陳武は戰死するが、建安年間（一九六～二二〇年）末に孫權は功臣の子孫への追錄を行い、その際に陳武の子の陳脩が都亭侯に封ぜられた（『三國志』巻五十五 陳武傳）。凌統は、合肥の戰いでわずか三百の兵を率いて敵中に飛び込み、孫權を救出するも、部下は全滅し自身も重傷を負う。のちに孫權が凌統の功績を追錄した際、子の凌烈が亭侯に封ぜられた（『三國志』巻五十五 凌統傳）。こうした陳武や凌統の子孫たちが侯に封ぜられたことを歌っているのであろう。なお、凌統の死には複數の説があり、凌統傳では二三九年に病死したとされ、駱統傳では駱統（一九三～二二八年）が二十代の時に死んだと記されている。

第六曲「克皖城」

克皖城者、言曹操志圖并兼、而令朱光爲廬江太守。上親征光、破之於皖城也。漢曲有戰城南、此篇當之。第六（「克皖城」とは、曹操の志は并兼を圖り、而して朱光をして廬江太守と爲さしむ。上 親ら光を征し、之を皖城に破るを言ふなり。漢曲に「戰城南」有り、此の篇之に當る。第六）。

克滅皖城　遏寇賊
惡此凶孽　阻姧慝
王師赫征　衆傾覆
除穢去暴　戢兵革
民得就農　邊境息
誅君弔臣　昭至德

克《よ》く皖城を滅し　寇賊を遏《た》つ
此の凶孽《きょうげつ》を惡《にく》み　姧慝を阻《はば》む
王師　赫として征くや　衆は傾覆せり
穢れを除き暴を去り　兵革を戢《をさ》む
民は農に就くを得　邊境息《いこ》ふ
君を誅し臣を弔ひ　至德を昭らかにす

【現代語譯】

「克皖城」について。曹操の意思は他國を併呑することにあり、そこで朱光を廬江太守に任命した。孫權は自ら軍を率い、朱光を皖城で破ったことを歌う。漢に「戰城南」なる曲があり、「克皖城」はそれに當たる。「吳鼓吹曲」第六曲である。

皖城を攻め落として、（曹操ら）賊軍を打ち破る。この凶姦な敵を憎み、（曹操の）惡事の端緒を阻む。吳王の軍が意氣盛んに征伐を行うや、敵兵は蹴散らされた。穢れを取り除き、暴虐を打ち拂って、戰爭を終える。それによって民は農事に專念できるようになり、邊境は安寧を迎えた。（暴）君を討ち、その臣下たちをいたみ、（孫吳の）至德を明らかにするのだ。

【語注】
○克滅皖城―『三國志』卷四十七 吳主傳に、「（建安）十九年五月、（孫）權 皖城を征す。閏月、之に克つ。」とある。建安十九（二一四）年、孫權は皖城を攻め落とし、曹操より廬江太守に任命されていた朱光と參軍の董和を捕虜にした。皖城は、現在の安徽省潛山縣に當たる。○凶孽―惡事の萌芽。わざわい。題詞にあるように、曹操は他國併呑を圖っていた。朱光を廬江太守に任命したのは、その野望の端緒と言えよう。○傾覆―敗戰または國家の滅亡をいう。○戢兵革―軍事行動をやめること。「兵革」は武器と鎧。

第七曲「關背德」

關背德者、言蜀將關羽背棄吳德、心懷不軌。大皇帝引師浮江而禽之也。漢曲有巫山高、此篇當之。第七（「關背德」とは、蜀將關羽 吳の德に背棄して、心に不軌を懷き、大皇帝 師を引きて江に浮かび之を禽にするを言ふなり。漢曲に「巫山高」有り、此の篇之に當る。第七）。

關背德　作鴟張
割我邑城　圖不祥
稱兵北伐　圍樊襄陽
嗟臂大於股　將受其殃
巍巍吳聖主　叡德與玄通
與玄通　親任呂蒙
泛舟洪氾池　泝涉長江
神武一何桓桓
聲烈正與風翔
歷撫江安城　大據郢邦
虜羽授首　百蠻咸來同
盛哉無比隆

關は德に背き　鴟張《しちやう》を作《な》す
我が邑城を割き　不祥を圖る
兵を稱《あ》げて北伐し　樊・襄陽を圍む
臂の股より大なりしを嗟《なげ》き　將《もつ》て其の殃《わざわひ》を受く
巍巍《ぎぎ》たる吳の聖主　叡德もて玄と通ず
玄と通じて　親ら呂蒙を任ず
舟を洪氾の池に泛《うか》べ　泝《さかのぼ》りて長江を涉る
神武　一に何ぞ桓桓たる
聲烈　正に風と與に翔る
歷《あまね》く江安の城を撫し　大いに郢邦に據る
羽を虜にして首を授け　百蠻咸《み》な來同す
盛んなる哉《かな》　隆を比するもの無し

【現代語譯】

「關背德」について。蜀將關羽が吳の德に背いて、よからぬことを企んだ。大皇帝（孫權）は軍を率いて舟を長江に浮かべ、（戰って）關羽を捕らえたことを歌う。漢に「巫山高」なる曲があり、「關背德」はそれに當たる。「吳鼓吹曲」第七曲である。

關羽は（孫吳の）德に背き、傲慢であった。我らの邑城を奪い、よからぬことを企む。（關羽は）兵を擧げて（荊州）北部を討伐し、樊城と襄陽城を包圍する。（だが、矢傷を被り）ひじが股《もも》よりも大きく腫れあがったことを歎き、わざわいを受けたのである。高大なる孫吳の聖主は、すぐれた德を以て玄奥なる道理に通ずる。道理に通じて、呂蒙を親任する。舟を廣大な池に浮かべ、流れを遡って長江を渉る。この無上なる武德の何と勇ましいことか。著しい譽れはまさに風とともに（天下を）翔るのだ。公安の城をことごとく鎭撫し、こぞって郢に（軍を）寄せる。關羽を捕虜にして首級を授け、夷狄・蠻族はみな我らに從う。盛んなるかな。（孫吳の）隆盛に比肩できるものなどない。

【語注】

○關背德―「關」は、蜀將關羽。劉備の擧兵時より仕え、劉備入蜀後は荊州の守備を任された。義に厚く目下の者に優しい性格である一方、目上の者には不遜な態度を取ることも多かった。『三國志』の著者陳壽は、關羽の死の原因をその傲慢な性格に求めている（『三國志』卷三十六 關羽傳）。この曲は關羽が斬首された建安二十四（二一九）年の史實を元にしている。○鴟張―ふくろうが翼を張ったように、勢いが強く我儘なこと。○樊襄陽―樊・襄陽はともに城の名前。今の湖北省襄樊市の南にある。○嗟臂大於股―正確な年は不明だが、毒矢が關羽の左臂に刺さり、負傷したことがあった（『三國志』卷三十六 關羽傳）。なお、同傳には矢傷の手術を受けながらも諸將と飲食談笑する關羽の剛膽なさまが記されている。○巍巍夫聖主―『樂府詩集』は「吳」を「夫」につくる。「巍巍」は、高大なさま。

また、富貴で勢いのさかんなさま。『論語』泰伯篇では、堯・舜・禹らを形容することばとして用いられている。韋昭は孫權を傳說の帝王に準えているのであろう。○與玄通―「玄通」は奥深い道理に通ずること。また、神秘的な洞察力をそなえること。『老子』第十五章に、「古之善爲士者、微妙玄通、深不可識」とある。○呂蒙―一七八～二一九年。字は子明。孫策期に初從し、はじめは武に傾斜していたが、のちに學問を修め、魯肅より評價された（『三國志』卷五十四 呂蒙傳）。この句は、孫權が荊州奪還を呂蒙に命じたことをいう。○江安―『宋書』および『樂府詩集』は「江安」につくるが、『三國志』卷四十七 呉主傳に、「閏月、（孫）權征（關）羽、先遣呂蒙襲公安、獲將軍士仁」とあることから、「公安」のことであろう。本譯注は、原文・訓讀を「江安」のままで、現代語譯を「公安」とした。現在の湖北省公安の北西。○郢―現在の湖北省江陵の北西の紀南城。かつて春秋時代の楚の都城があった。○盛哉無比隆―『樂府詩集』では「無」を「三」につくる。その場合、「三たび比《しきり》に隆す」とも讀め、幾度も隆盛する、と解釋できる。いずれにせよ、孫呉が著しく榮える樣を歌った句である。

第八曲「通荊門」

通荊門者、言大皇帝與蜀交好齊盟、中有關羽自失之愆、戎蠻樂亂、生變作患、蜀疑其眩、呉惡其詐、乃大治兵、終復初好也。漢曲有上陵、此篇當之。第八（「通荊門」とは、大皇帝 蜀と好を交し盟を齊ふるも、中ごろ關羽自失の愆《とが》有り、戎蠻は亂を樂しみ、變を生じ患を作《な》し、蜀は其の眩を疑ひ、呉は其の詐を惡めば、乃ち大いに兵を治め、終に初めの好を復するを言ふなり。漢曲に「上陵」有り、此の篇之に當る。第八）。

荊門限巫山　高峻與雲連
蠻夷阻其險　歴世懐不賓
漢王據蜀郡　崇好結和親
乖微中情疑　讒夫亂其閒
大皇赫斯怒　虎臣勇氣震
蕩滌幽藪　討不恭
觀兵揚炎耀　厲鋒整封疆
整封疆　闡揚威武
容功赫戲　洪烈炳章
邈矣帝皇世　聖吳同厥風
荒裔望清化　化恢弘
煌煌大吳　延祚永未央

荊門　巫山を限り　高峻にして雲と連なる
蠻夷は其の險を阻《たの》み　歴世不賓を懷く
漢王　蜀郡に據り　好を崇びて和親を結ぶも
乖《そむ》き微《おとろ》へ中ごろ情疑ひ　讒夫　其の閒を亂す
大皇　赫として斯れ怒り　虎臣　勇氣震へり
幽藪を蕩滌《たうでき》して　不恭を討つ
兵を觀て炎耀を揚げ　鋒を厲しくして封疆を整ふ
封疆を整へて　威武を闡揚《せんやう》し
容功赫戲として　洪烈炳章なり
邈《はる》かなる矣《かな》　帝皇の世　聖吳　厥の風を同《とも》にす
荒裔は清化を望み　化して恢弘たり
煌煌たる大吳　延祚　永《とこしへ》にして未だ央《つ》きず

【現代語譯】

「通荊門」について。大皇帝（孫權）が蜀と好を交わして同盟を整えるも、中途、關羽が我を忘れ（て孫吳に刃向かってく）るという過ちがあった。戎蠻は叛亂をほしいままに起こし、變を生じ患いをなした。蜀はその眩暈を疑い、吳はその譎詐を憎んだので、大いに兵を起こし、ついに當初の友好を回復したことを歌う。漢に「上陵」なる曲があり、「通荊門」はそれに當たる。「吳鼓吹曲」第八曲である。

荊門山は巫山をへだて、高く險しく、雲と連なるほどである。蠻夷は險阻な地勢を恃んで、代々不敬なる感情を抱く。漢王は蜀（益州）を根據地とし、孫吳との友好を尊重して同盟を結ぶ。（だが、友誼も徐々に）離れ衰え、中途、情誼を疑うようになり、讒言する輩が（吳・蜀の）間を混亂に陷れる。大皇帝孫權さまは赫怒し、虎のごとく強悍な臣下たちが勇氣を奮う。藪の奧深くまで洗い流し、不恭なる者を討つ。敵兵を見て烽火《のろし》を揚げ、鋒先《ほこさき》を鋭くして國境を治める。國境を治めて（天下に）武威を明らかにすることで、立派なお姿が輝き、大業も明らかになるのだ。はるかなものだ、皇帝陛下の御世は。尊き孫吳が風俗を同じく（して、天下を統一）する。遠き國土の果てまでもが淸き敎化を望み、廣大になる。輝かしき偉大なる孫吳は、幸いがとこしえに續き、未だ盡きることはない。

【語注】

○荊門限巫山―荊門は、山名。湖北省宜昌市の南東にある。巫山は、四川省巫山縣の東にある山。また、「荊門」は荊州を領有する孫吳を、「巫山」は益州を領有する蜀漢を指しているのかも知れない。○高峻―たかくけわしいこと。人格が氣高いという意味もある。○漢王―劉備（一六一～二二三年）のこと。劉備は蜀（益州）を根據地とし、建安二十四（二一九）年、漢中王となった（『三國志』卷三十二 先主傳）。○乖微中情疑―前句を受けて、蜀漢と孫吳の友好關係がおとろえ、仲が惡くなっていく様を歌う。○幽藪―奧深い藪の中。○蕩滌―洗い淸めること。○炳章―炳も章も明らかなこと。○封疆―國境のこと。○闡揚―世の中に明らかにすること。○同厥風―「同風」は、風俗を同じにすること。すなわち、天下の統一をいう。○荒裔—遠い國土の果て。○煌煌—皇皇に同じ。光り輝く、偉大な、美しい等々の意味がある。「皇皇后帝」（『詩經』魯頌 閟宮篇）、「諸侯皇皇」（『禮記』檀弓下篇）、「天道皇皇」（『國語』越語下）など、上天・后帝や、これらに準ずる天道・諸侯のありさまを形容する場合にたびたび用いられる。○延祚—長く續くさいわい。

第九曲「章洪德」

章洪德者、言大皇帝章其大德、而遠方來附也。漢曲有將進酒、此篇當之。第九（「章洪德」とは、大皇帝 其の大德を章らかにして、遠方來附せるを言ふなり。漢曲に「將進酒」有り、此の篇之に當る。第九）。

章洪德　邁威神
感殊風　懷遠鄰
平南裔　齊海濱
越裳貢　扶南臣
珍貨充庭　所見日新

洪德を章らかにし　威神を邁《すす》む
殊風を感ぜしめ　遠鄰を懷く
南裔を平らげ　海濱を齊《ととの》ふ
越裳は貢ぎ　扶南は臣となる
珍貨庭に充ち　見る所日び新たなり

【現代語譯】

「章洪德」について。大皇帝（孫權）が大德を章らかにしたため、遠方の國が歸服したことを歌う。漢に「將進酒」なる曲があり、「章洪德」はそれに當たる。「呉鼓吹曲」第九曲である。

大いなる德を顯彰し、氣高き行いにつとめる。(孫呉の)風俗を以て感化し、遠方の諸侯を歸服させるのだ。南方の異民族を平定し、海濱を整える。(すると)越裳は朝貢し、扶南は(歸順して)臣下となった。(貢物の)珍品寶玉は廷内に滿ちあふれ、日ごとに新しい物が目にとまるほどである。

【語注】

○威神―おごそかで氣高いこと。○越裳―『後漢書』列傳七十六 南蠻傳に、「交阯の南に、越裳國有り」とあり、越裳は今のベトナム中部に當たる。しかし、越裳國が孫呉に朝貢したという記事は『三國志』中に見えない。○扶南―扶南王が孫呉に來たことは、「(赤烏六年)十二月、扶南王范旃 使を遣はして樂人及び方物を獻ぜしむ」(『三國志』卷四十七 呉主傳)と確認できる。詞中より赤烏六(二四三)年の史實を歌っていることがわかるが、第八曲が二二三年の蜀・呉再同盟を歌い、第十曲が二二九年の孫權皇帝即位を歌うという配列を考慮すれば、越裳の朝貢はその間にあったと推測できる。だが、おそらく「章洪德」は他國の歸順・朝貢をひとまとめにして歌った曲であろう。

第十曲「從曆數」

從曆數者、言大皇帝從籙圖之符、而建大號也。漢曲有有所思、此篇當之。第十(「從曆數」とは、大皇帝 籙圖の符に從ひて、大號を建つるを言ふなり。漢曲に「有所思」有り、此の篇之に當る。第十)。

從曆數　於穆我皇帝
聖哲受之天　神明表奇異
建號創皇基　聰叡協神思
徳澤浸及昆蟲　浩蕩越前代
三光顯精耀　陰陽稱至治
肉角歩郊畛　鳳皇棲靈囿
神龜游沼池　圖讖摹文字
黄龍覿鱗　符祥日月記
覽往以察今　我皇多噲事
上欽昊天象　下副萬姓意
光被彌蒼生　家戸蒙惠賚
風敎肅以平　頌聲章嘉喜
大呉興隆　綽有餘裕

曆數に從ふ　於穆《ああうる》はしき我が皇帝
聖哲は之を天に受け　神明は奇異を表す
號を建てて皇基を創り　聰叡は神思《しんし》に協《かな》ふ
徳澤は浸《やうや》く昆蟲に及び　浩蕩して前代を越ゆ
三光は精耀を顯らかにし　陰陽は至治を稱《たた》ふ
肉角は郊畛を歩み　鳳皇は靈囿に棲み
神龜は沼池に游び　圖讖は文字を摹《うつ》す
黄龍は鱗を覿《しめ》し　符祥の日月をば記せり
往を覽て以て今を察す　我が皇　噲事多し
上は昊天の象を欽《つつし》み　下は萬姓の意に副ふ
光被《かうひ》すること蒼生に彌《あまね》く　家戸は惠賚《けいらい》を蒙る
風敎《ふうけう》は肅として以て平らか　頌聲は嘉喜を章らかにす
大呉興隆し　綽として餘裕有り

【現代語譯】

「從曆數」について。大皇帝（孫權）が圖籙の符に從って、皇位を建てたことを歌う。漢に「有所思」なる曲があり、「從曆數」はそれに當たる。「呉鼓吹曲」第十曲である。

曆數に從って帝位に即かれた。ああ、なんと麗しいお姿であろう、我らが皇帝陛下よ。その賢智は天より授かり、その神明は不思議なことをおこす。王號を稱して皇室の基《もとい》を創り、聰明さは神慮に適う。恩徳や惠澤は次第に蟲けらにまで及び、その浩大さは前代（の王朝である漢）を越えている。（日・月・星の）三光はひときわ輝き、陰陽は至上の治世を稱《たた》える。麒麟は郊外を歩み、鳳凰は靈園に棲み、神龜は沼池に遊び、圖讖は文字を映す。黄龍はその鱗を示し、瑞祥の月日を記す。過去を見て現在を察するに、我らが皇帝陛下のもとでは喜ばしいことがたびたび起こっている。上は大いなる天（の運行）を敬《つつし》んで（從い）、下はすべての民の意に適う。輝かしい光が萬民を覆い、家々はめぐみを受ける。徳による教化は肅然とかつ等しく行われ、功徳を頌《たた》える聲は人々の喜びをあらわしている。大いなる呉は興隆し、綽然としていて餘裕がある。

【語注】

○曆數―帝王が天命を受けて帝位につく運。この「從曆数」という曲は、孫權が皇帝に即位した黄龍元（二二九）年の史實を元にしている。○於穆―「於」は歎辭、「穆」はうるわしい。『詩經』周頌・清廟篇に、「於穆清廟、肅雝顯相」とある。○聖哲―あらゆる事物の理に通じた賢さ。またその人。○聰叡―さとくて明らかなこと。○三光―日・月・星をいう。○陰陽―天地の間において萬物を構成する二氣。○肉角―麒麟をいう。瑞祥のひとつ。○圖讖―將來の吉凶をしるした予言書。○黄龍覿鱗―黄武八（二二九）年に出現した瑞祥。孫權はこれを機に帝位に即き、黄龍と改元した（『三國志』巻四十七 吳主傳）。○鳳皇―鳳凰。孫呉では、黄武八（二二九）年に鳳凰が出現している（『三國志』巻四十七　吳主傳）。○符祥―瑞祥のこと。○噲事―喜ばしいできごと。噲は快に同じ。○上欽昊天象―「昊天」は、天または上帝のこと。『國語』周語下の韋昭注に、「昊天、天大號也」とある。ここは『尙書』堯典の、「乃命羲和、欽若昊天」を踏まえているのであろう。○風敎―德を以て民を敎化すること。○頌聲―功德をほめたたえることば。

第十一曲「承天命」

承天命者、言上以聖德踐位、道化至盛也。漢曲有芳樹、此篇當之。第十一（「承天命」とは、上 聖德を以て位を踐み、道化至盛なるを言ふなり。漢曲に「芳樹」有り、此の篇之に當る。第十一）。

承天命　於昭聖德
三精垂象　符靈表德
巨石立　九穗植
龍金其鱗　烏赤其色
輿人歌　億夫歎息
超龍升　襲帝服
躬淳懿　體玄默

天命を承く　於昭《ああかがや》かしき聖德
三精は象を垂れ　符靈は德を表す
巨石立ち　九穗植《た》つ
龍は其の鱗を金にし　烏は其の色を赤くす
輿人歌ひて　億夫歎息す
龍升に超へ　帝服を襲《つ》ぐ
淳懿を躬《みにっ》け　玄默を體《みにっ》く

夙興臨朝　勞謙日昃
易簡以崇仁　放遠讒與慝
擧賢才　親近有德
均田疇　茂稼穡
審法令　定品式
考功能　明黜陟
人思自盡　惟心與力
家國治　王道直
思我帝皇　壽萬億
長保天祿　祚無極

夙に興きて朝に臨み　勞謙して日昃《かたむ》く
易簡にして以て仁を崇び　讒と慝とを放遠す
賢才を擧げて　有德を親しみ近づけ
田疇を均《ととの》へて　稼穡を茂くす
法令を審かにし　品式を定む
功能を考へて　黜陟を明らかにす
人　自ら盡くさんことを思ふ　惟れ心と力と
家國治まり　王道直たり
思《ねが》はくば我が帝皇の　壽《いのち》萬億ならんことを
長く天祿を保ち　祚《さいはひ》極まること無からん

【現代語譯】

「承天命」について。孫氏が聖德に基づいて即位し、道による教化がきわめて盛んである樣を歌う。漢に「芳樹」なる曲があり、「承天命」はそれに當たる。「吳鼓吹曲」第十一曲である。

天命を承けた。ああ、輝かしき聖德よ。（日・月・星の）三精は瑞應を生じ、吉兆は君主の德を現している。大石が屹立し、無數の穗が生ずる。龍は鱗を金色にし、鳥は體色を赤くする。民は歌い、多くの者が歎息する。龍よりも高く昇り、帝位を繼承する。まじり氣のない素直な心を身につけ、沈靜寡言を身につける。朝早く起きて朝廷に臨み、日が傾くまで苦勞しても謙虚にふるまう。（政治は）平易簡約で仁を崇び、邪《よこしま》な者をしりぞける。賢才ある者を推擧し、有德なる者を親しみ近づけ、田畑を均等にし、農業を盛んにし、法令を明確にし、品格を定め、功績や能力を考察し、降格と昇進をはっきりさせることで、人々は己の心と力を盡くそうと思い立つのである。國や家はよく治まり、王道は正直《せいちょく》。我らが皇帝陛下のお命が限りなく續くことを願おう。天のめぐみが永久《とこしえ》に續き、この恩惠が盡きぬことを（願おう）。

【語注】

○三精―日・月・星のこと。○垂象―天子の恩德によって起こるめでたい現象。○巨石立―五鳳二（二五五）年七月、離里山に大石が立った（『三國志』卷四十八 三嗣主傳）。ここはその瑞祥出現を指す。○九穗植―『三國志』卷四十八 三嗣主傳注引江表傳に、「是歳、交阯稗草化爲稻」とあり、この五鳳元（二五四）年の瑞祥を指す。○龍金其鱗―金德の龍、すなわち白龍を指す。孫吳では永安四（二六一）年に白龍が出現している（『三國志』卷四十八 三嗣主傳）。○烏赤其色―赤烏のこと。孫吳では嘉禾七（二三八）年と永安三（二六〇）年に赤烏が出現しており、特に二三八年の出現時には「赤烏」と改元までしている。前句に二六一年の白龍出現があることから、これは二六〇年の赤烏を指しているのであろう。○輿人―庶民のこと。○玄默―おくゆかしく何もいわないこと。『漢書』列傳五十七下 揚雄傳下（『文選』卷九 揚子雲の長楊賦）に、「且人君以玄默爲神、澹泊爲德」とあり、人君にとって沈黙と安静が神《こころ》であり德であるという。ちなみに李善は、「玄默、謂幽玄恬默也」と注している。○龍升―帝位につくこと。龍が昇る姿に喩えている。○勞謙日昃―「日昃に勞謙す」とも訓讀できる。「勞謙」は、苦勞しても謙ること。『周易』謙卦に、「九三、勞謙、君子有終、吉」とあり、これを踏まえたものと考えられる。○易簡―作爲を用いないであっさりしていること。簡易。『周易』繫辭上傳には、「易簡而天下之理得矣」とあり、平易と簡約の二つのはたらきによって天下の道理が盡くされるという。○壽萬億―「萬億」は、きわめて多いこと。皇帝の長壽と國の永續を願った句。○天祿―天から授かるめぐみ。また、天子の位。ここも孫吳が天命を受けて永續することを願っている。

第十二曲「玄化」

玄化者、言上修文訓武、則天而行、仁澤流洽、天下喜樂也。漢曲有上邪、此篇當之。第十二（「玄化」とは、上文を修め武を訓じ、天に則りて行ひ、仁澤流洽し、天下喜び樂しむを言ふなり。漢曲に「上邪」有り、此の篇之に當る。第十二）。

玄化象以天　陛下聖眞
張皇綱　率道以安民
惠澤宣流而雲布　上下睦親
君臣酣宴樂　激發弦歌揚妙新
修文籌廟勝　須時備駕巡洛津

玄化は象るに天を以てす　陛下聖眞たり
皇綱を張り　道に率《したが》ひて以て民を安んず
惠澤宣流して雲のごとく布かれ　上下睦親す
君臣は宴樂《えんがく》を酣《たの》しみ　激しく弦歌を發して妙新なるを揚ぐ
文を修めて廟勝を籌《はか》り　時に駕を備へ洛津を巡るを須《ま》つ

康哉泰　四海歡忻
越與三五鄰

康き哉《かな》　泰きこと　四海歡忻す
越《ここ》に三五と鄰《とな》る

【現代語譯】

「玄化」について。孫氏は文を修め武を訓じ、天に則って（政治を）行い、仁澤があまねく行き渡って、天下がみな喜び樂しむ様を歌う。漢に「上邪」なる曲があり、「玄化」はそれに當たる。「吳鼓吹曲」第十二曲である。

德教による感化は天に則り、陛下は物事の理に通ずる。天子としての大いなる法則を用い、その道に從って民を安んずる。恩澤はあまねく行き渡って雲のように（天下を）覆い、上も下もみな仲睦まじい。君臣は酒宴と音樂をたのしみ、弦音に合わせ激しく歌い、美しくいきいきとした聲をあげる。文德を修めることで戰うことなく勝利し、車馬を備え、洛水の津《きし》をめぐる時宜を待つ。なんとやすらかなことであろうか。天下はみな喜び樂しんでいる。（孫吳は）古《いにしえ》の三皇五帝に竝ぶほどである。

【語注】

○玄化―德教を以て感化すること。○皇綱―三皇五帝の大いなる法則。また、天子が世を治める大いなる法則。○率道―「率」は、したがうこと。『春秋左氏傳』昭公十三年には、「雖以無道行之、必可畏也。況其率道」とあり、「無道」と反對の意味のことばとして用いられている。○弦歌―弦樂器に合わせて歌うこと。また、その歌。○妙新―

歌聲を形容することばであろう。「美しくいきいきとした（聲）」と譯した。○籌廟勝─朝廷で必勝の計略を立て、戦わないで勝つこと。○洛津─洛水の岸邊。洛水の陽《きた》に洛陽があり、後漢はここに都を置いた。この句は、洛水の岸邊に行き、かつての後漢の都洛陽をのぞむ様を歌うものと解釋した。○三五─三皇五帝。傳說上の帝王。

結

韋昭は、孫堅期の一八四年頃から孫休期の二六〇年頃までの約八十年間に起こった出來事を詞中に盛り込んだ。内容を分類すると、第一曲から第八曲までは軍事的内容を主とし、第九曲は德の表章、第十・十一曲は受命と正統性の主張である。第十二曲はそれらを承けた上での理想社會を提示しつつ、全體をまとめる役割を果たしている。すなわち、注（一）で指摘するような、漢の鼓吹曲の性質を受け繼いでいることが理解できよう。繰り返すが、拙譯は一つの解釋を提示したに過ぎない。識者の忌憚なきご意見をいただければ幸いである。

《注》

（一）『宋書』卷十九 樂志一に、「鼓吹は、蓋し短簫鐃哥なり。蔡邕曰く、軍樂なり。黃帝岐伯の作る所、以て德を揚げ武を建て、士を勸め敵を諷するなり、と（鼓吹、蓋短簫鐃哥。蔡邕曰、軍樂也。黃帝岐伯所作、以揚德建武、勸士諷敵也）」とある。これは漢代の鼓吹曲の性質を言及したもので、すなわち、簫・鐃などの吹奏樂器・打樂器を用い、德と武威の宣揚を行い、また味方の士氣高揚と敵の戰意減退を圖る軍樂であった。魏・吳の鼓吹曲はその漢曲をもとにして作られている。魏の鼓吹曲については本書第二篇第二章でいくつか取り上げている。また、魏の鼓吹曲の作者繆襲については、拙稿「繆襲の政治的位置」（『三國志研究』第四號、二〇〇九年九月）を參照。

（二）韋昭が經學者または史家と評せられる理由の一端は、その代表的著述である『國語解』と『吳書』に求められよう。前者については本書第一篇第一章・第二章・第四章を、後者については本書第二篇第三章を參照。

（三）『宋書』は中華書局本を參照した。また、所々語注で指摘している『樂府詩集』との異同は、中津濱涉『樂府詩集の研究』（汲古書院、一九七〇年）に所收されている宋版影印のテキストと比較し、訓讀は長澤規矩也編『和刻本正史　宋書（一）』（汲古書院、一九七一年）を參考にした。

（四）各曲題に續いて載せている文は、『宋書』に見える題詞である。もとは『晉書』卷二十三　樂志下に見え、それを整理して『宋書』に載せたのであろう。また、陳の釋智匠『古今樂錄』にもほぼ同文の題詞があり、こちらは固有名詞の表記がやや異なっている。

參考文獻表

この文獻表は、本書中に言及し、また略記した研究文獻を採錄したものである。本文中における表記は、單行本を《 》、論文を〈 〉により分け、出版時の西曆年を記して辨別の基準とした。その際、單行本に再錄されたものも初出の西曆年を附している。表中の※は單行本を附し、單行本に收められた論文は、その直後に＊を附して收錄論文であることを示し、論文の初出雜誌を掲げた。また論題が變更されている場合は、原則として變更前の論題を示してある。それぞれ邦文文獻は著者名の五十音順に、中文文獻も、便宜的に日本讀みによる五十音順に配列し、邦譯は邦文の項目に入れ、新字體・簡體字は原則として正字體に統一した。

〔邦　文〕

青木　五郎　「司馬貞の史學—『史記索隱』の史學史上の位置について—」（『加賀博士退官記念中國文史哲學論集』、講談社、一九七九年）

淺野　裕一　『春秋』の成立時期——平勢説の再檢討」（『中國研究集刊』第二十九號、二〇〇一年十二月）

飯島　忠夫　『支那曆法起源考』（岡書院、一九三〇年）

池田　秀三　『『國語』韋昭注への覺え書』（『中國の禮制と禮學』、朋友出版、二〇〇一年）
池田　秀三　「鄭學の特質」（渡邉義浩編『兩漢における易と三禮』、汲古書院、二〇〇六年）
石井　仁　「孫呉政權の成立をめぐる諸問題」（『東北大學東洋史論集』第六號、一九九五年）
石井　仁　「孫呉軍制の再檢討」（『中國中世史研究』續編、京都大學學術出版會、一九九五年）
石母田　正　「古代社會の手工業の成立―とくに觀念形態との關連において―」（『日本古代國家論』第一部、岩波書店、一九七三年）
內山　俊彦※『中國古代思想史における自然認識』、創文社、一九八七年）
內山　俊彦＊「仲長統　――後漢末知識人の思想と行動――」（『日本中國學會報』第三十六集、一九八四年十月）
遠藤由里子　「顏師古注『漢書』に採り入れられた『漢書音義』」（『慶谷壽信敎授記念中國語學論集』、好文出版、二〇〇二年）
大川富士夫　「全公主小考」（『立正史學』第四十號、一九七六年三月）
大川富士夫※『六朝江南の豪族社會』（雄山閣出版、一九八七年）
大川富士夫＊「孫呉政權の成立をめぐって」（『立正史學』第三十一號、一九六七年四月）
大川富士夫＊「孫呉政權と士大夫」（『立正大學文學部論叢』第三十三號、一九六九年二月）
大川富士夫＊「三國時代の江南豪族について」（『立正大學人文科學研究所年報』第九號、一九七一年三月）
大川富士夫＊「呉の四姓」（『歷史における民衆と文化』、國書刊行會、一九八二年）
大久保隆郎　『王充思想の諸相』（汲古書院、二〇一〇年）
王啓發・孫險峰　「鄭玄『三禮注』とその思想史的意義」（渡邉義浩編『兩漢における易の三禮』、汲古書院、二〇〇六年所收）
大野　峻　「國語の諸國と鄭語の疑問點」（『東海大學文學部紀要』第十二號、一九六九年十月）
大野　峻　『國語』（明德出版社、一九六九年）
大野　峻　『國語（上）』（明治書院、一九七四年）

大野　峻　『國語（下）』（明治書院、一九七八年）
岡崎　文夫　「「參國伍鄙」の制に就て」（『東洋史論叢羽田博士頌壽記念』、羽田博士還暦記念會、一九五〇年）
小倉　芳彦　『中國古代政治思想研究』（青木書店、一九七〇年）
小倉　芳彦　「諺の引用――「左伝」と「史記」の場合」（『東洋史研究』第三十七卷第四號、一九七九年三月）
小倉　芳彦　「左傳と史記」（『古事記學報』第三十三號、一九九一年一月）
小澤文四郎　「虞翻の易學」（『漢代易學の研究』、明德出版社、一九七〇年所收）
小尾　郊一　『文選（文章篇）六』（集英社、一九七六年）
カールグレン・小野忍　『左傳眞僞考』（文求堂書店、一九三九年）
川勝　義雄　『六朝貴族制社會の研究』（岩波書店、一九八二年）
加賀　榮治　『中國古典解釋史　魏晉篇』（勁草書房、一九六四年）
加賀　榮治　「鄭玄研究（一）」（北海道教育大學函館人文會紀要『人文論究』第六五號、一九九八年三月）
加賀　榮治　「鄭玄研究（二）」（北海道教育大學函館人文會紀要『人文論究』第六六號、一九九八年九月）
影山　誠一　『中國經學史綱』（大東文化大學東洋研究所、一九七〇年）
鎌田　正　『左傳の成立と其の展開』（大修館書店、一九六三年）
金　文京　『三國志演義の世界』（東方書店、一九九三年）
金　文京　「日中韓三國の三國志―三つの三國志物語」（『三國志シンポジウム』第一號、二〇〇六年二月）
五井　直弘　「中國古代階級闘爭史試論―春秋・戰國期の城郭造營をめぐって―」（『階級闘爭の歴史と理論二　前近代における階級闘爭』、青木書店、一九七六年に所收）
小林　春樹　「三國時代の正統理論について」（『東洋研究』第一三九號、二〇〇一年一月）
佐藤　達郎　「曹魏文・明帝期の政界と各族層の動向　―陳羣・司馬懿を中心に―」（『東洋史研究』第五十二卷一號、一九九三年

六月)
下定　雅弘「柳宗元『非國語』譯注(一)」(鹿児島大學法文學部紀要『人文科學論集』第十八號、一九八二年)
下定　雅弘「柳宗元『非國語』譯注(二)」(鹿児島大學法文學部紀要『人文科學論集』第十九號、一九八三年)
下定　雅弘「柳宗元『非國語』譯注(三)」(鹿児島大學法文學部紀要『人文科學論集』第二十一號、一九八五年)
新城　新藏『東洋天文學史研究』(臨川書店、一九二八年)
末永　高康「董仲舒春秋災異説の再検討」(『中國思想史研究』第十八號、一九九五年十二月)
鈴木　直美「後漢圖像にみる六博―神との交流から不老長壽の遊戲へ―」(『日本秦漢史學會報』第五號、二〇〇四年十一月)
鈴木由次郎『漢易研究』(明德出版社、一九六三年)
洲脇　武志「『後漢書』李賢注所引「前書音義」考」(『大東文化大學漢學會誌』第四十五號、二〇〇六年三月)
洲脇　武志「『文選』李善注所引「漢書音義」考」(『六朝學術學會報』第八集、二〇〇七年三月)
洲脇　武志「裴駰『史記集解』所引「漢書音義」考―司馬相如列傳を中心に」(『大東文化大學中國學論集』第二十五號、二〇〇七年十二月)
洲脇　武志「『文選』李善注所引『漢書』顔師古注考」(大東文化大學紀要『人文科学』第十五號、二〇一〇年三月)
高田　眞治『詩經　上』(集英社、一九六六年)
高田　眞治『詩經　下』(集英社、一九六八年)
高橋　和巳※『高橋和巳全集　第十五巻』(河出書房新社、一九七八年)
高橋　和巳＊「陸機の傳記とその文學(上)」(『中國文學報』第十一號、一九五九年三月)
高橋　和巳＊「陸機の傳記とその文學(下)」(『中國文學報』第十二號、一九六〇年四月)
高橋　　均「注釋に見える「按(案)」という語について」(『中國文化』第六八號、二〇一〇年六月)
髙橋　康浩「管仲の政治改革―齊語記載の參國伍鄙の解釋を中心に―」(『大東文化大學中國學論集』第二十四號、二〇〇六年

十二月）
髙橋　康浩「繆襲の政治的位置」（『三國志研究』第四號、二〇〇九年九月）
田中麻紗巳※『兩漢思想の研究』（研文出版、一九八六年）
田中麻紗巳＊「賈逵の思想について」（『木村英一教授頌壽記念 中國哲學史の展望と模索』、創文社、一九七六年）
田中麻紗巳＊「何休の災異解釋について」（『東方學』第六〇輯、一九八〇年七月）
田中麻紗巳※『後漢思想の探求』（研文出版、二〇〇三年）
田中麻紗巳＊『白虎通』の「或曰」「一説」（『人文論叢』第三十八號、一九九〇年三月）
中國中世史研究會編　『中國中世史研究』續編（京都大學學術出版會、一九九五年）
津田左右吉『左傳の思想史的研究』（岩波書店、一九五八年）
富永　一登『文選李善注の研究』（研文出版、一九九九年）
中江　丑吉「公羊傳及び公羊學に就て」（一九三二年著。『中國古代政治思想』、岩波書店、一九五〇年に所收）
中津濱　涉『樂府詩集の研究』（汲古書院、一九七〇年）
野間　文史『春秋學 公羊傳と左氏傳』（研文出版、二〇〇一年）
野間　文史『馬王堆出土文獻譯注叢書 春秋事語』（東方書店、二〇〇七年）
野間　文史『春秋左氏傳―その構成と基軸』（研文出版、二〇一〇年）
日原　利國※『漢代思想の研究』（研文出版、一九八六年）
日原　利國＊「災異と讖緯 ―漢代思想へのアプローチ」（『東方學』第四十三號、一九七二年一月）
平勢　隆郎『左傳の史料批判的研究』（汲古書院、一九九九年）
福井　重雅『漢代儒教の史的研究 ―儒教の官學化をめぐる定説の再檢討』（汲古書院、二〇〇五年）
堀池　信夫※『漢魏思想史研究』（明治書院、一九八八年）

堀池　信夫＊「仲長統について」（『中國文化』第四三號、一九八五年六月）
增田　清秀※『樂府の歷史的研究』（創文社、一九七五年）
增田　清秀＊「漢魏及び晉初における鼓吹曲の演奏」（『日本中國學會』第十七集、一九六五年十月）
增淵　龍夫『中國古代の社會と國家―秦漢帝國成立過程の社會史的研究』（弘文館、一九六〇年）
增淵　龍夫「春秋戰國時代の社會と國家」（『岩波講座世界歷史4』、岩波書店、一九七〇年所收）
松家　裕子「繆襲とその作品」（『アジア文化學科年報』第一號、一九九八年十一月）
松本　肇「柳宗元の「非國語」について」（『日本中國學會報』第四十一集、一九八九年十月）
松丸道雄・永田英正『中國文明の成立』（講談社、一九八五年）
溝口雄三・池田知久・小島毅『中國思想史』（東京大學出版會、二〇〇七年）
滿田　剛「韋昭『吳書』について」（『創価大學人文論集』第十六號、二〇〇四年三月）
滿田　剛「諸葛亮歿後の「集團指導體制」と蔣琬政權」（『創価大學人文論集』第十七號、二〇〇五年三月）
滿田　剛「蜀漢・蔣琬政權の北伐計畫について」（『創価大學人文論集』第十八號、二〇〇六年三月）
滿田　剛『三國志　正史と小說の狹閒』（白帝社、二〇〇六年）
宮川　尚志『六朝史研究　政治・社會篇』（日本學術振興會、一九五六年）
宮崎　市定「中國城郭の起源異說」（『歷史と地理』第三十二卷第三號、一九三三年）
宮崎　市定『九品官人法の研究　科擧前史』（東洋史研究會、一九五六年）
安居　香山※『緯書の成立とその展開』（國書刊行會、一九七九年）
安居　香山＊「感生帝說の展開と緯書思想」（『日本中國學會報』第二十號、一九六八年十月）
安居　香山『緯書と中國の神秘思想』（平河出版社、一九八八年）
安居香山編『讖緯思想の綜合的研究』（國書刊行會、一九八四年）

矢田　博士　「三國時代の蜀および吳における詩作の實態について」（『狩野直禎先生傘壽記念三國志論集』、汲古書院、二〇〇八年）

山田　崇仁　『世本』と『國語』韋昭注引系譜資料について― N-gram 統計解析法―」（『立命館史學』第二十二號、二〇〇一年）

山田　崇仁　「韋昭『國語解』の地理史料に關して」（『東亜文史論叢』二〇〇九年二號、二〇〇九年）

柳川　順子　「吳の文學風土」（『創文』五〇一號、二〇〇七年九月）

吉川幸次郎　『中國詩史（上）』（筑摩書房、一九六七年）

吉川幸次郎　『中國詩史（下）』（筑摩書房、一九六七年）

吉川　忠夫※『六朝精神史研究』（同朋舍出版、一九八四年）

吉川　忠夫＊「顏師古の『漢書』注」（『東方學報』第五十一號、一九七九年三月）

吉川　忠夫　「裴駰の『史記集解』」（『加賀博士退官記念中國文史哲學論集』、講談社、一九七九年）

吉川　忠夫　「蜀における讖緯の學の傳統」（安居香山編『讖緯思想の綜合的研究』、國書刊行會、一九八四年）

吉本　道雅　「國語小考」（『東洋史研究』第四十八巻第三號、一九八九年十二月）

吉本　道雅　「左氏探原序說」（『東方學會』第八十一號、一九九一年一月）

吉本　道雅　「左傳成書考」（『立命館東洋史學』第二十五號、二〇〇二年）

葭森　健介　「六朝貴族制形成期の吏部官僚 ―漢魏革命から魏晉革命に至る政治動向と吏部人事」（『中國中世史研究』續編、京都大學學術出版會、一九九五年に所收）

渡邊信一郎※『中國古代國家の思想構造』――專制國家とイデオロギー（校倉書房、一九九四年）

渡邊信一郎＊「仁孝――あるいは二～七世紀中國の一イデオロギー形態と國家――」（『史林』第六一巻第二號、一九七八年三月）

渡部東一郎　「仲長統の天人觀について」（『集刊東洋学』第八十九號、二〇〇三年五月）

渡邉　義浩※『後漢國家の支配と儒教』、雄山閣出版、一九九五年）

渡邉　義浩＊「「徳治」から「寛治」へ」（『中國史における教と國家』、雄山閣出版、一九九四年）
渡邉　義浩※『三國政權の構造と「名士」』（汲古書院、二〇〇四年）
渡邉　義浩＊「蜀漢政權の支配と益州人士」（『史境』第八號、一九八九年）
渡邉　義浩＊「三國時代における「文學」の政治的宣揚　―六朝貴族制形成史の視點から―」（『東洋史研究』第五十四卷第三號、一九九五年十二月）
渡邉　義浩＊「孫呉政權の形成」（『大東文化大學漢學會誌』第三十八號、一九九九年三月）
渡邉　義浩＊「孫呉政權の展開」（『大東文化大學漢學會誌』第三十九號、二〇〇〇年三月）
渡邉　義浩＊「浮き草の貴公子　何晏」（『大久保隆郎教授退官記念　漢意とは何か』、東方書店、二〇〇一年）
渡邉　義浩＊「「史」の自立――魏晉期における別傳の盛行を中心として――」（『史學雜誌』第一一二編第四號、二〇〇三年四月）
渡邉　義浩＊「三國時代の「公」と「私」」（『日本中國學會』第五十五號、二〇〇三年十月）
渡邉　義浩※『後漢における「儒教國家」の成立』（汲古書院、二〇〇九年）
渡邉　義浩＊「鄭箋の感生帝説と六天説」（『兩漢における詩と三傳』、汲古書院、二〇〇七年）
渡邉　義浩＊「兩漢における天の祭祀と六天説」（『兩漢儒教の新研究』、汲古書院、二〇〇八年）
渡邉　義浩　「『後漢書』李賢注に引く『前書音義』について」（『人文科学』第九號、二〇〇四年三月）
渡邉　義浩※『西晉「儒教國家」と貴族制』（汲古書院、二〇一〇年）
渡邉　義浩＊「司馬彪の修史」（『大東文化大學漢學會誌』第四十五號、二〇〇六年三月）
渡邉　義浩＊「孫呉の正統性と國山碑」（『三國志研究』第二號、二〇〇七年七月）
渡邉　義浩＊「王肅の祭天思想」（『中國文化　―研究と教育―』第六六號、二〇〇八年六月）
渡邉　義浩＊「陳壽の『三國志』と蜀學」（『狩野直禎先生傘壽記念三國志論集』、汲古書院、二〇〇八年）
渡邉義浩編『兩漢における易と三禮』（汲古書院、二〇〇六年）

渡邉義浩編　『兩漢における詩と三傳』（汲古書院、二〇〇七年）
渡邉義浩編　『兩漢儒教の新研究』（汲古書院、二〇〇八年）

〔中　文〕

池田秀三・金培懿　「韋昭之經學――尤以禮學爲中心」（『中國文哲研究通訊』第十五卷第三期、二〇〇五年九月）
王　永　平　『孫吳政治與文化史論』（上海古籍出版社、二〇〇五年）
王　利　器　『鄭康成年譜』（齊魯新社、一九八三年）
汪　惠　敏　「三國時代經學之流變」（『孔孟學報』第四十一期、一九八一年四月）
韓　格　平　「孫吳禮學概說」（『禮學與中國傳統文化　―慶祝沈文倬先生九十華誕國際學術研討會論文集』、中華書局、二〇〇六年）
簡　博　賢　「王肅禮記學及其難鄭大義」（『孔孟學報』第四十一期、一九八一年四月）
顧頡剛・劉起釪　『春秋三傳及國語之綜合研究』（中華書局、一九八八年）
山東省志・諸子名家志編纂委員會　『鄭玄志』（山東人民出版社、二〇〇〇年）
史　應　勇　『鄭玄通學及鄭王之爭研究』（巴蜀書社、二〇〇七年）
徐　元　誥　『國語集解』（中華書局、二〇〇二年）
徐　元　誥　『國語集解（修訂本）』（中華書局、二〇〇六年）
張　以　仁※『國語左傳論集』（東昇出版公司、一九八〇年）
張　以　仁＊「國語舊注範圍的界定及其佚失情形」（『屈萬里先生七秩榮慶論文集』、聯經出版事業公司、一九七八年）
張　以　仁　『春秋史論集』（聯經出版事業公司、一九九〇年）

張以仁※『張以仁先秦史論集』（上海古籍出版社、二〇一〇年）
張以仁＊「國語舊注輯校（一）」（『孔孟學報』第二十一期、一九七一年四月）
張以仁＊「國語舊注輯校（二）」（『孔孟學報』第二十二期、一九七一年九月）
張以仁＊「國語舊注輯校（三）」（『孔孟學報』第二十三期、一九七二年四月）
張以仁＊「國語舊注輯校（四）」（『孔孟學報』第二十四期、一九七二年九月）
張以仁＊「國語舊注輯校（五）」（『孔孟學報』第二十五期、一九七三年四月）
張以仁＊「國語舊注輯校（六）」（『孔孟學報』第二十六期、一九七三年九月）
張衍田『史記正義佚文輯校』（北京大學出版社、一九八五年）
張舜徽『鄭學叢書』（華中師範大學出版社、二〇〇五年）
陳博「試論韋昭《吳書》的特點及其價值」（『歷史文獻研究』北京新六輯、一九九五年十月）
陳博「韋昭《吳書》考」（『文獻』一九九六年第二期、一九九六年三月）。
田餘慶※『秦漢魏晉史探微』（中華書局、一九九三年）
田餘慶＊「曁艷案及相關關係―兼論孫吳政權的江東化」（『秦漢魏晉史探微』、中華書局、一九九一年）
田餘慶＊「孫吳建國的道路」（『歷史研究』一九九二年一號、一九九二年）
董書業『春秋左傳研究』（中華書局、二〇〇六年）
唐長孺『魏晉南北朝史論叢』（三聯書店、一九五五年）
唐長孺『魏晉南北朝史論叢續編』（三聯書店、一九五九年）
唐文『鄭玄辭典』（語文出版社、二〇〇四年）
樊善標「韋昭《國語解》成書年代初探」（『大陸雜誌』第九十二卷第四期、一九九六年四月）
樊善標「韋昭《國語解》成書年代再探」（『大陸雜誌』第九十三卷第四期、一九九七年四月）

樊善標「《國語解》用《左傳》研究」(『中國文化研究所學報』新第七期、一九九八年)
樊善標「韋昭《詩》學探論」(『中國文化研究所學報』新第七期、一九九九年)
樊善標「韋昭《國語解》用禮書研究」(『中國文哲研究集刊』第十六號、二〇〇〇年三月)
樊善標「孔晁《國語注》與韋昭《國語解》」(『大陸雜誌』第一〇三卷第三期、二〇〇一年九月)
苗文利・劉聿鑫「韋昭〈國語解〉的內容、體例和特點」(『古籍整理研究論叢』第二輯、一九九三年三月)
浦衞忠『春秋三傳綜合研究』(文津出版社、一九九五年)
方北辰「論孫吳的"二宮搆爭"」(『四川大學學報叢刊』第三十七輯、一九八八年三月)
俞志慧『《國語》韋昭注辨正』(中華書局、二〇〇九年)
余冠英『漢魏六朝詩選』(人民文學出版社、一九五八年)
李步嘉『韋昭《漢書音義》輯佚』(武漢大學出版社、一九九〇年)
李步嘉「唐前《國語》舊注考述」(『文史』第五十七輯、二〇〇一年十二月)
陸侃如『中古文學系年』(人民文學出版社、一九八五年)

あとがき

わたしが中国史や中国古典の世界に惹かれた契機はいくつかある。その中で最も影響を与えたと思われるのが、高校生の頃に読んだ吉川英治の『三国志』であった。英雄・豪傑・軍師たちの活躍に心を踊らせ、早く先の展開を知りたいと思いつつも、ページをめくるのがもったいないという嬉しいジレンマに陥りながら、夢中になって読んだことを今もはっきりと覚えている。周知のとおり、吉川英治の小説は『三国志演義』をもとにしているため、本書で扱っている韋昭はどこにも登場しない。当時のわたしは韋昭という人物が存在したことさえ知らなかった。それがこうして専著を持つに至ったのであるから、何とも奇妙な縁である。

吉川三国志に魅せられてより数年後、確か二十歳の頃だったと思う。たまたま書店で宮城谷昌光の『晏子』という小説を見かけ購入した。今にして思えば、これが第二の契機であったのだろう。今度は春秋戦国時代のおもしろさに取り憑かれ、わたしは中国を舞台とした様々な歴史小説に手を伸ばした。三国志にせよ春秋戦国期にせよ、いずれも中国史における分裂期かつ変革期に当たり、治乱興亡と離合集散を繰り返した乱世である。かかる世における人々の生き様は、わたしを惹きつけてやまぬ不思議な魅力を持っていた。

しかし、いくら歴史を踏まえているとはいえ、これらはあくまで小説であり、そこから得た知識は虚構まじりのものである。小説自体のおもしろさとは別に、本格的な学問知識へ昇華させてみたいという欲求がにわかに起こってきた。こうした情念は静かに燻り続け、ついには大東文化大学に編入学するという形で、学問の世界に足を踏み入れることとなった。当時のわたしは二十五歳。孔子に比べて十年遅く学に志したわけであるが、良き環境で充実した研究生活を送れたと思う。

本書は『韋昭研究』と銘打っている。韋昭は一般の三国志ファンにとっていささか馴染みの薄い人物であろうが、中国古典研究者にとってはむしろ有名な部類に入ると言えるであろう。逆にそうした人物なのに、研究の垢にあまり塗れていないことが意外でもあった。もちろん個々の論考はあるものの、総合的にまとめた専著は皆無である。当初は韋昭だけでなく、広く孫呉の、あるいは三国時代全体の学者や知識人を研究対象とした書にすべきであろうかと思わぬでもなかったが、韋昭ひとりを追いかけてまとめることにした。これを以て余すところなく解明したと大言を吐くつもりはない。だが、韋昭の総合的研究を成した一つの書として、いささかなりとも学界に資することができるのではないだろうか。そう信じている。今後、知識と視野が広がっていけば、いつかまた韋昭に関する論考を著し、新たな学術書を上梓する日も来ることだろう。

なお、本書を構成する諸章には、かつて単行論文および訳注として学術雑誌に発表したものもある。発表した雑誌および旧稿の題名は次のとおりである。一書にまとめるに当たって、文献表の整備を図るとともに体裁を統一した。また、先行研究に依拠しすぎているという批判を受けたものについては、いささか修正を加えた。一部は論題も変更している。

第一篇　第一章「韋昭『國語解』小考」（『三國志研究』第二號、二〇〇七年七月）
第二章「『國語』舊注考　―賈逵・唐固・韋昭注の比較―」（『人文科學』第十八號、二〇一一年三月）
第三章「韋昭『漢書音義』と孫呉の「漢書學」」（『東洋研究』第一七九號、二〇一一年一月）
第四章「韋昭と神祕性　―鄭學との關わりを中心として―」（『東洋研究』第一八〇號、二〇一一年七月）

第二篇　第一章「韋昭「博弈論」と儒教的理念」（『三國志研究』第五號、二〇一〇年九月）

第二章「韋昭「呉鼓吹曲」について —孫呉正統論をめぐって」（『日本中國學會報』第六十集、二〇〇八年十月）

第三章「韋昭『呉書』の検討とその偏向」（『六朝學術學會報』第九集、二〇〇八年三月）

附　篇

「韋昭「呉鼓吹曲」譯注」（『三國志研究』第三號、二〇〇八年九月）

これらはもともと大東文化大学へ提出した学位請求論文である。しかし、生来の怠け者ゆえ、諸論文の加筆・修正・増補に思いのほか時間がかかってしまい、ようやくの上梓と相成った。ちなみに、主査を渡邉義浩先生、副査を池田知久先生、門脇廣文先生、田中麻紗巳先生が務められ、審査の結果、無事に博士号を授与された。かかる碩学の先生方に多くのご指摘やご批判をいただけたことは幸甚である。大学院生の頃は講義の時間にたびたび怒られたが、愚昧なわたしを懇切丁寧に導いてくださった。特に長年わたしの指導教官を務められた渡邉先生の厳しくも温かいご指導は、本当にありがたいと言う他ない。初めて学術雑誌に投稿しようとした論文の原稿が、先生の添削によって真っ赤に染まったのはいい思い出である。

これまでの自分を振り返ってみると、わたしは師にめぐまれたとつくづく思う。さきの大学院の先生方はもとより、さらに遡れば、小学生時代、恩師の一人はわたしを大器晩成型と評した。中学生の頃の恩師は、好きなことを思い切りやれと励ましてくれた。高校時代の恩師は、信念を貫く強固な意思がわたしにあるとおっしゃった。こうした言葉は、先が見えず不安に駆られるわたしの心を支える柱となっている。前述の中学生時代の恩師は、十年ほど前に病で亡くなられた。不惑の年にも満たぬ夭さであった。現在のわたしはいやしくも大学の教壇に立つ日々を送り、恩師の享年に刻々と近づいている。他者の心の支柱となるような言葉をわたしも残すことができるだろうか。今はただ、恩師たちの言葉を胸に歩み続けるだけである。

本書の刊行には、汲古書院があたってくれた。石坂叡志社長、編集の小林詔子さん、柴田聡子さんには大変なご迷惑をかけた。特に柴田さんはこちらの無理難題にも迅速かつ丁寧な対応をしてくださった。彼女の尽力あっての本書と言える。『全譯後漢書』に引き続き、多大な労苦を負わせてしまい、まことに恐懼の極みである。また、大学院時代の同期である池田雅典さんと洲脇武志君からは論文執筆時に様々な助言をいただいた。こうした貴重な友人を得られたことはわたしの財産である。本書の題字は大東文化大学大学院の佐藤良君が揮毫してくれた。これらの方々に深謝する次第である。

そして何より、大学へもう一度入りたいというわたしのわがままを許し、物心ともに支え続けてくれた両親にはとても感謝しきれない。未熟ながらもこうして成果を残せたのは、自分のやってきたことが決して無駄なものではなかったと少しでも示せたのではないだろうか。恩返しというにはあまりにもささやかすぎるが、本書を誰よりも両親に捧げたい。

平成二十三年七月吉日

髙橋　康浩

著者紹介

髙橋　康浩（たかはし　やすひろ）

1975年　静岡県に生まれる

2008年　大東文化大學大學院博士後期課程文學研究科修了，博士（中國學）

現　在　駒澤大學非常勤講師，二松學舍大學非常勤講師

主要著書・論文

『全譯後漢書 列傳(三)』（共著，汲古書院，2011年）

「繆襲の政治的位置」（『三國志研究』第四号，2009年）

「管仲の政治改革——齊語記載の參國伍鄙の解釋を中心に——」（『大東文化大學中國學論集』第24号，2006年）など。

韋《い》昭《しょう》研究

平成二十三年七月二十九日　發行

著者　髙橋康浩

發行者　石坂叡志

印刷所　モリモト印刷

發行所　汲古書院

〒102-0072　東京都千代田區飯田橋二―五―四

電話〇三（三二六五）九七六四

FAX〇三（三二二二）一八四五

ISBN978－4－7629－2965－6　C3022